Leonardo Coelho Ribeiro

O DIREITO ADMINISTRATIVO COMO "CAIXA DE FERRAMENTAS"

Uma Nova Abordagem da Ação Pública

MALHEIROS EDITORES

O DIREITO ADMINISTRATIVO
COMO "CAIXA DE FERRAMENTAS"
Uma Nova Abordagem da Ação Pública
© LEONARDO COELHO RIBEIRO

Direitos reservados desta edição por
MALHEIROS EDITORES LTDA.
Rua Paes de Araújo, 29, conjunto 171
CEP 04531-940 – São Paulo – SP
Tel.: (11) 3078-7205 – Fax: (11) 3168-5495
URL: www.malheiroseditores.com.br
e-mail: malheiroseditores@terra.com.br

Composição: PC Editorial Ltda.
Capa
Criação: Vânia Lúcia Amato
Arte: PC Editorial Ltda.

Impresso no Brasil
Printed in Brazil
01.2017

Dados Internacionais de Catalogação na Publicação (CIP)

R484d   Ribeiro, Leonardo Coelho.
         O direito administrativo como "caixa de ferramentas" : uma nova abordagem da ação pública / Leonardo Coelho Ribeiro. – São Paulo : Malheiros, 2016.
         208 p. ; 21 cm.

         Inclui bibliografia.
         ISBN 978-85-392-0351-2

         1. Direito administrativo. 2. Administração pública. 3. Direito e economia. I. Título.

CDU 342.9
CDD 342.06

Índice para catálogo sistemático:
1. Direito administrativo 342.9
(Bibliotecária responsável: Sabrina Leal Araujo – CRB 10/1507)

*A Marcos Juruena ("in memoriam"),
pelas primeiras lições de direito administrativo,
o privilégio do convívio e a amizade.*

*À minha família, e seu amor contagiante,
que dá sentido a todo o resto.*

*À Talita, com amor,
por me fazer ver o mundo além do Direito.*

As coisas não caem do céu. É preciso ir buscá-las.
Correr atrás, mergulhar fundo, voar alto.
Muitas vezes, será necessário voltar
ao ponto de partida e começar tudo de novo.
As coisas, eu repito, não caem do céu.
Mas quando, após haverem empenhado cérebro,
nervos e coração, chegarem à vitória final, saboreiem
o sucesso gota a gota. Sem medo, sem culpa e em paz.
É uma delícia. Sem esquecer, no entanto, que ninguém é bom demais.
Que ninguém é bom sozinho.
E que, no fundo, no fundo, por paradoxal que pareça,
as coisas caem mesmo é do céu, e é preciso agradecer.
(Luís Roberto Barroso)

PREFÁCIO

Na conturbada história da República Brasileira, de autoritarismo e arbítrio, o direito administrativo sempre esteve muito sobrecarregado com o papel de mediador das relações jurídicas entre o Estado e o cidadão. O papel de servir aos valores do Estado de Direito quase nunca bem compreendido ou atendido. Em tal contexto, o caráter instrumental da disciplina, de orientar para uma Administração eficiente, viu-se, com frequência, em segundo plano.

Observa-se hoje, porém, uma mudança na percepção da relevância da função instrumental. O combate sem tréguas ao autoritarismo acaba trazendo mais à tona a ineficiência administrativa. Percebe-se com maior clareza que o Estado Democrático de Direito Brasileiro não será completo se continuar a ser tão caro e a não prover a sua população com serviços públicos minimamente satisfatórios e com a infraestrutura necessária ao desenvolvimento econômico. Ao direito administrativo compete fornecer os instrumentos necessários ao cumprimento destes fins.

Assim, no desafio de fazer o Direito atuar em favor da eficiência da Gestão Pública, surge a metáfora do direito administrativo como *caixa de ferramentas*. Trata-se da perspectiva instrumentalista do direito administrativo, como ferramenta social. Neste papel, a efetividade do Direito passa pela seleção das ferramentas adequadas à promoção dos fins públicos perseguidos.

É esta abordagem, desafiadora e inovadora, que o leitor vai encontrar na obra de Leonardo Coelho Ribeiro. A *caixa de ferramentas*, diz o autor, "é uma metáfora que privilegia o instrumentalismo legal enquanto estratégia de Direito, de modo que as ferramentas de direito administrativo melhor sirvam aos fins democraticamente definidos na Constituição ou pelas maiorias ocasionais, (...)".

O desenvolvimento da metáfora da *caixa de ferramentas* permite ao Direito concentrar-se não apenas na lógica binária do lícito-ilícito, mas também no desenvolvimento dos vários caminhos possíveis da ação pública na esfera da licitude. O direito administrativo vê-se, assim, forçado a se voltar para as ferramentas, instituições e seus incentivos. Cabe-lhe assegurar que a escolha, dentre as ferramentas disponíveis, considere os incentivos por elas gerados, tanto quanto os arranjos institucionais e as regras do jogo existentes na sociedade. Vê-se claramente que a permanência do debate jurídico do direito administrativo apenas no plano dogmático não permite a realização dessa feição instrumental. São estas ideias, aqui apenas sintetizadas, que o leitor vai encontrar amplamente desenvolvidas ao longo da valiosa obra que ora se publica.

Mais uma vez nas palavras de Leonardo Coelho, "(...), assimilar o direito administrativo como *caixa de ferramentas* importa também perceber seu papel-chave na consistência dos arranjos jurídicos para instrumentalizar os objetivos esperados, à luz dos incentivos que são capazes de produzir".

A perspectiva da *caixa de ferramentas* situa-se, na verdade, no bojo daquela que acredito ser a mais importante linha de transformação do direito administrativo contemporâneo: sua abertura para as contribuições interdisciplinares. O Direito foi se conformando ao longo do tempo como um campo de estudo autorreferente, com pouca permeabilidade às contribuições de outras ciências sociais. As demandas que se impõem ao direito administrativo contemporâneo, porém, apontam para o desenvolvimento de um pluralismo metodológico a partir de abordagens interdisciplinares, com apoio na teoria econômica, na ciência política, na ciência da Administração, na Sociologia etc. Tais abordagens aparecem com destaque no texto em que ora se introduz o leitor.

A par da riqueza teórica e das múltiplas possibilidades de inserção prática das ideias defendidas no livro, não se pode perder de vista que a obra guarda íntima relação com a trajetória acadêmico-profissional de seu autor. Nenhum neófito ou teórico puro do direito administrativo teria sido capaz de desenvolver os pontos de vista encontrados n'*O Direito Administrativo como Caixa de Ferramentas*. E Leonardo Coelho não é nem uma coisa, nem outra.

Muito ao contrário, o autor é um entusiasta e militante do direito administrativo de primeiríssima hora. Foi seduzido pela disciplina ainda nos bancos da Faculdade, e, tal qual amante fiel, dela não mais se distanciou. O namoro de outrora, porém, transformou-se em casamento sólido. Leonardo tem se revelado um estudioso consistente, mas, possuindo já destacada atuação profissional, não se deixa distanciar do compromisso com o caráter instrumental do direito administrativo.

Foi nesse contexto que em 2013 se viu laureado, juntamente com Rafael Véras, com o segundo lugar no Prêmio Mendes Jr., pela relevante monografia *Manutenção do Ambiente Negocial entre o Público e o Privado e Desenvolvimento Nacional: o Impacto das Modulações Regulatórias nos Contratos da Administração e o Dever de Coerência*. Desde então têm publicado artigos comprometidos com um direito administrativo moderno, de espírito crítico e preocupado com os problemas da Administração Pública contemporânea.

Com o presente trabalho, originado da sua dissertação no Mestrado em Direito Público da Universidade do Estado do Rio de Janeiro/UERJ, o autor lançou-se um passo adiante. Tratou de amadurecer suas reflexões como teórico da disciplina. Desenvolveu ideias importantes amparadas em sólida pesquisa acadêmica, mas sempre sem se distanciar do que tem sido a marca da sua produção até aqui: da preocupação com o direito administrativo do mundo real, engajado na solução dos problemas da vida.

Tive o privilégio de poder acompanhar de perto a trajetória percorrida pelo Leonardo no desenvolvimento desta obra. Teve a ousadia necessária para trilhar um caminho mais árduo e, de certo modo, desconhecido. Vi como aceitou e abraçou com entusiasmo os desafios que se apresentaram no percurso. O resultado é uma obra instigante, que não se contenta em "chover no molhado". Não representa um ponto de chegada, mas, indiscutivelmente, um ponto de partida para novas compreensões do direito administrativo, muitas ainda a serem desenvolvidas. Deixo, agora, o leitor livre para desfrutar do texto.

PATRÍCIA BAPTISTA
Professora de Direito Administrativo
da Faculdade de Direito da UERJ

APRESENTAÇÃO

O forte desta obra, tão rica e tão provocativa, é uma pesquisa lúcida sobre as visões de Política, de Economia, de conhecimento jurídico etc. que têm cumprido o papel de autênticos pressupostos do direito administrativo e que, ao longo da história dessa disciplina, têm sido causa de profundas oposições, a dividir e conflitar seus intelectuais.

Por isso, é especialmente interessante que tenha sido escrita com este espírito pouco comum: a obra toma partido. Quem neste momento estiver por começar sua aventura por estas páginas, onde encontrará discutidas com qualidade as ideias que há por trás do direito administrativo, precisa, portanto, ser alertado de que Leonardo Coelho Ribeiro não o escreveu para tentar a proeza, corriqueira na academia, de agradar a todos e dar apoio a quanta ideia, a favor ou contra, exista na arena das disputas.

E nada poderia expressar melhor esse objetivo do que um nome escolhido com coragem. *Direito Administrativo como Caixa de Ferramentas*, um título claro e sincero. Ao adotá-lo o autor sabia bem o quanto estava se expondo, sabia o que pensariam dele os administrativistas que se dedicam a construir e defender uma espécie de direito administrativo modelar, essencial, ideal, que possa permanecer contra as flutuações da vida e do tempo.

Embora apresentando com equilíbrio as visões que se opõem, Leonardo defende com sinceridade a visão empiricista, pragmática, instrumental, comprometida com a realidade, e que reconhece o direito administrativo como essencialmente mutável. Não é a que predominou até hoje entre nós, mas é a visão que inspira a verdadeira renovação que vem ocorrendo na atualidade no direito administrativo brasileiro, a partir de nossos centros de pesquisa mais abertos e modernos.

Daí este outro valor da obra, o de mostrar a todo o Brasil o trabalho sério que vem sendo feito nesse campo pela Faculdade de Direito da

Universidade Estadual do Rio de Janeiro/UERJ, onde Leonardo Coelho Ribeiro a desenvolveu originalmente como dissertação de Mestrado, sob a orientação segura da professora Patrícia Baptista.

CARLOS ARI SUNDFELD
Professor Titular da FGV-Direito São Paulo –
Presidente da Sociedade Brasileira de Direito Público/*sbdp*

SUMÁRIO

Prefácio – PATRÍCIA BAPTISTA 5

Apresentação – CARLOS ARI SUNDFELD 9

Agradecimentos 15

Introdução 23

Capítulo 1 – O Direito como Saber Tecnológico, o Instrumentalismo Legal e a "caixa de ferramentas": uma Metáfora Pragmaticamente Útil ao Direito Administrativo 27

1.1 *O Direito como um saber tecnológico* 28
1.2 *O pragmatismo filosófico e sua influência para o surgimento do realismo jurídico* 33
1.3 *O realismo jurídico norte-americano: a percepção prática do Direito, o antiformalismo e o instrumentalismo* 38
    1.3.1 O formalismo jurídico 39
    1.3.2 Realismo jurídico e antiformalismo 41
    1.3.3 Realismo jurídico e instrumentalismo legal 45
1.4 *Risco de instrumentalizar o ilegítimo: ponderações, direitos fundamentais e um instrumentalismo legal viável* 48
1.5 *Por que o direito administrativo é especialmente suscetível à estratégia instrumentalista?* 55
    1.5.1 O direito administrativo como um direito de continuidade 55
    1.5.2 O direito administrativo como um direito de múltiplos interesses 58
    1.5.3 O direito administrativo como um direito de cultura e acumulação de institutos 60
    1.5.4 O direito administrativo como um direito concreto e cotidiano 62

1.6	**Conclusão: a "caixa de ferramentas" como uma metáfora pragmaticamente útil ao direito administrativo** 63

Capítulo 2 – Direito e Economia, Instituições e Incentivos: a Lógica da "caixa de ferramentas" 69

2.1	Direto e Economia	72
2.2	O princípio da eficiência	77
2.3	As ferramentas de direito administrativo e a lógica dos incentivos	83
2.4	Instituições, nova economia institucional e incentivos	88
	2.4.1 Institucionalismo e conceito de instituição	88
	2.4.2 Nova economia institucional e conceito de instituição .	90
2.5	O Direito e a lógica das instituições	92
	2.5.1 Direito e Desenvolvimento	94
	2.5.2 A Regulação Comportamental	98
2.6	Afinal, a lógica da "caixa de ferramentas" de direito administrativo	105
2.7	Conclusão: instituições, incentivos e ferramentas importam ..	109

Capítulo 3 – As Estratégias do Direito Administrativo como "caixa de ferramentas" 112

3.1	Política, Gestão Pública e seleção de ferramentas	115
	3.1.1 A influência política na seleção de ferramentas	115
	3.1.2 A seleção de ferramentas segundo a Gestão Pública	121
3.2	As estratégias de aplicação do direito administrativo como "caixa de ferramentas"	130
	3.2.1 A estratégia diagnóstica: a análise da compatibilidade entre ferramentas e finalidades a partir dos incentivos gerados	133
	3.2.2 A estratégia prognóstica: a escolha de ferramentas a partir da previsão de incentivos	143
3.3	O avanço das estratégias diagnóstica e prognóstica por experimentalismo, incrementalismo e minimalismo institucional	151
3.4	Conclusão	160

Capítulo 4 – Antecipando Críticas à Abordagem do Direito Administrativo como "caixa de ferramentas" e Ensaiando Respostas 163

4.1	**Críticas à abordagem do direito administrativo como "caixa de ferramentas"**

SUMÁRIO

4.1.1 Influência política e escolha de ferramentas 165
4.1.2 "Public choice": a escolha das ferramentas sob a ótica de interesses próprios particulares dos agentes públicos 167
4.1.3 A "caixa de ferramentas" como produto da economicização excessiva do Direito e da submissão à Gestão Pública 168
4.1.4 A realidade complexa e a impossibilidade de prever os incentivos dos arranjos de ferramentas 170

4.2 Ensaiando respostas às críticas e identificando caminhos de construção da abordagem do direito administrativo como "caixa de ferramentas" 172

4.2.1 Questão preliminar: não existem cenários puros, nem garantia de sucesso 173
4.2.2 O excessivo pessimismo no ser humano: nem só de influência política e "public choice" se vive 174
4.2.3 A inexistência de economicização excessiva ou submissão absoluta à Gestão Pública pelo Direito 178
4.2.4 O favorecimento ao controle da utilização indevida de ferramentas 180
4.2.5 A possibilidade de corrigir fugas regulatórias 181

4.3 Conclusão 183

Síntese Conclusiva 185

Bibliografia 191

AGRADECIMENTOS

Hora de agradecer, enfim! Coisa muito boa de fazer, mas nada fácil. Não só pelo risco de descuidar de pessoas importantes ao longo do caminho – ele existe, é verdade –, mas, principalmente, porque depois de três anos entre seleção e Mestrado, que resultaram na elaboração deste livro, o momento de agradecer traz junto uma autorreflexão. Bem ao modo daquelas cenas de filme, quando a trajetória percorrida passa em retrospectiva, numa explosão recortada de pessoas, sentimentos e fases. Dentre muitas delas, tento sintetizar algumas, aqui.

Da novidade de universidade, amigos, professores e temas, passando por aulas, livros, alunos e artigos, e encontrando a chegada na dissertação, produto final que carrega um pouco de cada um desses ingredientes.

Olhando pelo retrovisor, posso, agora, dizer: fui privilegiado em passar por tudo isso nas melhores condições que alguém pode ter. Basta ler esses agradecimentos para certificar.

De novidade, a Universidade do Estado do Rio de Janeiro/UERJ se transformou em segunda casa. Com certeza, seu cinza é muito pouco para traduzir o quão acolhedora foi. Do suporte administrativo, que vai muito bem sob a gestão da querida Sônia, ao notável corpo docente, a UERJ me proporcionou ricas experiências e oportunidades que agora fazem parte decisiva de minha formação. Um ambiente de ótimas ideias, gente muito qualificada, dedicada e comprometida, onde o debate segue aberto pelos rumos de produzir contribuições concretas para o País e os temas estudados são geralmente devolvidos em muito melhor estado do que se encontravam.

Se posso dizer que a UERJ é, hoje, isso tudo pra mim, devo também deixar claro que foram as pessoas ao longo da história que a fizeram assim.

Ingressei no Mestrado com uma turma de primeira linha, e, de quem lá já estava em Mestrado ou Doutorado desde os anos anteriores até quem chegou em meu último ano, o grupo só fez aumentar ao longo do curso.

Tive o privilégio de dividir inquietações e ideias com quem passei a admirar mais a cada dia. Pessoas de formação e propostas diferentes, unidas pelo compromisso de se aprimorar e fazer alguma diferença, como: Agostinho Netto, Aline Osório, André Cyrino, Bruno Belsito, Carina Lellis, Carlos Alexandre Campos, Ciro Grynberg, Demian Guedes, Estevão Gomes, Felipe de Melo Fonte, Filipe Guedes, Gabriel Accioly, Joana Menezes, José Marcos Vieira, Juliana Alvim, Karine Souza, Luís Felipe Sampaio, Luíza Vereza, Marcelo Valença, Pedro Duarte, Pedro José Ribeiro, Rodrigo Zambão e Semirames Khattar.

A Pedro José, amigo desde bem antes, devo ainda o agradecimento expresso pelo incentivo casual, na saída do "Metrô", para me candidatar ao Mestrado.

É claro, tudo ficou ainda mais fácil porque, em meio a tantas obrigações embutidas no Mestrado, a amizade muitas vezes veio junto. Obrigado a cada um de vocês que, ainda sem perceber, fez o caminho mais leve, produtivo e prazeroso!

Sempre dispostos a dividir conhecimento, desafiar e estimular, encontrei nos professores que integram o destacado corpo docente do Mestrado em Direito Público fonte segura para aprender. E não só Direito.

Patrícia Baptista, dona de uma honestidade daquelas que andam em extinção e uma dedicação sem tamanho, ministrou matérias formidáveis, nas quais se lançava com os alunos como que numa missão exploratória, aliando estudos consagrados com novidades que andavam na pauta do dia ao redor do mundo. Recusando sempre a zona de conforto, fez do Mestrado um veículo de descoberta coletiva.

Para meu enorme privilégio, aceitou assumir o ônus de Orientadora, e nisso foi ainda mais crucial. Sempre disponível em meio a uma vida multitarefada, soube dosar a quantidade de espaço e de intervenção. Diante das dúvidas de rumo que naturalmente surgiram, aconselhou com serenidade nos momentos mais difíceis. Fez sugestões e críticas valiosas e, sem tirar nem pôr, foi primordial para o resultado final do trabalho.

Gustavo Binenbojm e Alexandre Aragão completaram a tríade de administrativistas, conduzindo debates com maestria e dirigindo os estudos para os destinos certos. Suas aulas e grupos de pesquisa sempre foram espaços de muita troca e aprendizado. Valeram cada minuto de madrugada dedicado aos artigos e livros cuidadosamente selecionados.

A Gustavo sou ainda especialmente grato por ter aceitado integrar minha Banca Examinadora, pela reiterada disponibilidade e pela apurada qualificação que fez, jogando luz sobre importante ponto de partida teórico para a dissertação.

À tríade de administrativistas se soma a dos constitucionalistas com quem pude ter aula. Rodrigo Brandão e Ana Paula de Barcellos possibilitaram o contato com o que há de mais moderno em matéria de jurisdição constitucional e direitos humanos, fomentando a reflexão sobre temas fundamentais. Por ter me dedicado ao direito administrativo, me permitiram relacionar com o diferente. Muitas vezes a melhor maneira de se abrir a novas ideias e fazer conexões inesperadas entre elas.

Luís Roberto Barroso fez mais do que ensinar direito constitucional. Fui seu aluno logo após a posse no novo emprego de Ministro do STF, como gostava de dizer. E, se aí poderia ter tomado uma boa saída para colocar o curso em segundo plano, fez justo o contrário. Desdobrou-se entre aulas presenciais e virtuais intercaladas. Ensinou sendo.

Desde meados da Faculdade, quando comecei a ter contato com sua produção, sempre me impressionaram a profundidade aliada à simplicidade; a qualidade do conteúdo com o zelo da forma; a maneira de apresentar ideias com clareza e adequação ao público; e a capacidade de influenciar e formar pessoas por meio dessas ideias e dos exemplos.

Os encontros de sexta sempre foram, mais que aulas e reuniões de debate, oportunidades para observar de perto sua maneira de se postar diante da vida e de suas nuanças para buscar o equilíbrio dinâmico que faz as coisas funcionarem; terem sentido; profundidade com leveza. E, em meio a tudo, saber levar com compromisso, qualidade e bom humor. Foi inestimável!

Por ocasião do exame final, o professor Carlos Ari Sundfeld, precursor de tantos novos horizontes no direito administrativo, e a quem tanto admiro, me concedeu o prestígio de contar com sua avaliação, integrando a Banca com Patrícia e Gustavo. De pensar que esse Mestrado começou com alguns *e-mails* meus a ele, importunando com ideias para desenvolver no curso.

Muito mais que um processo de avaliação, a defesa da dissertação foi um momento único, no qual tive o privilégio de escolher professores de gerações anteriores à minha, que em boa parte influenciaram minhas decisões e ideias, para excepcionarem a ordem natural do tempo, lerem e opinarem sobre o que produzi. E é justamente por entender assim que agradeço a cada um de vocês pelo aceite, observações e críticas. Muito obrigado! Eu jamais poderia fantasiar algo tão marcante e sublime, como vocês fizeram ser pra mim.

A esta altura, estou certo de já ter comprovado como o Mestrado foi único e proveitoso. Mas nada disso teria sido possível se não houvesse outras tantas histórias, anteriores e paralelamente intercaladas ao curso. A autorreflexão a que me referi de início me faz ir um pouco mais longe para agradecer.

Sou eternamente grato pelos esforços que meus pais, Selma e Paulo, sempre fizeram em prol da minha educação. Especialmente nos primeiros tempos. Amo vocês, por isso e muito mais!

Sem o dever, e só por muito amor, a eles se juntaram à missão o vô Paulinho e a vó Alzira (*in memoriam*), que, mais que educação, me deram os momentos marcantes que qualquer neto poderia sonhar. Lembro de vocês dois com um carinho enorme e um sorriso no rosto sempre, sempre, sempre.

Mesmo em meio a tempos de dificuldades e incertezas, a tia Rita assumiu a obra na metade e virou uma segunda mãe. Deu a oportunidade de voltar a morar e estudar no Rio. Foi suficiente e determinante pra mudar minha vida!

Victor Hugo, Stephanye e Lucas, a nova geração, são fonte de carinho desinteressado que recarrega as baterias, descontraem e permitem viver outra vez fases que já passaram. É uma pena que acompanhem o que de resto há no mundo, e estejam ficando velhos...

À minha família agradeço novamente, na pessoa da minha mãe, do vô Anselmo e da vó Shirley, por todo o amor e carinho que dão colorido à vida, fazendo um café de tarde qualquer se transformar em muita alegria, boas risadas e energia pura para seguir em frente.

Alfredo e Neusa, com seu recanto na serra, abriram as portas de casa para me acolherem como filho. Boa companhia, boa comida e ótimo ambiente pra estudar e fazer o que foi preciso ao longo do curso. Muito obrigado pelo carinho, que vem de graça, sem esperar, e cheio de verdade. Vocês me fazem não saber o que sogros são!

Em meio a tantos acontecimentos e mudanças, Hélcio ajudou a colocar as ideias no lugar, tornando viável dar conta dos desafios. O agradecimento é indispensável.

Meu período de Mestrado não foi algo que se possa chamar por monótono. Como, de resto, aliás, não tem sido a vida nem lembro desde quando. Durante o próprio Mestrado ela aprontou das suas: me surgiram o *LL Advogados* e o *Ibmec*, dois projetos que me permitem colocar em prática o que eu acredito.

Junto com Lessa, Rodrigo, Rafael, Bruno e Marcello, pude começar a construir um lugar onde se cultiva qualidade técnica, muito compromisso, ambiente agradável e gente que se gosta e se une em torno de um projeto comum, que tão rapidamente vem colhendo resultados expressivos.

Ao Ibmec devo a gratidão pelo convite para elaborar e coordenar uma pós-graduação em Direito da Infraestrutura. Serei sempre grato à professora Juliana Bierrenbach pela oportunidade inicial, amizade construída e enorme empenho com o curso, assim como à Renata Nogueira e a Daniel Sousa, por acreditarem neste e em outros projetos, me permitindo levá-los adiante.

Em matéria de direito administrativo, devo sempre agradecer a quem primeiro me guiou no tema, e foi decisivo para minhas escolhas profissionais e acadêmicas. Antes de todos, a Marcos Juruena.

Ainda em 2005, um convite a ele para ministrar uma palestra na Universidade Federal do Estado do Rio de Janeiro/UNIRIO acabou rendendo um estágio e inusitadamente ditando minha trajetória profissional a partir de então.

Fui seu estagiário, pesquisador, advogado e sócio, ocasiões nas quais, também sob a mentoria de Flávio Amaral e Diogo de Figueiredo Moreira Neto, tive a oportunidade de lidar intensamente com as questões de direito administrativo.

Por todas essas é que me lembro dele com enorme gratidão e carinho. Não caio na armadilha da perda, e me dou por feliz pelo simples privilégio de tê-lo encontrado no caminho, e convivido. Fica sempre o meu muito obrigado por tudo!

Dessa época em diante, Rafael Véras tem sido praticamente um irmão, compartilhando ideias, projetos e experiências de vida sob a mesma ótica.

Já se vão 10 anos de atividades profissionais e acadêmicas conjuntas, quase que diariamente conversando sobre direito administrativo. Isso faz de Rafael uma testemunha ocular da minha história, e agradeço a ele pela enorme confiança e participação ativa de sempre, fundamental ao longo do Mestrado e na elaboração do livro, que contou com sua leitura e comentários em diversos estágios.

Passando a agradecimentos mais concretos quanto à dissertação, Nadja Lírio do Valle Marques Silva pesquisou nos primeiros momentos do Mestrado, contribuindo para tornar a vida possível.

Para assumir a tarefa na sequência tive a sorte de encontrar Daniel Silva Pereira, que, de aluno em pós-graduação, virou membro do time no LL.

Daniel teve papel fundamental na elaboração da dissertação. Pesquisador de fôlego, e extremamente entusiasmado com o direito administrativo, resumiu, debateu, revisou e se manteve junto ao longo de todos os altos e baixos do processo, que de linear não tem nada. A ele agradeço pela dedicação ao meu trabalho, como se fosse seu. E, aliás, justo por isso, de certa forma não deixa de sê-lo.

Na reta final contei, ainda, com a ajuda de Bernardo Britto Guerra, que encontrou tempo em meio aos seus muitos estudos de ciências sociais para ajudar com as atividades de meio das quais não pude dar conta, para poder seguir adiante com o conteúdo da dissertação.

Na elaboração da dissertação, dois grandes privilégios me foram ainda concedidos.

Egon Bockmann Moreira, brilhante professor de Direito Administrativo que tem me dado a alegria do convívio profissional e acadêmico, criticou o pré-projeto, ajudando a clarear ideias quando tudo era ainda muito difícil de enxergar.

Além disso, Diogo de Figueiredo foi de uma gentileza e inspiração indescritíveis, lendo e comentando a versão preliminar da dissertação submetida à qualificação. Como é de seu costume, me fez querer ser mais e melhor.

Concluída a versão final, fui em busca de novos leitores que pudessem ver as ideias de forma fresca. Encontrei apoio valioso em dois grandes amigos: Rafael Pepe, que mesmo fora do País prontamente atendeu ao meu pedido com importantes sugestões para um ajuste final; e Felipe Borschiver, a quem sempre admirei pela enorme capacidade e inteligência, e dedicou especial atenção às ideias econômicas.

AGRADECIMENTOS

Como se pode ver, pelo menos ao meu modo de fazer, uma dissertação demanda um exército de gente bem intencionada, que quer bem ao autor e se dispõe a ajudar, e muito. Mas, ainda assim, um enredo incompleto. Contada a história panorâmica, fica a quem especialmente agradecer.

Talita Furtado, minha namorada, se fez intensamente presente em cada uma das etapas descritas. Aliás, nossa história praticamente coincide com o tempo de Mestrado, o que já revela quanta compreensão foi preciso dedicar ao longo do curso para fazer dar certo, compreendendo ausências; administrando momentos de angústia quando os caminhos eram incertos; e mantendo a alegria sempre alta, me levando a fazer coisas improváveis que, no final, quase sempre, valiam cada passo fora da linha.

À Talita, sem quem não tem graça, agradeço com muito amor, e de coração, por todo amor que me traz.

INTRODUÇÃO[1]

Como é possível falar em direito administrativo e pouco – ou quase nada – se ouvir a respeito de sua relação com a Administração, enquanto ciência? Ou mesmo com a Gestão Pública e seus métodos de ação? Será que não há interações proveitosas a se descobrir e desenvolver, enriquecendo as duas disciplinas de novas perspectivas e argumentos?

A falta de ênfase a esse necessário e rico ponto de toque entre os dois assuntos sempre me trouxe curiosidade, e é parte do que motiva este livro: contribuir para a aproximação do direito administrativo não só com a Economia e a ciência política, mas principalmente com a ciência da Administração.

Nesse propósito, dentre outras abordagens que se fariam possíveis, a ponte entre as disciplinas surgiu, de forma natural, da construção de uma metáfora. E por que uma metáfora?

As metáforas têm uma capacidade comunicativa diferenciada; permitem compreender ideias a partir de experiências físicas e sociais conhecidas, que, então, conferem sentido a um novo arranjo de coisas, de modo a facilitar sua compreensão.

A percepção e a assimilação de algo traduzido em uma imagem, cena ou referência têm a peculiar capacidade de associar argumentos racionais a experiências emocionais; a sentidos concretos compartilhados por aqueles envolvidos com a mensagem, dando conteúdo mais firme e vivo ao quadro desenhado. Comunica muito sem dizer demais. E não por outra razão, aliás, se faz possível a afirmação de que vivemos por metáforas.[2]

1. N.E.: As citações de obras estrangeiras foram livremente traduzidas pelo Autor.

2. Para usar a expressão cunhada por George Lakoff e Mark Johnson, *Metaphors We Live By*, Londres, The University of Chicago Press, 2003.

Uma metáfora envolve não só perceber a situação e associá-la a algo. Envolve também um processo de *design*. É possível desenhar metáforas. Lapidá-las. Justo como se passa com a metáfora aqui proposta, do direito administrativo como *caixa de ferramentas*.

Abordar o direito administrativo como *caixa de ferramentas* tem o intuito de revelar a forma como seus institutos são manejados pelos operadores do Direito. Reforça seu caráter prático e instrumental. Põe em foco a relação entre arranjos institucionais de ferramentas e as tarefas que se quer realizar por meio deles, destacando a importância de escolher as ferramentas mais habilitadas. Faz perceber o papel dos incentivos e a lógica subjacente à criação e à manutenção dos arranjos jurídicos. Viabiliza arquitetar novos arranjos e cuidar da reengenharia daqueles já existentes.

Em síntese: traz uma plêiade de argumentos e pontos de vista com o potencial de aproximar prática e teoria, de modo a avançar às finalidades às quais o direito administrativo se lança.

Pois bem. Para cumprir esses propósitos, mediante a percepção e o desenho do direito administrativo como *caixa de ferramentas*, e explorar seus benefícios, sem descuidar dos alertas que se façam precisos, ao longo deste livro cuidarei dos temas que seguem.

No *Capítulo 1* a metáfora do direito administrativo como uma *caixa de ferramentas* é investigada e confeccionada, a fim de comprovar sua utilidade prática. Para isso, o Direito é abordado como um saber tecnológico, e seu compromisso com resultados práticos recebe destaque a partir do realismo jurídico norte-americano e de sua inspiração no pragmatismo filosófico. Isso posto, são, então, realçadas certas notas distintivas do direito administrativo que permitem afirmá-lo especialmente suscetível à estratégia instrumentalista, conduzindo ao desenho da metáfora e à afirmação de sua utilidade concreta.

No *Capítulo 2* a abordagem do direito administrativo como *caixa de ferramentas* tem seus contornos e potencialidades explorados a partir de aportes da literatura especializada de Direito e Economia, com especial ênfase ao princípio da eficiência, à nova economia institucional e à relação entre instituições e incentivos, aproximando essas contribuições ao modo pelo qual o Direito é utilizado por seus operadores, a partir dos incentivos que gera. Seu propósito é o de compreender a lógica do direito administrativo enquanto *caixa de ferramentas*.

No *Capítulo 3* as estratégias do direito administrativo como *caixa de ferramentas* são exploradas após situar o papel do Direito diante do processo de seleção de ferramentas sob as óticas da Política e da Gestão Pública. Feito isso, evidencia-se que a *caixa de ferramentas* jurídica é chamada a assumir outro papel, para além do controle da juridicidade dos arranjos institucionais, qual seja: avaliar a consistência de arranjos jurídicos em curso, a partir de seus incentivos e dos resultados que produzem, bem como projetar combinações de ferramentas que produzam incentivos adequados a alcançar as finalidades pretendidas.

Nesse contexto, o direito administrativo incorpora a proposta de duas grandes estratégias de ação, uma diagnóstica e a outra prognóstica, que para alcançarem resultados ainda mais significativos devem ser associadas aos métodos de experimentalismo, incrementalismo e minimalismo institucional, sempre que possível.

No *Capítulo 4* são apresentados os temperamentos fornecidos por críticas que poderão pender sobre a abordagem do direito administrativo como *caixa de ferramentas*, para a partir daí ensaiar respostas que seguem apontando em favor da utilidade da metáfora.

Em conclusão, as principais ideias desenvolvidas ao longo livro são, então, objetivamente sumarizadas.

Capítulo 1
O DIREITO COMO SABER TECNOLÓGICO, O INSTRUMENTALISMO LEGAL E A "CAIXA DE FERRAMENTAS": UMA METÁFORA PRAGMATICAMENTE ÚTIL AO DIREITO ADMINISTRATIVO

> *The life of the Law has not been logic. It has been experience.* (Oliver Wendell Holmes Jr.)

1.1 O Direito como um saber tecnológico. 1.2 O pragmatismo filosófico e sua influência para o surgimento do realismo jurídico. 1.3 O realismo jurídico norte-americano: a percepção prática do Direito, o antiformalismo e o instrumentalismo: 1.3.1 O formalismo jurídico – 1.3.2 Realismo jurídico e antiformalismo – 1.3.3 Realismo jurídico e instrumentalismo legal. 1.4 Risco de instrumentalizar o ilegítimo: ponderações, direitos fundamentais e um instrumentalismo legal viável. 1.5 Por que o direito administrativo é especialmente suscetível à estratégia instrumentalista?: 1.5.1 O direito administrativo como um direito de continuidade – 1.5.2 O direito administrativo como um direito de múltiplos interesses – 1.5.3 O direito administrativo como um direito de cultura e acumulação de institutos – 1.5.4 O direito administrativo como um direito concreto e cotidiano. 1.6 Conclusão: a "caixa de ferramentas" como uma metáfora pragmaticamente útil ao direito administrativo.

Confeccionar a metáfora do direito administrativo como uma *caixa de ferramentas*, investigá-la e desenvolver sua utilidade prática depende, antes, de perceber como, e por quê, o Direito em si, numa perspectiva mais ampla, tem merecido abordagens realçando a importância de seu caráter instrumental. É desse tema, portanto, que o primeiro capítulo se encarrega.

Por uma questão didática, vale a pena antecipar as linhas gerais do roteiro argumentativo que se seguirá, de maneira a visualizar o todo, situar suas partes e fundar as estruturas para ir adiante.

Pois bem. Isso será feito em quatro etapas: (i) fixando a assimilação do Direito como um saber tecnológico; (ii) aportando contribuições do pragmatismo filosófico que concorreram para o surgimento do realismo (pragmatismo) jurídico,[1] e suas abordagens do Direito como fenômeno prático-social; (iii) demonstrando uma proposta de instrumentalismo legal viável; e (iv) destacando os contornos do direito administrativo que o revelam especialmente suscetível à estratégia instrumental-pragmatista.

Feito isso, será possível, então, cuidar da *caixa de ferramentas* como uma metáfora útil à análise e ao manejo do direito administrativo para, no segundo capítulo, explorar suas nuanças e potencialidades.

Postas estas linhas gerais, passo a me dedicar à primeira das etapas descritas.

1.1 O Direito como um saber tecnológico

O Direito é, ao mesmo tempo, retrato e produto de cada sociedade, que, contemporaneamente, o conforma e é por ele, a partir de então, conformada.

A percepção circunstancial do mundo pelos seres humanos, desse modo, lhe causa inegáveis impactos e transformações. Um exemplo extremado, porém real, serve de boa ilustração.

Segundo o art. 123 do CP brasileiro, matar o próprio filho sob estado puerperal, durante o parto ou logo após, é tipificado como crime de infanticídio, podendo ocasionar pena de detenção de até seis anos.

Trata-se, a olho nu, de erguer as defesas do direito penal em favor do direito fundamental à vida, consagrado no art. 5º da CRFB e no art. 3º da Declaração Universal dos Direitos do Homem.

Em que pese ao fato de a previsão soar consensual perante sociedades cristãs ocidentais na atualidade, há notícia de que o nascimento de

---

1. Neste estudo adoto a consideração de Arnaldo Sampaio de Moraes Godoy, que, ao comentar a obra de Oliver Wendell Holmes Jr., esclarece que o realismo jurídico é também chamado por alguns de pragmatismo jurídico. Cf.: "A segunda fase marca momento matizado pela pesquisa que propiciou seus dois livros, *The Common Law* e *The Path of the Law*. Nessas obras encontram-se os pontos principais de seu pensamento, bem como do realismo jurídico, que há quem prefira chamar de movimento de pragmatismo jurídico (cf. Posner, in Holmes 1992:xi)" (Arnaldo Sampaio de Moraes Godoy, *Introdução ao Realismo Jurídico Norte-Americano*, Brasília, ed. do Autor, 2013, p. 61, disponível em *www.agu.gov.br*, acesso em 14.4.2015).

crianças indígenas com má formação, gêmeas ou decorrentes de casos extraconjugais ainda hoje mereça o destino do sacrifício.² Como se dá, aliás, em pelo menos 15 tribos situadas no próprio território nacional.³

A diferente visão de mundo desses dois corpos sociais, portanto, informa a existência de um conjunto de valores e normas internamente aceitos mas que não são por eles mutuamente compartilhados.

O exemplo é extremo, porque compara dois grupos agudamente distintos. Mas a lógica que o informa serve, igualmente, para auxiliar a análise de diferentes momentos de uma mesma sociedade ao longo do tempo.

Pautando-se nessa premissa, de que o Direito é produto da percepção humana do mundo, Tércio Sampaio Ferraz Jr. vale-se de Hannah Arendt, em *A Condição Humana*,⁴ para desenvolver o argumento segundo o qual, no atual contexto burocratizado das sociedades ocidentais, o Direito se manifesta como "um fenômeno decisório, um instrumento de poder, e a ciência jurídica como uma tecnologia".⁵

O argumento decorre da constatação de que a partir da Era Moderna o sentido de ação passou a se confundir cada vez mais com o de trabalho,

---

2. O exemplo serve apenas a ilustrar o impacto que diferentes percepções de mundo causam ao Direito. Seu emprego não tem a intenção de aprofundar a discussão entre multiculturalismo e universalismo de direitos humanos, nem tampouco discutir a constitucionalidade desse tipo de prática, diante da interpretação do art. 231 da CRFB. Sobre o tema, no entanto, vale conferir: *Projeto de Lei 1.057, de 11.5.2007* – "Dispõe sobre o combate a práticas tradicionais nocivas e à proteção dos direitos fundamentais de crianças indígenas, bem como pertencentes a outras sociedades ditas não tradicionais" (disponível em *www.camara.gov.br*, acesso em 6.4.2015); *PEC 303/2008* – "Reconhece aos índios o respeito à inviolabilidade do direito à vida nos termos dos direitos e garantias fundamentais da Constituição Federal de 1988" (disponível em *www.camara.gov.br*, acesso em 6.4.2015); Marcelo Neves, *Transconstitucionalismo*, São Paulo, WMF Martins Fontes, 2009; Raymond de Souza, *Infanticídio Indígena no Brasil: a Tragédia Silenciada*, ed. Saint Gabriel Communications International, 2009; Marianna Assunção Figueiredo Holanda, *Quem São os Humanos dos Direitos? Sobre a Criminalização do Infanticídio Indígena*, 2008.
3. Neste sentido, cf.: Jônathas da Silva Simões, *Infanticídio Indígena em Tribos Brasileiras* (disponível em *http://oabpb.org.br/artigos*, acesso em 6.4.2015).
4. Hannah Arendt, *A Condição Humana*, 10ª ed., tradução de Roberto Raposo, "Pósfácio" de Celso Lafer, Rio de Janeiro, Forense Universitária, 2007.
5. Tércio Sampaio Ferraz Jr., *Introdução ao Estudo do Direito: Técnica, Decisão, Dominação*, São Paulo, Atlas, 2010, p. 2.

perdendo seu caráter vinculado à virtude, de atividade não fútil, para assumir a feição de uma atividade finalista.[6]

O trabalho, por sua vez, deixou de ter um termo final, que culminava no uso do bem produzido, para assumir o caráter de fabricação: uma ação que parte de meios para atingir fins.

Daí se dizer que "o *homo faber* de certo modo degrada o mundo, porque transforma o significado de todas as coisas numa relação meio/fim, portanto numa relação pragmática".[7]

A própria atividade de fabricação, enquanto destinada a construir o mundo e suas coisas, sofreu forte impacto por decorrência da perda de uma percepção substancial, na medida em que essa relação meio/fim foi se agravando.[8]

Essa progressiva mudança gerou no campo jurídico um processo de redução do Direito à norma, fazendo com que ele passasse a ser encarado como imposição de uma vontade sobre a outra, guiada pelo propósito de atingir certo fim, e não mais como um domínio meramente sobre objetos.[9]

Neste contexto, a preocupação com a necessidade de sobrevivência foi aos poucos deixando a cena central, ao passo que a propriedade (ou o direito de ter) ascendeu em prioridade para os seres humanos.

6. Idem, p. 4.
7. Idem, ibidem.
8. Hannah Arendt leciona: "Em outras palavras, o *homo faber*, ao emergir da grande revolução da Modernidade, embora adquirisse engenhosidade jamais sonhada na fabricação de instrumentos para medir o infinitamente grande e o infinitamente pequeno, perdeu aquelas medidas permanentes que precedem e sobrevivem ao processo de fabricação e que constituem um absoluto confiável e autêntico em relação à atividade da fabricação. Certamente, nenhuma outra atividade da *vita activa* tinha tanto a perder com a eliminação da contemplação do âmbito das capacidades humanas importantes quanto à fabricação. Pois, ao contrário da ação, que consiste em parte no desencadeamento de processos, e ao contrário do labor, que segue de perto os processos metabólicos da vida, a fabricação percebe os processos, quando chega a percebê-los, como simples meios para um fim, isto é, como algo secundário e derivado. Além disto, nenhuma outra capacidade tinha tanto a perder com a moderna alienação do mundo e a promoção da introspecção a expediente onipoderoso para a conquista da natureza quanto aquelas faculdades destinadas basicamente a construir um mundo e produzir coisas mundanas" (*A Condição Humana*, cit., 10ª ed., p. 320).
9. Tércio Sampaio Ferraz Jr., *Introdução ao Estudo do Direito: Técnica, Decisão, Dominação*, cit., p. 4.

Ganhou espaço a noção filosófica de utilidade, no sentido de agir, ou ter, com o propósito subsequente de obter benefícios, vantagens ou resultados, tal como formulada no utilitarismo de Jeremy Bentham,[10] e tão aplicável nos dias atuais.

Essa própria noção de utilidade, aliás, revelou-se um vetor cada vez mais forte de instrumentalização das ações humanas, que passaram a se legitimar mediante a quantidade de felicidade (dor e prazer) que sua produção ou seu consumo proporcionam.[11]

Ora, em uma sociedade na qual praticamente tudo é transformado em bem de consumo,[12] como na nossa, o Direito se torna "mero instrumento de atuação, de controle, de planejamento, tornando-se a ciência jurídica um verdadeiro saber tecnológico".[13]

Assumindo, antes de tudo, a roupagem de uma tecnologia social, ganha força no Direito a preocupação com sua eficiência, a partir das análises sociológica e econômica, na medida em que precisa considerar não só sua própria implementação, como também as consequências sociais dela advindas.[14]

10. Nas palavras de Jeremy Bentham: "Por utilidade se entende a propriedade de qualquer objeto tendente a produzir benefício, vantagem, prazer, bem ou felicidade (tudo isto, no presente caso, trata da mesma coisa) ou (o que trata de novo da mesma coisa) para evitar a ocorrência de prejuízo, dor, o mal, ou infelicidade à parte cujo interesse é considerado: se essa parte for a comunidade em geral, então, a felicidade da comunidade; se um determinado indivíduo, então, a felicidade do indivíduo" (*An Introduction to the Principles of Morals and Legislation* (1781), Batoche Books Kitchener, 2000, p. 15).

11. Hannah Arendt observa: "Se é possível aplicar neste contexto o princípio da utilidade, deve referir-se basicamente não a objetos de uso, e não ao uso, mas ao processo de produção. Agora, tudo o que ajuda a estimular a produtividade e alivia a dor e o esforço torna-se útil. Em outras palavras, o critério final de avaliação não é de forma alguma a utilidade e o uso, mas a felicidade, isto é, a quantidade de dor e prazer experimentada na produção ou no consumo das coisas" (*A Condição Humana*, cit., 10ª ed., p. 322).

12. Do ponto de vista filosófico, Michael Sandel trata desse extravasamento da lógica econômica de mercado para setores da sociedade que deveriam ser regidos por outros valores morais, e as distorções que esse processo gera (*O que o Dinheiro Não Compra: os Limites Morais do Mercado*, São Paulo, Civilização Brasileira, 2012).

13. Tércio Sampaio Ferraz Jr., *Introdução ao Estudo do Direito: Técnica, Decisão, Dominação*, cit., p. 7.

14. Gunther Teubner, "After legal instrumentalism: strategic models of post-regulatory law", in Gunther Teubner, *Dilemas of Law in the Welfare State*, Berlim, Walter de Gruyter/European University Institute, Series A-Law 3, 1986, p. 306.

A validade dos enunciados do Direito produzidos por nossa sociedade, portanto, depende antes de sua relevância prática; de instrumentalizar finalidades preestabelecidas,[15] como produzir decisões e efetivar interesses públicos legalmente especificados – dentre outros.

São os resultados, em boa parte, a fonte legitimadora da ação antecedente que os ocasionou.[16] É por eles que se medem o sucesso de uma política pública,[17] o acerto de uma desapropriação ao argumento de construir uma rodovia ou uma alteração legislativa que busque, conjuntamente: garantir mais proteção aos locadores, estimular a oferta de locação de imóveis e, assim, propiciar a diminuição de preços dos aluguéis e aumentar o acesso à moradia.[18]

Em nossa sociedade atual a assimilação tecnológica do Direito implica encará-lo, em sentido amplo, como uma ferramenta social prática e dinâmica, orientada a dar conta dos impasses e objetivos juridicamente disciplinados.

Assumir esta instrumentalidade, portanto, não importa depreciar o Direito e pôr em xeque sua integridade. É, antes, reconhecer um dado posto, um produto da sociedade ocidental contemporânea, e viabilizar

---

15. Tércio Sampaio Ferraz Jr., *Introdução ao Estudo do Direito: Técnica, Decisão, Dominação*, cit., p. 64.
16. Explorando o tema, reconhecido como um dos grandes paradigmas do direito administrativo pós-moderno, cf.: Diogo de Figueiredo Moreira Neto, *Quatro Paradigmas do Direito Administrativo Pós-Moderno: Legitimidade, Finalidade, Eficiência e Resultados*, Belo Horizonte, Fórum, 2008.
17. No plano do direito administrativo global tem-se notado uma tendência cada vez mais forte de se valer do uso de indicadores para medir o nível de governança dos Países em desenvolvimento e, a partir daí, formular *standards* que poderão servir para orientar empréstimos internacionais e alocação de recursos por fundos de investimentos – dentre outros. Sobre o tema, cf.: Kevin Davis, Angelina Fisher, Benedict Kingsbury e Sally Engle Merry, *Governance by Indicators*, Oxford, OUP, 2012; e Georgios Dimitropoulos, "Global administrative law as 'enabling law': how to monitor and evaluate indicator-based performance of global actors", *European Public Law Organisation*, IRPA Working Paper, GAL Series 07/2012; bem como o *Worldwide Governance Indicator Project*, do Banco Mundial (disponível em http://info.worldbank.org, acesso em 8.4.2015).
18. Debatendo a hipótese, cf.: Gustavo Binenbojm e André Rodrigues Cyrino, "Parâmetros para a revisão judicial de diagnósticos e prognósticos regulatórios em matéria econômica", in Daniel Sarmento, Cláudio Pereira Souza Neto e Gustavo Binenbojm (coords.), *Vinte Anos da Constituição Federal de 1988*, Rio de Janeiro, Lumen Juris, 2008.

a construção de conceitos e modelos jurídicos mais consentâneos com esta realidade. É direcionar esforços para a conciliação entre a teoria e a prática.

Tal arranjo de ideias é especialmente notado nos estudos de autores associados ao denominado realismo jurídico norte-americano, que podem colaborar para uma melhor compreensão dessa função instrumental do Direito, reforçando as bases do caminho a seguir.

1.2 O pragmatismo filosófico e sua influência para o surgimento do realismo jurídico[19]

A formulação de que o Direito serve de instrumento a determinadas finalidades que o orientam não é propriamente uma novidade.[20] O que tem variado ao longo da História é o grau de intensidade dessa instrumentalização.

Com efeito, tendo o Direito se transformado em um saber tecnológico, que retrata e conforma a sociedade que lhe é contemporânea, a economicização e a ascensão do consumismo da sociedade ocidental,

---

19. Como convencionado na introdução deste capítulo, meu objetivo com sua elaboração é direto: quero apresentar e investigar o pragmatismo filosófico e o realismo jurídico especificamente no que toca às suas contribuições para seguir adiante com a ideia de instrumentalismo legal. Desse modo, não me deterei com profundidade nesses temas, nem tampouco irei dissecar obras específicas, autor por autor, para relatar todas as suas nuanças. Para tais propósitos há bons livros disponíveis, inclusive na literatura nacional, dentre os quais merecem destaque: José Vicente Santos de Mendonça, *Direito Constitucional Econômico: a Intervenção do Estado na Economia à Luz da Razão Pública e do Pragmatismo*, Belo Horizonte, Fórum, 2014; Thamy Pogrebinschi, *Pragmatismo: Teoria Social e Prática*, Rio de Janeiro, Relume Dumará, 2005; e Arnaldo Sampaio de Moraes Godoy, *Introdução ao Realismo Jurídico Norte-Americano*, cit. (disponível em *www.agu.gov.br*, acesso em 14.4.2015).

20. José Vicente Santos de Mendonça assim se manifesta, comentando a formulação de Richard Posner, de que o pragmatismo jurídico deve ter um caráter instrumental: "O pragmatismo de Posner é (ii) instrumental. A teoria é instrumento para um fim concreto, a saber, a distribuição de bens ou a recomposição de estados operada por intermédio do Direito. Também o Direito é meio para diversos fins. *A proposição não é revolucionária; diversas teorias jurídicas, antigas e novas, insistem para que se evite a reificação.* Aqui estamos em terreno consensual. Dificilmente alguém sustentaria, hoje, que o Direito deve se fechar em si mesmo de modo inflexível e 'desoxigenado' em relação às finalidades que lhe subjazem" (*Direito Constitucional Econômico: a Intervenção do Estado na Economia à Luz da Razão Pública e do Pragmatismo*, cit., p. 62).

principalmente ao longo do século XX, fizeram com que o grau de intensidade dessa instrumentalização progressivamente aumentasse.[21]

Não por outra razão que, acompanhando tais transformações sociais, e partindo de aportes gerais do pragmatismo filosófico típico do final do século XIX e início do século XX, o instrumentalismo legal, notável no realismo jurídico norte-americano, desenvolveu-se justamente ao longo deste mesmo século XX, e segue produzindo reflexões importantes, especialmente contribuindo para consolidar os argumentos pelos quais o Direito deve cumprir uma função instrumental e prática socialmente desejada.[22]

Neste contexto, a investigação das ideias principais do pragmatismo filosófico ajuda a retratar o ambiente intelectual que influenciou o surgimento do realismo jurídico e a forte noção de instrumentalismo legal por ele carregada.

Com efeito, não há um enunciado único, pronto e acabado, que permita sumarizar o pragmatismo filosófico. Pretendê-lo, como se verá, aliás, seria não pragmático.

Por conta disso, é mais adequado dizer que há tantos pragmatismos quanto os autores dedicados às ideias que gravitam em torno de seus núcleos.

Como não é meu propósito destrinchar cada uma dessas abordagens, darei ênfase às premissas gerais que parecem ser em alguma medida compartilhadas e, portanto, podem auxiliar na identificação desses núcleos.

---

21. Para um retrato cronológico da caminhada do Direito norte-americano em direção a uma visão instrumentalista, cf.: Brian Tamanaha, "The perils of pervasive legal instrumentalism", *St. John's University School of Law, Legal Studies Research Paper Series* 5/1-24, 2011.

22. Para o propósito deste trabalho, cuidar do Direito como tecnologia e instrumento é suficiente. Mas não se desconhece que essa concepção suscita debates e críticas. V. a colocação de Jürgen Habermas a respeito: "Vivemos, hoje, um momento em que a dominação eterniza-se e amplia-se não só mediante a tecnologia, mas como tecnologia; e esta proporciona a grande legitimação ao poder político expansivo, que assume a si todas as esferas da cultura. Neste universo, a tecnologia proporciona igualmente a grande racionalização da falta de liberdade do homem e demonstra a impossibilidade técnica de ser autônomo, de determinar pessoalmente a sua vida. A racionalidade tecnológica protege, assim, antes a legalidade da dominação em vez de a eliminar, e o horizonte instrumentalista da razão abre-se a uma sociedade totalitária de base racional" (*Tecnologia e Ciência como "Ideologia"*, Lisboa, Edições 70, 2009, p. 49).

Pois bem. O pragmatismo filosófico é tido como a grande contribuição norte-americana à Filosofia ocidental.[23] No entanto, é interessante notar, ele não consiste em uma linha de estudos de Filosofia propriamente dita.

Sendo, antes de mais nada, uma crítica quanto à forma de se fazer Filosofia, o pragmatismo filosófico não se volta a questões filosóficas fundamentais,[24] mas ao método e aos propósitos que devem guiar a maneira de se fazer Filosofia.[25]

Suas ideias centrais começaram a ser desenvolvidas na segunda metade do século XIX, quando, pouco depois de 1870, Charles Sanders Peirce, William James e Oliver Wendell Holmes Jr. criaram um foro para debate sarcasticamente denominado por "O Clube Metafísico".[26]

Neste ambiente foram travadas discussões que deram origem ao pragmatismo filosófico, repercutindo de maneira fundamental para o surgimento do realismo jurídico norte-americano.

A saber: para o pragmatismo filosófico, variadamente referido por seus autores também por pragmaticismo, humanismo e instrumentalismo, deixa de ser importante esclarecer o comportamento humano a partir de ideias, tendo em vista que "não agimos porque temos ideias; temos ideias porque precisamos agir, e agimos de acordo com os fins que perseguimos".[27]

Com isso, o pragmatismo filosófico afasta qualquer noção de neutralidade ao definir essa relação de meios e fins que orienta a ação, o que ilustra a assunção de seu compromisso com os resultados práticos de suas reflexões.

Sua preocupação não se volta a problemas essencialistas ou a discussões pelo que se admite verdadeiro, mas aos efeitos dessas crenças e

---

23. Arnaldo Sampaio de Moraes Godoy, *Introdução ao Realismo Jurídico Norte-Americano*, cit., p. 6 (disponível em *www.agu.gov.br*, acesso em 14.4.2015).
24. É a Metafísica que se dedica a tais questões.
25. José Vicente Santos de Mendonça, *Direito Constitucional Econômico: a Intervenção do Estado na Economia à Luz da Razão Pública e do Pragmatismo*, cit., p. 30.
26. Sobre o tema, cf.: Louis Menand, *The Metaphysical Club: a Story of Ideas in America*, Nova York, Farrar, Straus e Giroux, 2001.
27. Louis Menand, *The Metaphysical Club: a Story of Ideas in America*, cit., p. 364 (*apud* Arnaldo Sampaio de Moraes Godoy, *Introdução ao Realismo Jurídico Norte-Americano*, cit., p. 28, disponível em *www.agu.gov.br*, acesso em 14.4.2015).

verdades aceitas.[28] Mais que abstrações, valem a experiência e a percepção de que se aprende fazendo (*learn by doing*).

De tal maneira, valoriza-se a experiência não como algo pronto, mas como um processo que deve ser reiteradamente renovado;[29] e se rejeita o formalismo, porque o conhecimento não comporta um modelo e um sistema único, preconcebido, formalmente completo e inquestionável.[30]

Para tudo isso, o pragmatismo "condena atitudes contemplativas, de admiração, daqueles para quem a vida deve ser vista como a um palácio", exigindo "pensamento rápido, direto, objetivo, concreto".[31]

Aproximando essas notas ao Direito, John Dewey se somou àqueles autores para se tornar um dos grandes do pragmatismo filosófico, desenvolvendo observações de especial interesse ao presente objeto de estudo.

Foi Dewey quem, associando o pragmatismo a ideias de instrumentalismo e experimentalismo e trabalhando com suas aplicações ao Direito, formulou que um sistema de regras jurídicas não só deve ser subserviente aos resultados práticos que produz; para isso, deve considerar dados concretos e econômicos, tendo em vista tratar-se de "necessidade social e intelectual que o Direito seja marcado por uma lógica mais experimental e mais flexível". [32]

O Direito, dessa forma, precisa ser discutido "em ambiente social concreto, e não no vácuo comparativo das relações normativas endógenas e despreocupadas com a vida social".[33]

Compendiando as lições desses pragmatistas clássicos, Thamy Pogrebinschi define uma tríade de argumentos que comporia o núcleo

---

28. Arnaldo Sampaio de Moraes Godoy, *Introdução ao Realismo Jurídico Norte-Americano*, cit., p. 30 (disponível em *www.agu.gov.br*, acesso em 14.4.2015).

29. Como anota José Vicente Santos de Mendonça: "O pragmatismo é uma filosofia das consequências, da experiência e da ação, mas é também, e principalmente, uma filosofia da transformação. Nada mais distante do pragmatismo filosófico do que uma postura de tibieza diante da realidade e do conformismo, 'render-se aos fatos'" (*Direito Constitucional Econômico: a Intervenção do Estado na Economia à Luz da Razão Pública e do Pragmatismo*, cit., p. 42).

30. Arnaldo Sampaio de Moraes Godoy, *Introdução ao Realismo Jurídico Norte-Americano*, cit., p. 31 (disponível em *www.agu.gov.br*, acesso em 14.4.2015).

31. Idem, ibidem.

32. John Dewey, *The Essential Dewey: Pragmatism, Education, Democracy*, vol. 1, Indianapolis, Indiana University Press, 1998, p. 361.

33. Arnaldo Sampaio de Moraes Godoy, *Introdução ao Realismo Jurídico Norte-Americano*, cit., p. 57.

de ideias compartilhadas pelo pragmatismo filosófico. Com efeito, seria comum a seus autores advogar o antifundacionalismo, o consequencialismo e o contextualismo.[34]

O antifundacionalismo pragmatista rejeita a existência de categorias apriorísticas, de dogmas estáticos, capazes de fundar o pensamento, ou conceitos que apresentem significados finais. Em seu lugar tomam cena a crítica constante enquanto método de pensamento, a importância dos fatos e a inexistência de certezas absolutas.[35]

Seu consequencialismo representa a máxima de que teorias só podem ser testadas por suas consequências, e é preciso olhar para o futuro, e não ao passado. A não ser quando olhar ao passado seja "metodologicamente interessante ao próprio estabelecimento do futuro".[36]

O consequencialismo, assim, revela-se como um teste de validação: proposições são tidas como válidas apenas se, e quando, suas consequências a tanto confirmem. Ou seja: as teorias valem por sua comprovada relação com a experiência.

Como discorre Thamy Pogrebinschi:

> É, portanto, antecipando consequências futuras que se produz conhecimento no âmbito do pragmatismo. E estas consequências futuras devem ser permanentemente antecipadas para que se possa conhecer qual delas é melhor, a mais satisfatória, a mais útil e a mais benéfica.[37-38]

Como essas consequências podem mudar ao longo do tempo, e diante de outros fatos particulares, novamente não há, a partir do consequencialismo pragmatista, decisões prontas ou acabadas. Apenas verdades provisórias, em constante transformação.[39]

---

34. Ainda que cada qual à sua maneira. Sobre o tema, cf.: Thamy Pogrebinschi, *Pragmatismo: Teoria Social e Prática*, cit., p. 24.

35. Thamy Pogrebinschi, *Pragmatismo: Teoria Social e Prática*, cit., pp. 26, 36 e 37.

36. Idem, p. 38.

37. Idem, p. 39.

38. A formulação tem muito que ver com a metáfora do direito administrativo enquanto *caixa de ferramentas* e seu caráter prognóstico, como será abordado adiante.

39. Na síntese de José Vicente Santos de Mendonça: "Aceitar o método pragmatista – avaliar teorias por suas consequências – implica abandonar posições teóricas fixas, essências, quintessências. É, também, assumir uma postura radicalmente crítica e experimental, bem próxima ao falibilismo e ao espírito do método científico:

Encerrando a matriz do pragmatismo filosófico está o contextualismo. Segundo esta característica, o desenvolvimento das investigações filosóficas deve atentar ao seu contexto, considerando a cultura da sociedade bem como as práticas que representam sua experiência.[40] Não há espaço para formulações concebidas no vazio do abstrato, já que os contextos dessas formulações são fundamentais para a conformação de seu sentido e seu valor.[41]

Esse conjunto de ideias, que procura investigar a forma de pensar das pessoas, foi determinante para perceber e influenciar os valores compartilhados pela sociedade norte-americana, contribuindo para o surgimento do realismo jurídico, que com elas guarda similaridade e é de grande utilidade à investigação do caráter instrumental do Direito para o que aqui importa.

1.3 O realismo jurídico norte-americano: a percepção prática do Direito, o antiformalismo e o instrumentalismo

O realismo jurídico norte-americano transpôs para o plano forense as observações críticas sobre a forma de pensar das pessoas, ao modo como cunhadas pelo pragmatismo filosófico.

Fez isso não só investigando a forma de decidir dos juízes, de se interpretar e aplicar o Direito, mas, principalmente, o fez hasteando o compromisso prático que o Direito deveria ter com os fatos e com a realidade.

Para cumprir esse propósito, o realismo jurídico desenvolveu uma crítica fundamental ao modo pelo qual o Direito era assimilado e aplicado à época e, dando o passo seguinte, propôs e investigou a maneira como acreditava que o Direito deveria ser assimilado e aplicado.

À moda do pragmatismo filosófico, o realismo jurídico americano não se dedicou a supostas questões essenciais do Direito, mas à forma

---

abertura a novas possibilidades, tentativa, erro, correção e autocorreção" (*Direito Constitucional Econômico: a Intervenção do Estado na Economia à Luz da Razão Pública e do Pragmatismo*, cit., p. 37).

40. Thamy Pogrebinschi, *Pragmatismo: Teoria Social e Prática*, cit., p. 49.

41. José Vicente Santos de Mendonça, *Direito Constitucional Econômico: a Intervenção do Estado na Economia à Luz da Razão Pública e do Pragmatismo*, cit., p. 38.

como se faz/pratica o Direito. Com efeito, especialmente importam o método, o contexto e os resultados práticos que o Direito proporciona.

Dessa maneira, seus dois eixos centrais podem ser referidos pela crítica renitente ao formalismo jurídico, então preponderante, e pela valorização da instrumentalidade do Direito para efetivar as finalidades socialmente desejadas, resolvendo os problemas concretos da vida.

O realismo jurídico é, por assim dizer, antiformalista e instrumentalista. Duas ideias fundamentais que se inter-relacionam, como será demonstrado.

1.3.1 O formalismo jurídico

O instrumentalismo legal, enquanto ideia enfatizada pelo realismo jurídico, é, antes de mais nada, uma resposta ao formalismo professado ao longo do século XIX na literatura especializada norte-americana. Investigar o formalismo jurídico, portanto, ajudará a compreender melhor o realismo jurídico em si.

Como sumariza Brian Leiter, as teorias formalistas costumam se pautar no argumento de que o Direito é logicamente ordenado, o que faz com que impasses jurídicos em concreto devam encontrar um resultado único, como que numa dedução automática que não dependa do recurso a considerações não normatizadas.[42]

No campo das decisões judiciais a ideia costuma ser conduzida à já surrada máxima de Voltaire, para quem o juiz é o primeiro escravo da lei, e interpretá-la extrapolaria sua literalidade, dando ensejo a uma atividade criativa corruptora e descabida; bem como à formulação de Montesquieu, segundo a qual o juiz é a boca que pronuncia as palavras da lei.[43-44]

---

42. Brian Leiter, "Legal formalism and legal realism: what is the issue?", *Legal Theory* 16/1, n. 2, University of Chicago, *Public Law Working Paper* 320, 2010.

43. Charles de Secondat Montesquieu, *O Espírito das Leis*, São Paulo, Martins Fontes, 1996.

44. Para o direito administrativo, por sua vez, ideia assemelhada foi capitaneada no Brasil por Miguel Seabra Fagundes ao definir que "administrar é aplicar a lei de ofício" (*O Controle dos Atos Administrativos pelo Poder Judiciário*, Rio de Janeiro, Forense, 1979, pp. 4-5).

O "velho formalismo jurídico"[45] encontrava na figura de Christopher Columbus Langdell, reitor da *Harvard Law School* por longos anos, seu principal precursor.

Segundo Langdell, o Direito "deveria ser estudado do mesmo modo como se estudam as ciências naturais". Era preciso considerá-lo uma ciência, bem como que todo o material dessa ciência fosse assimilado como contido nos livros.[46]

Entretanto, para que tais premissas fossem aplicadas seria necessária a alteração na forma como era ministrado o ensino do Direito nas universidades, de modo a adotar a metodologia denominada *case law*, baseada no estudo de casos concretos.

O método de casos foi a resposta de Langdell para um sistema que não dispunha de um conjunto de leis positivas – como ocorria na Alemanha e na França –, pelo quê seria necessário partir das decisões judiciais para encontrar os princípios da ciência do Direito.

Em sua visão, a partir da análise desses casos o professor poderia conduzir os alunos a identificarem os princípios nos quais as decisões analisadas se basearam.[47] Com isso, procurava "traçar o desenvolvimento dos princípios superiores que regeriam o Direito".[48]

Para ele, assim como os estudantes de Biologia dissecavam organismos a fim de compreender suas estruturas, os estudantes de Direito deveriam dissecar decisões judiciais para entender seus princípios.[49]

---

45. Digo "velho" para constar a diferenciação, porque o novo formalismo seria aquele encampado por autores como Antonin Scalia e Frederick Schauer, dentre outros. A respeito, cf.: Thomas C. Grey, "The new formalism", *Stanford Law School Working Paper 4*, 9.6.1999; Brian Tamanaha, *Beyond the Formalist-Realist Divide: the Role of Politics in Judging*, Princeton, Princeton University Press, 2010, p. 179.

46. Arnaldo Sampaio de Moraes Godoy, *Introdução ao Realismo Jurídico Norte-Americano*, cit., p. 21.
Nas palavras de Christopher Columbus Langdell: "Todo material disponível dessa ciência que é o Direito está contido nos livros impressos (...). A biblioteca é para nós o que os laboratórios da universidade são para químicos e físicos, o que o Museu de História Natural é para o zoólogo e o que o Jardim Botânico é para os botânicos" (como referido em Daniel Brantes Ferreira, *Ensino Jurídico e Teoria do Direito nos EUA: a Dupla Faceta do Realismo Jurídico Norte-Americano*, Curitiba, Juruá, 2012, p. 35).

47. Arnaldo Sampaio de Moraes Godoy, *Introdução ao Realismo Jurídico Norte-Americano*, cit., p. 20 (disponível em *www.agu.gov.br*, acesso em 14.4.2015).

48. Idem, pp. 20-21.

49. Referido por: Milena de Mayo Ginjo, *Descosturando para Construir: Contribuições para a Elaboração de Novas Perspectivas para o Ensino Jurídico*

Esse arranjo de coisas levava Langdell a afirmar que o sistema jurídico conseguiria atingir um conjunto de princípios: unitário, autônomo, livre de valores e consistente, que poderia ser aplicado para cada novo caso.

A ciência jurídica, a seu ver, seria informada por quatro elementos inter-relacionados: (i) o respeito absoluto ao precedente, chave fundamental para a compreensão; (ii) a consideração de que decisões jurídicas seriam meras repetições de decisões pretéritas; (iii) o reconhecimento de que um número relevante de casos jurídicos indicaria limites de alcance da doutrina; e (iv) a tarefa de demonstrar a conexão lógica que haveria entre as decisões, bem como desconstruir o mito de que essas doutrinas e decisões seriam "ilimitadas".[50]

Os adeptos do "velho formalismo", dessa maneira, adotavam uma visão científica do Direito, na medida em que partilhavam de um pensamento silogístico, aplicando leis aos fatos de forma mecânica, por subsunção, para dedutivamente produzir as consequências nelas previstas no caso concreto, sem a concorrência de quaisquer fatores externos.

À época essa era a diretriz adotada de forma geral. Até que, em reação, começaram a ganhar corpo os primeiros aportes do realismo jurídico norte-americano.

1.3.2 Realismo jurídico e antiformalismo

Tomando a premissa de que juízes primeiro decidem para depois justificarem suas decisões logicamente, o realismo jurídico norte-americano se desenvolveu em torno da ideia central de que o Direito deve servir para resolver problemas concretos, cumprindo uma função praticamente útil.

A esse raciocínio central, e ainda que assim não tenham feito de forma deliberada, costumam ser reconduzidos ao realismo jurídico os escritos de Oliver Wendell Holmes Jr., Roscoe Pound, Benjamin Natan Cardozo, Louis Brandeis, Charles Beard, Lon Fuller, Karl Llewellyn, Jerome Frank, Thurman Arnold e Felix Cohen.[51] Vale a pena abordar algumas de suas contribuições.

---

no Brasil, Trabalho de Conclusão de Curso apresentado à Faculdade de Direito de Ribeirão Preto da USP, 2013, p. 17.

50. O rol consta de: Arnaldo Sampaio de Moraes Godoy, *Introdução ao Realismo Jurídico Norte-Americano*, cit., pp. 20-21 (disponível em *www.agu.gov.br*, acesso em 14.4.2015).

51. Para um panorama valioso do realismo jurídico norte-americano em Português, inclusive analisando as obras da maioria dos autores listados, cf.: Arnaldo

Com efeito, em 1881 – portanto, antes de se tornar Ministro da Suprema Corte dos Estados Unidos – Oliver Wendell Holmes Jr. produziu um estudo seminal criticando a abordagem formalista e inaugurando o denominado realismo jurídico norte-americano, do qual veio a ser reconhecido como um dos grandes expoentes.[52]

Seguindo a mesma linha, em 1897, com seu celebrado *The Path of Law*, Holmes refutou a pretensão formalista de que a única força atuante no desenvolvimento do Direito seria a Lógica.

O objeto refutado não foi a Lógica em um sentido amplo, como um tipo de raciocínio que se aplica à vida em absoluto, e é de todo aplicável ao Direito também, mas a Lógica como a "noção de que um dado sistema, como o sistema jurídico norte-americano, por exemplo, pode ser manuseado *[worked out]* como o sistema matemático a partir de axiomas de conduta em geral".[53]

Sampaio de Moraes Godoy, *Introdução ao Realismo Jurídico Norte-Americano*, cit. (disponível em *www.agu.gov.br*, acesso em 14.4.2015).

Algumas ideias de Oliver Wendell Holmes Jr. neste sentido já começavam a ser desenhadas em Anonymous *[Holmes]*, "Book Notices", *14 American Law Review 233*, (1880), p. 234 (autoria confirmada em Eleanor Little, "The Early Readings of Justice Oliver Wendell Holmes", 8 *Harv. Libr. Bull.* 163, 202 (1954)). "Holmes's reading journal", como publicado por Eleanor Little, sugere que Holmes escreveu tal resenha por volta de 28.3.1840. Conforme noticiado em: Brian Hawkins, "The life of the Law: what Holmes meant", *Whittier Law Review* 2012, p. 1 (disponível em *http://ssrn.com*, acesso em 14.4.2015).

52. Na excelente síntese introdutória de Holmes: "O objeto desse livro é apresentar uma visão geral da *Common Law*. Para realizar essa tarefa, outras ferramentas são necessárias além da Lógica. É algo para mostrar que a consistência de um sistema requer um resultado particular, porém isso não é tudo. A vida da lei não tem sido lógica: tem sido experiência. As necessidades sentidas ao longo do tempo, a Moral prevalente e as teorias políticas, os objetivos *[intuitions]* de políticas públicas, pensadas ou inconscientes, até mesmo os preconceitos que juízes compartilham entre si, têm tido mais relação do que o silogismo na determinação de regras pelas quais os homens devam ser governados. A lei incorpora a história do desenvolvimento de uma Nação através de muitos séculos, e não pode ser tratada como se contivesse apenas os axiomas e corolários de um livro de Matemática. No intuito de saber o que é, devemos saber o que tem sido, e o que tende a se tornar. Devemos alternadamente consultar a História e as teorias existentes da legislação. Entretanto, o trabalho mais difícil será compreender a combinação de ambos em novos produtos em cada estágio. A substância da lei em qualquer tempo corresponde fortemente com o que então é entendido ser conveniente; porém sua forma e mecanismos, e o grau com que se pode planejar resultados desejados, dependem muito do seu passado" (Oliver Wendell Holmes Jr., *The Common Law*, disponível em *http://www.gutenberg.org*, acesso em 14.4.2015).

53. Nas palavras do autor: "Então no sentido mais amplo é verdade que a lei é um desenvolvimento lógico, como tudo mais. O perigo ao qual me refiro não é o

Não sendo a aplicação do Direito típica das ciências exatas, entrou em pauta a necessidade de se considerar a influência recebida a partir de fatores externos, como as vantagens sociais[54] que podem advir da formulação e da aplicação de normas, moldadas pela sociedade que as produziu.[55]

De forma incipiente começava-se a fixar a diretriz de que é preciso considerar as finalidades pretendidas pelo dispositivo normativo, compreendendo por que os instrumentos legalmente previstos foram desenhados da forma como foram.[56]

admitir que os princípios governantes de outros fenômenos também governam a lei, mas a noção de que um dado sistema, o nosso, por exemplo, pode ser trabalhado como Matemática, a partir de alguns axiomas gerais de conduta. Esse é o erro natural das faculdades, mas não é confinado a elas. Ouvi apenas uma vez um eminente juiz dizer que ele nunca proferiu uma decisão até que ele estivesse absolutamente certo de que ela estava correta. Então, o dissenso judicial é comumente censurado, como se isso significasse simplesmente que um lado ou outro não estivesse fazendo suas somas corretamente, e se eles pudessem arranjar mais problemas, inevitavelmente o acordo aconteceria" (Oliver Wendell Holmes Jr., *The Path of the Law* (1ª ed. 1897), The Floating Press, 2009, pp. 17-18).

54. Sobre os juízes considerarem como um fator externo de suas decisões as vantagens sociais proporcionadas, o autor expõe: "Penso que os juízes tenham falhado justamente em reconhecer seu *dever de ponderar considerações de vantagem social*. O dever é inevitável, e o resultado da frequente aversão judicial em lidar com tais considerações é simplesmente deixar o próprio terreno e alicerce dos julgamentos desarticulados, e comumente inconsciente, como tenho dito" (Oliver Wendell Holmes Jr., *The Path of the Law*, cit., p. 21 – grifos postos).

55. Em outra passagem Oliver Wendell Holmes Jr. desenvolve: "Você pode dar a qualquer conclusão uma forma lógica. Você sempre pode deduzir uma condição num contrato. Mas por que você a deduz? É por causa de alguma crença em alguma prática da comunidade ou de uma classe, ou por causa de alguma opinião como a política, ou, em resumo, por alguma atitude sua em relação a um assunto que não é sujeito a uma mensuração quantitativa exata, e, portanto, não é capaz de fundamentar conclusões lógicas exatas. Tais assuntos são realmente campos de batalha nos quais os sentidos não existem para as determinações que devem ser boas a todo instante, e nos quais a decisão não pode fazer mais do que incorporar a preferência de um determinado corpo em um determinado tempo e lugar. Nós não percebemos o quão grande uma parte da nossa lei é aberta à reconsideração sobre uma leve mudança no hábito do pensamento público" (*The Path of the Law*, cit., pp. 18-19).

56. A propósito, o autor escreve: "A forma de ganhar uma visão liberal do seu assunto não é ler outra coisa, mas chegar ao âmago desse assunto. O significado de fazer isso é, em primeiro lugar, seguir um corpo de dogmas existentes até suas mais altas generalizações com apoio da jurisprudência; em seguida, descobrir na História como veio a ser o que é; e, finalmente, o quanto você puder, *considerar os fins que diversas regras procuram atingir, as razões por que esses fins são almejados, o que*

Seguindo a mesma trilha ao escrever alguns anos depois, Roscoe Pound criticou severamente a abordagem formalista do Direito ao pontuar que "o Direito não é cientifico, para o bem da ciência",[57] e fez ilustrar sua posição valendo-se de referência ao célebre caso "Lochner *versus* New York",[58] àquela altura já decidido com o voto divergente do então Ministro da Suprema Corte, Oliver Wendell Holmes Jr.

No caso concreto, havia sido editada uma lei que, para proteger a saúde e a segurança dos padeiros de Nova York, limitou sua carga horária de trabalho a não mais que 10 horas por dia e 60 horas por semana.

A lei, todavia, foi anulada pela Suprema Corte por ter sido considerada uma interferência arbitrária, desarrazoada e desnecessária no direito individual dos trabalhadores de contratar livremente e, assim, sustentar a si próprios e às suas famílias.

O ponto formalista estava em que não se considerou, enquanto um claro fator externo presente no caso, que os padeiros não gozavam de uma posição que lhes permitisse negociar com seus empregadores, e, portanto, decidir com base em seu direito de contratar livremente era fechar os olhos para a realidade, contrariando que tal capacidade de contratar inexistia na prática.

Em contraposição a este tipo de decisão, os realistas advogavam a ideia de que a fundamentação jurídica é indeterminada, o que compromete a justificativa de que sempre haverá um único resultado. Com isso, o formalismo se revelaria insuficiente para explicar decisões judiciais, já que desconsiderava os padrões externos que juízes, ainda que subconscientemente, usam para decidir.

No mais, o Direito contemplaria lacunas, exceções e contradições, de modo que seus princípios poderiam justificar diversos resultados. E isso levaria os juízes a decidirem com base em suas próprias preferências, relegando a formulação do fundamento racional para apenas depois da tomada de decisão.[59]

é abandonado para atingi-los, e se valem esse preço" (Oliver Wendell Holmes Jr., *The Path of the Law*, cit., p. 36).

57. Roscoe Pound, "Mechanical jurisprudence", *Columbia Law Review* 8/613, Rev. 605, 1908.

58. "Lochner *versus* New York", 198 *U.S.* 45, 1905.

59. Na síntese de Brian Tamanaha: "Os realistas jurídicos eram antiformalistas. Eles negaram que normas legais determinavam decisões judiciais. Eles viam o Direito como meio para fins sociais. Eles advogavam uma visão funcional que concentra atenção para o que o Direito realmente faz. Eles promoveram a aplicação da ciência

O objetivo dos realistas era o de demonstrar que fatores externos ao Direito, como equidade e eficiência, muitas vezes funcionam como a verdadeira explicação das decisões tomadas.⁶⁰

Neste cenário não só foram crescendo os argumentos antiformalistas como, principalmente, foi se desenvolvendo também a visão, muito associada ao realismo jurídico, de que o Direito é instrumento para endereçar questões práticas e concretas.

1.3.3 Realismo jurídico e instrumentalismo legal

Especialmente sob a influência das ideias compartilhadas pelo pragmatismo filosófico, o movimento crítico do realismo jurídico⁶¹ colaborou consideravelmente para desenvolver a noção de instrumentalismo legal, que foi muito além do movimento, e hoje é praticamente tomada por premissa nos Estados Unidos,⁶² onde é corrente reconhecer no Direito um mecanismo de engenharia social.⁶³

---

social no Direito. Foram críticos rebeldes do Direito estabelecido. Eles negaram a reivindicada neutralidade da lei. Eles foram *new dealers*" ("Legal realism in context", *Washington University in St. Louis. Legal Studies Research Paper Series. Paper 01/12/14*, dezembro/2014, p. 2.

60. Neste sentido, cf. Brian Leiter ("Legal formalism and legal realism: what is the issue?", *Legal Theory* 16/1, n. 2, University of Chicago, *Public Law Working Paper* 320, 2010, p. 12, fazendo referências às obras de Karl Llewelyn, Jerome Frank, Oliver Wendell Holmes Jr. e Roscoe Pound.

61. Diz-se "movimento" porque o realismo só ganhou este nome em artigo publicado por Karl Llewelyn em 1930, que foi secundado por debates a seu respeito com Roscoe Pound, então Reitor da *Harvard Law School* (cf.: Karl N. Llewellyn, "A realistic jurisprudence – The next step", *Columbia Law Review* 30/431-465, n. 4, 1930). Sobre os debates subsequentes e seus impactos para o realismo jurídico, do ponto de vista da teoria do Direito e do ensino jurídico, cf.: Daniel Brantes Ferreira, *Ensino Jurídico e Teoria do Direito nos EUA: a Dupla Faceta do Realismo Jurídico Norte-Americano*, cit.

62. Como observa Brian Tamanaha: "Uma visão instrumental do Direito – a ideia de que o Direito é um instrumento para atingir fins – é tida como certa nos Estados Unidos, quase como uma parte do ar que respiramos. O instrumentalismo legal opera de várias maneiras: como uma caracterização teórica do Direito, como uma atitude em relação ao Direito que professores ensinam a estudantes, como uma orientação de advogados na sua prática diária, como uma abordagem estratégica de grupos organizados perseguindo suas agendas, como uma visão acerca de juízes e julgamentos, como uma percepção de legisladores e administradores legislando ou aplicando *[enacting]* leis e regulamentos. Em todos esses contextos, as pessoas veem o Direito como um instrumento para atingirem seus interesses ou os interesses de indivíduos ou grupos que eles apoiam ou representam" ("The perils of pervasive legal

Pois bem. Assim como fez o pragmatismo filosófico, afastando--se das questões essenciais típicas da Metafísica, o realismo jurídico se dedicou a pensar o Direito como método e tecnologia. Sua preocupação estava centrada na instrumentalidade do Direito para alcançar os resultados práticos pretendidos com dada medida jurídica.

Karl Llewellyn apresenta interessante passagem neste sentido quando afirma:

> O que o realismo era, e é, é um método, nada mais, e o único princípio é que ele é um bom método. "See it fresh", "Veja como ele funciona" – essa era para ser a base de qualquer trabalho sólido, para qualquer fim.
> (...).
> O realismo não é uma filosofia, mas uma tecnologia.[64]

Nesse contexto, o experimentalismo, a interdisciplinaridade e a coleta empírica de dados assumiram importante valor para manejar os institutos jurídicos.

Aprofundando a visão de que fatores externos devem ser considerados pelo Direito para dar cabo às finalidades pretendidas, a lógica iluminista de que a razão é algo instrumental, e que deve servir para viabilizar que as pessoas alcancem seus objetivos com eficiência, ainda que esta própria razão não seja capaz de identificar quais são esses fins, passou a ser enfatizada no realismo jurídico norte-americano.[65]

---

instrumentalism", cit., *St. John's University School of Law, Legal Studies Research Paper Series* 5/1).

63. Nas palavras de Roscoe Pound: "Para os propósitos presentes eu me contento em ver a história do Direito como um apanhado de contínuo e amplo modelo para satisfação dos desejos humanos, além da busca de controle social; um modo abrangente e efetivo de se assegurar interesses sociais; uma contínua e mais completa eliminação de perdas, para se evitar fricções no gozo humano dos bens da existência; em resumo, *uma engenharia social contínua e eficaz*" (*An Introduction to Philosophy of Law*, New Brunswick e Londres, Transaction, 1998, p. 85).

64. No original:
"What realism was, and is, is a method, nothing more, and the only tenet involved is that the method is a good one. "See it fresh," "See it as it Works" – that was to be the foundation of any solid work, to any en. (...). "Realism is not a philosophy, but a technology" (Karl. N. Llewellyn, *The Common Law Tradition*, 1960, p. 510).

65. Cf. Brian Tamanaha, "The perils of pervasive legal instrumentalism", cit., *St. John's University School of Law, Legal Studies Research Paper Series* 5/13.

O Direito deve ter compromisso com os resultados, aproximando-se das já expostas ideias de John Dewey segundo as quais para isso é preciso ser instrumental e experimental, intimamente imbricando-se com o ambiente social no qual está posto.[66]

Para tanto, o Direito é então percebido como uma conjunção de motores desenhados para cumprir e alcançar propósitos certos. E, para que estes motores funcionem bem, é preciso focá-los no comportamento observável, e não na letra da lei.[67] Em suma: em quais são os resultados práticos produzidos pelo Direito.

Essas características cumprem a função de tecnologia de observação do próprio Direito, de modo que sua abordagem instrumental permita adotar uma postura de análise da conformação e do emprego de institutos jurídicos para realizar as finalidades pretendidas.

O instrumentalismo legal, portanto, conduz à percepção do Direito como uma instituição social que pode ser boa para alguns propósitos e não tão boa para outros.[68]

Trata-se, em síntese, de um método de análise da arquitetura jurídica que pode ajudar a construir as estratégias mais capacitadas para efetivar as finalidades desejadas, porque é a partir de uma visão instrumental do Direito que se torna possível avaliar se uma estratégia alcançará sucesso, e o que se pode fazer para aprimorá-la neste propósito.[69]

66. Essa aproximação entre o Direito e o aspecto social é feita fortemente por Louis Dembitz Brandeis, como relatado em Arnaldo Sampaio de Moraes Godoy, *Introdução ao Realismo Jurídico Norte-Americano*, cit., pp. 95-96 (disponível em www.agu.gov.br, acesso em 14.4.2015).

67. Nas palavras de Karl Llewellyn: "Tenho argumentado que a tendência do pensamento mais fecundo sobre o Direito vai firmemente ao encontro de considerar o Direito como um motor (uma multitude heterogênea de motores) contendo objetivos, não valores em si; e que a visualização mais clara dos problemas envolvidos vai ao encontro de uma sempre decrescente ênfase nas palavras, e uma sempre crescente ênfase no comportamento observável (no qual quaisquer prováveis atitudes demonstráveis e padrões de pensamento devam ser incluídos)" ("A realistic jurisprudence – The next step", cit., *Columbia Law Review* 30/464, n. 4).

68. Como aponta Richard Delgado: "E esta é a visão que proponho sob a rubrica de 'instrumentalismo legal'. Devemos desmitificar o Direito. Vê-lo como a instituição social que é: bom para algumas coisas e nem tanto para outras" ("Rodrigo's ninth chronicle: race, legal instrumentalism, and the rule of Law", *University of Pensylvania Law Review* 2/395, dezembro/1994).

69. Como argumenta Richard Delgado: "Mas o instrumentalismo ao menos nos coloca na direção correta, nos leva a fazer as perguntas certas: essa estratégia dará

Partindo dessa visão instrumental, o que se tem é um processo de diagnose e prognose, que deve ser contínuo e complementar, em prol do aperfeiçoamento do desenho e da combinação das instituições jurídicas, para que cumpram suas funções.

Esse caráter instrumental do Direito abre espaço para que seu conteúdo seja preenchido de acordo com a finalidade escolhida, o que aponta para a normatização como o mecanismo mais adaptável para desenhar o Direito de forma instrumental.[70]

Assim, o emprego instrumental do Direito poderá ser especialmente notado no *design* de políticas públicas, de microssistemas jurídicos e de marcos regulatórios setoriais, por exemplo.

O que se há de observar, no entanto, é que o instrumentalismo legal não deve servir a todo e qualquer fim, na medida em que compartilha da preocupação de instrumentalizar apenas fins legítimos.

Aqui se chega, portanto, a um dos riscos do instrumentalismo legal. E é preciso enfrentá-lo.

1.4 Risco de instrumentalizar o ilegítimo: ponderações, direitos fundamentais e um instrumentalismo legal viável

A abordagem instrumental do Direito funciona sem grandes solavancos quando é possível identificar unidades de propósitos que se quer ver efetivados por meio de mecanismos jurídicos.

Isso, no entanto, é arriscado, na medida em que uma enorme multiplicidade de interesses potencialmente divergentes não permite mais destacar aquelas mesmas unidades de propósitos, que poderiam ser corporificadas no que comumente se denomina por interesses públicos.

---

certo?" ("Rodrigo's ninth chronicle: race, legal instrumentalism, and the rule of Law", cit., *University of Pensylvania Law Review* 2/410).

70. Segundo observa Brian Tamanaha: "Um instrumento existe para servir a finalidades; se o Direito quer fazer isso eficientemente, ele deve estar aberto a respeito do conteúdo, que pode variar de acordo com a finalidade identificada e as circunstâncias que a envolvem; se o Direito estiver aberto a respeito do conteúdo, e as finalidades devam ser escolhidas, então, o seu conteúdo deve ser determinável pela vontade; a legislação é o mecanismo disponível mais adaptável para moldar instrumentalmente o Direito" ("The perils of pervasive legal instrumentalism", cit., *St. John's University School of Law, Legal Studies Research Paper Series* 5/8).

Daí a arguta crítica de José Vicente Santos de Mendonça, que vai na mesma linha desenvolvida por Brian Tamanaha, de que o instrumentalismo legal teria se tornado pervasivo; teria ido longe demais e, com isso, estaria corroendo a integridade do Direito:

> O Direito não é mais percebido (senão retoricamente) como possuindo algum componente desinteressado, prévio ou superior. Ele agora é um meio. Ele agora é só um meio. E o problema está aí. Perde-se a visão de que o Direito deva promover, em alguma medida, o bem comum. Numa sociedade heterogênea, na medida em que o Direito é apenas instrumento, ele se torna arma num campo de batalha, ao sabor dos *lobbies*, dos grupos de pressão, das ideologias. Enquanto se pensava num Direito não instrumental, fosse por qual razão, ainda havia sentido na noção de limites superiores ao Direito. O Direito instrumental não encontrava limites em quase nada que ultrapasse a opinião de seus aplicadores. Tudo pode ser ponderado, adaptado, instrumentalizado à obtenção do resultado pretendido. Perde-se certa noção de integridade, de núcleo de valores ou de propósitos ínsitos ao Direito. "Quando o Direito perde sua própria integridade, há pouco que o separe de qualquer outra ferramenta ou arma." Enquanto ainda era plausível, em sociedades menos heterogêneas, falar-se em algum conceito unitário de bem comum, a equação podia fechar. "O Direito é simples instrumento destinado à promoção do interesse público." Aí, uma visão instrumentalista estaria justificada. Entretanto, hoje, não há nada que se assemelhe a essa unidade de propósitos. Um dos termos da conta desapareceu; o outro foi potencializado ao infinito. A frase agora é: "O Direito é simples instrumento". A percepção da prática jurídica é de indivíduos e grupos competindo agressivamente em defesa de seus interesses – raciais, econômicos e sociais –, com pouquíssima possibilidade de compromisso. O instrumentalismo jurídico, do qual o pragmatismo jurídico seria a teoria contemporânea da vez, tornou o Direito até mais propício a essa captura. Se as normas jurídicas não possuem um núcleo essencial de correção, e se a adjudicação é a busca pela realização de finalidades razoáveis a partir da consideração de diversas variáveis relevantes, não há nada de errado em que ele se preste a promover o interesse empresarial de A ou B, ou o do grupo X ou Y. São, apenas, mais alguns interesses, desses de que o Direito está cheio.[71-72]

---

71. José Vicente Santos de Mendonça, *Direito Constitucional Econômico: a Intervenção do Estado na Economia à Luz da Razão Pública e do Pragmatismo*, cit., p. 78.

72. Nas palavras de Brian Tamanaha: "Assim como nos assuntos abordados nas partes anteriores deste ensaio, essa situação reflete uma piora acentuada, um apro-

Não custa muito para, a partir desse ponto, se chegar às atrocidades praticadas por aparelhos estatais oficiais "sob o manto da lei", em regimes totalitários como os do nazismo e do fascismo.

Acontece, todavia, que: (i) o instrumentalismo de inspiração realista é justamente aquele preocupado em situar o Direito como serviente a interesses substancialmente legítimos;[73] e, de outro lado, (ii) também não há teorias da integridade capazes de definir como identificar os valores compartilhados subjacentes ao Direito, ou tanto menos quais seriam tais valores, no cenário de desacordo moral atual e crescente.[74]

fundamento, um endurecimento, que vai além do que tem sido o caso previamente, devido à propagação e à defesa de visões instrumentais do Direito num contexto de desentendimento agudo acerca do bem social *[social good]*. (...). O levantamento anterior demonstra que, num contexto legal após o outro, batalhas campais estão tomando espaço dentro e através de instituições legais nos Estados Unidos para promover agendas particulares. O mesmo processo está acontecendo no âmbito da legislação e da regulação administrativa (não abarcada por falta de espaço), onde centenas de milhões de Dólares são gastos em contribuições de campanha e *lobby* para assegurar regimes jurídicos favoráveis. Esse é o resultado de uma visão instrumental do Direito onde há uma situação de intenso conflito a respeito. Foi isso que eu quis dizer no começo deste ensaio com minha alusão a o conflito hobbesiano de todos contra todos ter sido transferido para a arena legal. (...). Mais criticamente, o instrumentalismo legal, e a batalha que ele gerou, ameaça corroer a integridade do Direito. (...)" ("The perils of pervasive legal instrumentalism", cit., *St. John's University School of Law, Legal Studies Research Paper Series* 5/63 e 66. Cf., também: Brian Tamanaha, "How an instrumental view of Law corrodes the rule of Law", *St. John's University School of Law, Legal Studies Research Paper Series* 6, 2006.

73. O próprio Brian Tamanaha, aliás, enfoca o ponto: "O objetivo dos realistas não foi engendrar o instrumentalismo legal, que já existia em relação à legislação, mas proporcioná-lo com legitimidade. (...). Muitas ações egrégias do regime nazista foram executadas por órgãos legais, em nome do Direito, então era especialmente necessário confirmar que o Direito norte-americano não era como o Direito nazista" ("The perils of pervasive legal instrumentalism", cit., *St. John's University School of Law, Legal Studies Research Paper Series* 5/32-33).

74. Ainda nas palavras de Brian Tamanaha: "A primeira dificuldade encontrada pela teoria de Dworkin, assim como todo o resto, é que não há acordo no conteúdo dos princípios subjacentes ao Direito (sua análise das questões legais é consistentemente liberal, alertando para a suspeita de que suas visões políticas tenham sido elevadas a um patamar superior), não há acordo em como esses princípios devem ser identificados e não há como confirmar que os princípios corretos tenham sido identificados, mesmo que o tenham. Como observou o filósofo moral Alastair MacIntyre, 'nenhum fato parece ser mais claro no mundo moderno do que a extensão e profundidade do desacordo moral, muitas vezes desacordo em questões básicas'. Já é tarde para construir uma visão não instrumental plausível do Direito nesses termos" ("The perils

O que fazer, diante deste cenário? É de se acreditar que, ainda assim, há uma proposta de instrumentalismo viável, e condizente com os tempos atuais.

Em primeiro lugar, se "a percepção da prática jurídica é de indivíduos e grupos competindo agressivamente em defesa de seus interesses – raciais, econômicos e sociais –, com pouquíssima possibilidade de compromisso", como transcrito anteriormente a partir da colocação de José Vicente Santos de Mendonça, isso faz parte da realidade social na qual o Direito de nossos tempos está situado, e, à luz do contextualismo, não há como dela se dissociar.

Até porque essa experimentada multiplicidade de interesses, não só privados, mas também públicos[75] – pense no interesse público de se desenvolver o setor portuário, e no interesse público potencialmente contraposto de impedir que isso ocorra por meio da construção de um terminal portuário em uma terra indígena ou Área de Preservação Ambiental permanente, por exemplo –, é um processo irreversível, o que faz com que também deva ser encarada como um dado posto.

De toda sorte, mesmo nesse contexto de heterogeneidade e multiplicidade não há como se esquivar do Direito como um reflexo de sua contemporânea sociedade capitalista de consumo, que infiltra a lógica de mercado em outros ambientes da vida em geral, produzindo uma economicização desses campos de conhecimento[76] e conduzindo o Direito à condição de instrumento.[77]

of pervasive legal instrumentalism", cit., *St. John's University School of Law, Legal Studies Research Paper Series* 5/49).

75. Trata-se de uma característica ínsita ao Direito contemporâneo, como nota Diogo de Figueiredo Moreira Neto: "Por outro lado, ocorre que, no Direito contemporâneo, cada vez mais os interesses públicos nem se apresentam homogêneos nem, tampouco, se constituem como um monopólio do Estado. Como agudamente alguns estudiosos da evolução do direito público têm observado, passou-se a admitir – com Massimo Severo Giannini, na Europa e, entre nós, com Odete Medauar – a heterogeneidade e a multiplicidade do interesse público, daí decorrendo que sua promoção e defesa, em muitos de seus aspectos, devam ser compartilhadas com a sociedade através de suas próprias organizações, pois, na dicção de Umberto Allegretti, 'o interesse público não pertence à Administração como seu próprio, mas ao corpo social'" (*Curso de Direito Administrativo*, 16ª ed., Rio de Janeiro, Forense, 2014, p. 12).

76. Como nota Michael Sandel, citado anteriormente (*O que o Dinheiro Não Compra: os Limites Morais do Mercado*, cit., 2012).

77. É interessante a observação de Brian Tamanaha de que as principais teorias jurídicas que atualmente rondam a atmosfera jurídica norte-americana têm sua origem

Trata-se, por assim dizer, de uma questão anterior ao Direito, porque o instrumentalismo das coisas, em um sentido amplo, é igualmente anterior à confecção do Direito e à ação pública, e não posterior.

Dessa forma, se não é possível repousar a legitimidade do Direito em unidades de propósitos monolíticas, essa legitimidade há de ser encontrada também quando as finalidades pretendidas pelo emprego instrumental do Direito restarem juridicamente definidas por meios democráticos e respeitarem os direitos fundamentais constitucionalmente consagrados. Coincidam elas ou não com a vontade de grupos de interesses ou ideologias, já que esta é uma consequência que, mesmo colateralmente, poderá acontecer.

Dessa feita, o instrumentalismo que se apresenta viável não é um instrumentalismo teórico vazio, mas uma forma de abordagem estratégica do Direito.[78] Os fins aos quais serve são aqueles democraticamente definidos

no realismo jurídico e em sua ideia de instrumentalidade: "As principais teorias do Direito circulando hoje nos Estados Unidos tiveram suas origens nos anos 70. Muitas dessas teorias se identificam explicitamente como progenitoras dos realistas jurídicos e constroem o Direito integralmente em termos instrumentais. Direito e Economia, destacadamente desenvolvido por Richard Posner, caracteriza o Direito como um instrumento para maximizar riquezas. Estudos Legais Críticos *[Critical Legal Studies]* caracterizam o Direito como um (relativamente autônomo) instrumento de dominação pela elite. O Feminismo Crítico caracteriza o Direito como um instrumento do patriarcado masculino. Teorias Raciais Críticas *[Critical Race Theory]* caracterizam o Direito como um instrumento da dominação branca" ("The perils of pervasive legal instrumentalism", cit., *St. John's University School of Law, Legal Studies Research Paper Series* 5/45-46).

78. Da maneira como aqui empunhada, Gunther Teubner discorre sobre a abordagem instrumentalista como um modelo jurídico estratégico, e não uma teoria jurídica: "Em contraste com argumentos defensivos, tentarei uma defesa mais ofensiva do Direito formal, substantivo, instrumental, expressivo, reflexivo etc. No meu ponto de vista, é um erro subsumir os conceitos jurídicos *[Rechtsbegriffe]* a uma lógica específica de investigação científica, posto que, *no sentido estrito, eles não são teorias científicas, mas modelos estratégicos de Direito.* (...). Minha tese é a de que eles representam 'modelos jurídicos internos' legais do Direito numa sociedade e sua principal função é usar a própria identidade do Direito para produzir critérios para sua própria transformação. (...). Quando nós os rotulamos como 'modelos' jurídicos, e não como teorias, nós temos em mente seu propósito orientativo de ação. Se a função desses modelos é produzir critérios para sua autotransformação, eles vão além de teorias científicas que são testadas por falsificação empírica de hipóteses. Ao mesmo tempo, eles são mais do que meras escolhas de decisões ou estratégias para o Direito. Estamos lidando com construções intelectuais que competem entre

na Constituição, ou pelas maiorias ocasionais, desde que acordes com a Constituição, como se pode costumeiramente notar presente nos artigos iniciais de qualquer lei setorial, por exemplo. Com isso, e o parâmetro da eficiência auxiliando a própria modelagem da lei, das instituições e da formulação e aplicação da ação pública em concreto, mitiga-se a crítica ao Direito sem fundo; sem moral ou integridade.

Os fins desejados pela norma são aqueles expressamente identificados por ela, ou que se possam extrair do processo interpretativo moderno, que, complementarmente, se vale dos diferentes métodos de interpretação associados a uma preocupação consequencialista.[79]

Nesse sentido, a visão instrumental do Direito não é uma fórmula oca, na medida em que deve ser integrada pela teoria dos direitos fundamentais, avançando preocupações de caráter pragmático, associadas à eficiência e aos resultados, sem se descuidar das conquistas democrático-constitucionais.[80]

No mais, buscar uma aplicação instrumental do Direito é buscar um programa com um propósito orientativo. A abordagem/estratégia da

si, que contêm diferentes avaliações 'empíricas' da sociedade, assim como suas avaliações 'normativas' e subsequentes decisões 'estratégicas'. As premissas, estruturas e consequências de todos aqueles modelos podem ser analisadas e discutidas. O *experimentum crucis* toma lugar apenas quando eles são reinseridos na realidade social. Uma vez que não existem leis cientificamente provadas de desenvolvimento sociolegal, é apenas a prática jurídica que pode decidir sobre o sucesso daqueles modelos competidores. Os modelos podem ser testados se forem institucionalizados e expostos aos mercados competitivos do discurso científico, controvérsias jurídicas doutrinárias, conflitos de movimentos sociais e a decisões institucionais. A experiência só pode ser adquirida na forma de experimentos sociais dentro dos quais modelos jurídicos são experimentados" ("After legal instrumentalism: strategic models of post-regulatory law", cit., in Gunther Teubner, *Dilemas of Law in the Welfare State*, pp. 300, 301 e 303 – grifos postos).

79. Como formulado em José Vicente Santos de Mendonça, *Direito Constitucional Econômico: a Intervenção do Estado na Economia à Luz da Razão Pública e do Pragmatismo*, cit., pp. 110-123.

80. Como sintetiza Gustavo Binenbojm: "O direito administrativo, como nenhuma outra disciplina jurídica, tem experimentado transformações radicais em seus alicerces teóricos, pelo menos desde o segundo pós-guerra. Num esforço de simplificação didática, é possível falar-se em duas vertentes de transformação, nem sempre coordenadas ou concatenadas: de um lado, verifica-se um giro democrático-constitucional; de outro lado, um giro pragmático, como molas propulsoras das aludidas mutações" ("Prefácio", in Marlos Lopes Godinho Erling, *Regulação do Sistema Financeiro Nacional*, São Paulo, Almedina Brasil, 2015, p. 7).

caixa de ferramentas deve ter esse propósito orientativo de encontrar, à luz da realidade,[81] a eficiência de meios para melhor realização de fins substantivamente definidos.

Até porque não atentar para o aspecto instrumental é que seria justamente temerário, sob pena de se legislar e conformar a ação pública aquém de suas possibilidades, subefetivando direitos quando se negligenciam alternativas institucionais de fazê-lo da forma mais eficiente possível.

Dessa maneira, sendo o Direito um sistema de incentivos – ponto que será desenvolvido adiante – e havendo interesses subjacentes a esses incentivos, a crítica de Brian Tamanaha e José Vicente Santos de Mendonça é válida, porque inerente a ele. Afinal, reconduzindo à visão cética/realista de Oliver Wendell Holmes Jr., "o Direito é uma questão de quem leva o quê".[82]

As lutas pela conformação dos modelos e as fugas à arquitetura institucional depois de projetada vão naturalmente acontecer dentro de cada um dos microssistemas de incentivos. Mesmo ciente disso, há um instrumentalismo viável que não visa a estimular o entorse do ato para buscar fins de interesse pessoal a qualquer custo e por medidas que não serviam originalmente a dado propósito.

É justo para, dentre outros objetivos, diagnosticamente identificar essas fugas e corrigi-las, incrementando a efetividade dos instrumentos[83]

81. É oportuna a observação de Gunther Teubner, elaborada a partir da obra de Charles Lindblom: "Todo esse modo de pensamento é muito similar ao que Lindblom chamou de combinação do conhecimento social e interação (Lindblom e Cohen 1979). De acordo com Lindblom, é preciso desistir de conceitos de planejamento social compreensivo se eles forem utópicos e irrealistas, e substituí-los por modelos mais realistas, nos quais conhecimento estratégico e limitado é combinado com interação social, este é o nosso conceito, a interação entre as duas caixas-pretas no sentido de alcançar efeitos de orientação dentro dessas caixas-pretas" (Gunther Teubner, "After legal instrumentalism: strategic models of post-regulatory law", cit., in Gunther Teubner, *Dilemas of Law in the Welfare State*, p. 320).

82. Como anota Arnaldo Sampaio de Moraes Godoy: "Holmes já foi indicado como o Nietzsche norte-americano (cf. Posner in Holmes 1992:xxviii). Holmes era um cético, como Nietzsche, e Holmes bem sabia que o Direito não consiste na busca de um maior bem para um maior número de pessoas, como quer a grande narrativa utilitarista; o Direito é questão de quem leva o quê, é o interesse próprio na busca do poder (cf. Alschuler 2000:2)" (*O Realismo Jurídico em Oliver Wendell Holmes Jr.*, disponível em www.agu.gov.br, acesso em 20.7.2015).

83. Gunther Teubner explica o ponto: "A meta normativa é um aumento no bem--estar social por meio de processos democráticos e decisões políticas. O Direito é poli-

por meio de medidas prognósticas a partir da experiência e experimentação, reformando o sistema de incentivos e os caminhos/comandos para efetivar as finalidades pretendidas, que se deve empregar essa visão instrumental do Direito. Principalmente do direito administrativo – pelas razões que passo, agora, a apresentar.

1.5 Por que o direito administrativo é especialmente suscetível à estratégia instrumentalista?

Fixado o caráter tecnológico do Direito, apresentado o instrumentalismo legal que o permeia como um todo na atualidade e delineado o instrumentalismo que se mostra viável, tenho que o direito administrativo, por algumas peculiaridades que lhe são próprias, é um ramo especialmente suscetível à estratégia instrumentalista, vivenciando isso de maneira bastante intensa.

São quatro as razões que levam a crer neste sentido:

(i) o direito administrativo é um direito de continuidade;

(ii) o direito administrativo é um direito de múltiplos interesses;

(iii) o direito administrativo é um direito de cultura e acumulação de institutos; e

(iv) o direito administrativo é um direito concreto e cotidiano.

Essas razões, somadas ao modo prático de empregar institutos de direito administrativo atualmente, justificam a utilidade da metáfora do direito administrativo enquanto *caixa de ferramentas*, como será abordada adiante. Vamos a elas.

1.5.1 O direito administrativo como um direito de continuidade

Em diferença ao direito constitucional, que morre e nasce em rupturas, o direito administrativo segue a nota da continuidade.

tizado no sentido que ele serve como um dos mecanismos principais para a realização do Estado de Bem-Estar Social. Pertence à lógica inerente a esse modelo que, na sua dimensão operativa, a crise do direito regulatório seja superada [cured] pelo aumento de sua efetividade instrumental (Clune 1983). Se o problema do direito regulatório está na sua implantação, então, mecanismos de implementação efetivos devem ser projetados" ("After legal instrumentalism: strategic models of post-regulatory law", cit., in Gunther Teubner, *Dilemas of Law in the Welfare State*, p. 306).

Como demonstra a própria história de seu surgimento, que remonta à Revolução Francesa, ainda que este histórico episódio tenha fundamente rompido com o regime monárquico, a atividade administrativa da época não parece ter experimentado proporcionais abalos.

Ou seja: ainda com a mudança de toda uma ordem constitucional por meio da mais sangrenta das revoluções que seja, e mesmo que depois dela se experimente o raro momento de manifestação do poder constituinte originário, no dia seguinte ao ocorrido, de certa forma, as atividades administrativas simplesmente seguiram adiante.

É que nem um rompimento brusco como esse é capaz de mudar os agentes responsáveis pelo exercício dessas atividades, que seguem em boa parte sendo os mesmos, ou as práticas e formas de exercê-las, de sorte que as estruturas administrativas acabam gozando de certa estabilidade.[84]

Vai um tempo até que o direito administrativo, por meio do legislador ordinário, da doutrina e da jurisprudência, se alinhe ao novo regime constitucional.[85]

Daí Alexis de Tocqueville ter notado que nem mesmo o abismo entre regimes, decorrente da Revolução, foi capaz de impedir a grande

84. A ideia está presente nas palavras de Tom Ginsburg: "Estruturas institucionais são distintas das normas legais. As normas de direito administrativo mudam com o desenvolvimento da tecnologia, com as ideias sobre direitos e com o surgimento de comunidades de prestação de contas, *[communities of accountability]* todos os quais podem refletir mudanças incorporadas nos textos constitucionais. No entanto, esta discussão sugere que as estruturas de direito administrativo são relativamente duradouras, em muitos casos, mais ainda do que os regimes constitucionais. Na verdade, a permanência ao nível administrativo pode amenizar os efeitos negativos da instabilidade ao nível constitucional: quaisquer que sejam as maquinações sobre instituições políticas, os cidadãos podem desfrutar de relativa previsibilidade nas relações com a burocracia estatal" ("Written Constitutions and the administrative State: on the constitutional character of administrative law", in Susan Rose Ackerman e Peter L. Lindseth, *Comparative Administrative Law*, Massachusetts, Edward Elgar Publishing, 2010, p. 122).

85. Como observa Hartmut Maurer: "Não há dúvida de que as revoluções e as transformações constitucionais incidem sobre a Administração. Isso, no entanto, não costuma ocorrer de repente, mas com um certo lapso de tempo, uma vez que as mesmas devem ser primeiro assimiladas e transformadas, para em seguida se identificar e materializar as consequências que podem ter para o direito administrativo. O alinhamento do direito administrativo com o direito constitucional é, portanto, um processo lento, do qual participam em igual medida o legislador, a jurisprudência e a doutrina" (*Derecho Administrativo Alemán*, trad. do original alemão *Allgemeines Verwaltungsrecht* (16ª ed., Munique, C. H. Beck, 2006), México, Universidad Nacional Autónoma de México, 2012, pp. 15).

semelhança entre os administradores do antigo e do novo regime e suas práticas administrativas,[86] bem como Otto Mayer ter cunhado a máxima de que "o direito constitucional passa, mas o direito administrativo permanece".[87]

Não só notável em sua origem, a característica tem seguido adiante com o direito administrativo, revelando a marca de um "direito em desenvolvimento de modo contínuo sem cortes brutais" – para me utilizar da expressão de Georges Vedel.[88]

86. Alexis de Tocqueville assim já o havia notado, como demonstram as duas significativas passagens a seguir destacadas: "Não se poderia ler a correspondência de um intendente do Antigo Regime com seus superiores e seus subordinados sem admirar como a similitude das instituições tornava os administradores daquela época semelhantes aos nossos. *[Refere-se ao período subsequente à Revolução Francesa]* Eles parecem dar-se as mãos através do abismo da Revolução que os separa. O mesmo direi dos administrados. Nunca o poder da legislação sobre o espírito dos homens ficou mais evidente"; "Isso porque, a partir de 1789, a constituição administrativa permaneceu sempre em pé no meio das ruínas das Constituições políticas. Mudavam a pessoa do príncipe ou as formas do Poder Central, mas o andamento diário das atividades não era interrompido nem perturbado; cada qual continuava subordinado, nos pequenos assuntos que lhe interessavam particularmente, às regras e aos usos que conhecia; dependia dos Poderes secundários aos quais sempre tivera o hábito de dirigir-se e geralmente tinha de haver-se com os mesmo agentes; pois, se a cada revolução a Administração era decapitada, seu corpo permanecia intacto e vivo; as mesmas funções eram exercidas pelos mesmos funcionários; estes transportavam através da diversidade das leis políticas seu espírito e sua prática. Julgavam e administravam em nome do rei, em seguida em nome da República, por fim em nome do imperador. Depois, quando a fortuna levava sua roda a refazer a mesma volta, recomeçavam a administrar e a julgar para o rei, para a República e para o imperador, sempre os mesmos e do mesmo modo; pois o que lhes importava o nome do senhor? O que lhes interessava era menos serem cidadãos do que serem bons administradores e bons juízes. Portanto, assim que o primeiro abalo passava, parecia que nada havia mudado o País" (Alexis de Tocqueville, *O Antigo Regime e a Revolução*, São Paulo, Martins Fontes, 2009, pp. 70 e 221-222).

87. Consta que Otto Mayer cunhou a frase no "Prefácio" da 3ª edição de seu *Manual* (1923), publicado no ano de sua morte, como observa Sabino Cassese (Otto Mayer, *Deutsches Verwaltungsrecht*, Berlim, 1924, II, *apud* Sabino Cassese, "As transformações do direito administrativo do século XIX ao XXI", *Interesse Público/ IP* 24, Ano 6, Belo Horizonte, março-abril/2004).

88. Para Georges Vedel: "O direito administrativo não se opõe ao direito constitucional como um direito imutável a um direito mutável. A antítese se dá muito mais entre um direito em desenvolvimento de modo contínuo sem cortes brutais e um direito operando por mutações bruscas e espetaculares (mesmo que, vez por outra, os efeitos profundos sejam menos radicais do que se pudesse esperar). (...). O contraste entre o direito constitucional e o direito administrativo não é, portanto, entre a mudança e a imobilidade, mas entre a descontinuidade e a continuidade" ("Discontinuité du droit constitutionnel et continuité du droit administratif: le rôle

E esse tipo de desenvolvimento contínuo contribui significativamente para a adoção da estratégia instrumentalista, na medida em que a continuidade capacita o direito administrativo a se amoldar a qualquer regime, velho ou novo, franqueando seus institutos, como instrumentos, às finalidades em voga a cada tempo, ainda quando se valendo de práticas previamente empregadas.

1.5.2 O direito administrativo como um direito de múltiplos interesses

A segunda razão que torna o direito administrativo suscetível à estratégia instrumentalista está no fato de que o direito administrativo é um ramo de múltiplos interesses. Todos eles abarcados, a seu tempo, no cambiante e indeterminado[89] conceito de interesse público, que é encarregado de veicular objetivos coletivos da sociedade[90] e tem em sua efetivação a finalidade última deste ramo do Direito.

Seja compreendido como direito dos serviços públicos,[91] da Administração Pública,[92] do controle do exercício do Poder[93] ou, mesmo,

---

du juge", in *Mélanges Offerts à Marcel Waline: le Juge et le Droit Public*, t. 2, Paris, LGDJ, 1974, pp. 778-779).

89. Costuma-se designar por *conceitos jurídicos indeterminados* apenas aqueles dotados de alto grau de indeterminação – o que, por certo, está presente na noção de interesse público, aferível apenas em concreto. A respeito do tema, cf.: António Francisco de Sousa, *Conceitos Indeterminados no Direito Administrativo*, Coimbra, Livraria Almedina, 1994.

90. Não se confunda objetivos coletivos com ideais totalitários. O interesse público deve ser compreendido como interesse da coletividade, na forma como identificado na Constituição e no ordenamento jurídico como um todo, compreendendo sempre uma parcela identificável do interesse individual também – o que faz com que possa importar, inclusive, a efetivação do interesse de um único indivíduo no caso concreto. Neste sentido, cf.: Gustavo Binenbojm, "Da supremacia do interesse público ao dever de proporcionalidade: um novo paradigma para o direito administrativo", in Daniel Sarmento (org.), *Interesses Públicos "versus" Interesses Privados: Desconstruindo o Princípio da Supremacia do Interesse Público*, Rio de Janeiro, Lumen Juris, 2005, pp. 142 e 148-149.

91. Os serviços públicos veiculam prestações essenciais aos cidadãos. Dessa maneira, realizam interesses públicos.
A concepção de direito administrativo como direito dos serviços públicos remonta a obras clássicas de administrativistas franceses como León Duguit, Gastón Jèze e Maurice Hauriou. Neste sentido, cf.: Georges Vedel e Pierre Devolvé, *Droit Administratif*, 11ª ed., vol. 1, Paris, 1990, pp. 32 e ss. e 110 e ss., *apud* Diogo Freitas do Amaral, *Curso de Direito Administrativo*, 3ª ed., vol. 1, 2014, pp. 157-158.

direito do interesse público propriamente dito,[94] o direito administrativo sempre manteve íntima relação com o interesse público.[95] E não é para menos.

A Administração Pública, enquanto "conjunto de entidades jurídicas que podem desenvolver a atividade administrativa de interesse coletivo",[96] encontra a própria justificativa de sua existência no objetivo exclusivo de efetivá-lo.[97] Tudo entre a dialética calibragem de legitimar o exercício da autoridade e garantir a defesa de direitos do administrado, como é típico do estudo dos institutos de direito administrativo em geral.[98]

92. Segundo a concepção de Jean Rivero, a nota distintiva do direito administrativo estaria nas prerrogativas e sujeições especiais conferidas à Administração Pública para realizar o interesse público (*Droit Administratif*, 13ª ed., 1990, pp. 39 e ss., *apud* Diogo Freitas do Amaral, *Curso de Direito Administrativo*, cit., 3ª ed., vol. 1, p. 159)

93. O controle do exercício do Poder preocupa-se para que este seja exercido sem desvios; dentro das finalidades de interesse público juridicamente definidas. Adotando-se esta peculiaridade como essência, cf.: Prosper Weil, *Le Droit Administratif*, 4ª ed., Paris, 1971, pp. 5-76, *apud* Diogo Freitas do Amaral, *Curso de Direito Administrativo*, cit., 3ª ed., vol. 1, p. 157.

94. Segundo Héctor Jorge Escola, o direito administrativo é o direito "do interesse público, pretendido através da atividade administrativa" (*El Interés Público como Fundamento del Derecho Administrativo*, Buenos Aires, Depalma, 1989).

95. Para Maria João Estorninho "é fundamental afirmar, sem deixar margem para dúvidas, que *o interesse público é indissociável de toda e qualquer atividade administrativa*" (*A Fuga para o Direito Privado: Contributo para o Estudo da Actividade de Direito Privado da Administração Pública*, Coimbra, Livraria Almedina, 2009, p. 167 – grifos postos).

96. Marcello Caetano, *Manual de Direito Administrativo*, 10ª ed., Coimbra, Livraria Almedina, 2010, p. 5.

97. Note-se que exclusiva é a obrigação que a Administração tem de enfocar sua atuação para a realização do interesse público. Não o interesse público em si. É conhecida a lição de Diogo de Figueiredo Moreira Neto, para quem o interesse público, múltiplo e desmonopolizado, pertence antes à sociedade (*Curso de Direito Administrativo*, cit., 16ª ed., p. 12).

98. Nas palavras de Diogo Freitas do Amaral: "O direito administrativo desempenha uma função mista, ou uma dupla função: legitimar a intervenção da autoridade pública e proteger a esfera jurídica dos particulares; permitir a realização do interesse colectivo e impedir o esmagamento dos interesses individuais; numa palavra, organizar a autoridade do Poder e defender a liberdade dos cidadãos" (*Curso de Direito Administrativo*, cit., 3ª ed., vol. 1, p. 157). No mesmo sentido, cf.: Eduardo García de Enterría e Tomás-Ramón Fernández, *Curso de Derecho Administrativo*, 8ª ed. 1997, pp. 44-45.

A atividade que primordialmente exerce é a de gestão de recursos tendentes à satisfação de interesses públicos.[99]

Ora bem, se os interesses públicos são os objetivos coletivos da sociedade, as transformações sociais, portanto, impactam direta e intensamente em sua conformação.

Nesse contexto, a aceleração do progresso e a transição da Era Industrial para a Era do Conhecimento, capitaneadas pelas revoluções tecnológica e das comunicações e a intensa globalização,[100] causaram o efeito esperado. Os objetivos coletivos da sociedade multiplicaram-se vertiginosamente, e, com eles, o interesse público.

A quantidade de direitos fundamentais, individuais ou difusos, que passaram a compor a carteira de direitos dos cidadãos, dependendo de alguma interação estatal para serem efetivados, cresceu consideravelmente. E o direito administrativo não passou incólume na História.

Com efeito, a vinculação da atividade administrativa à efetivação do interesse público faz com que a multiplicação desse mesmo interesse público importe também a multiplicação de meios para efetivá-lo, cabendo à Administração Pública apenas o espaço de decisão sobre a forma e o momento dessa efetivação ("como" e "quando", para ser mais exato).

Na medida em que há uma finalidade predeterminada a ser alcançada (interesse público), o espaço de conformação restante à atividade administrativa é um espaço tipicamente instrumental; de escolha e desenho das formas por meio das quais seja possível melhor efetivar dito interesse público.

1.5.3 O direito administrativo como um direito de cultura e acumulação de institutos

O caráter contínuo do desenvolvimento do direito administrativo também repercute em sua estrutura, permitindo que práticas e costumes sejam reiterados, de modo a formar uma cultura administrativa. Essa

---

99. Cf.: Paulo Otero, *Manual de Direito Administrativo*, Coimbra, Livraria Almedina, 2013, p. 22.

100. Sobre o tema, cf.: Peter F. Drucker, *Administrando em Tempos de Grandes Mudanças*, 5ª ed., São Paulo, Pioneira, 1998; e Manuel Castells, *A Sociedade em Rede*, 6ª ed., vol. 1 da trilogia *A Era da Informação: Economia, Sociedade e Cultura*, trad. de Roneide Venâncio Majer, São Paulo, Paz e Terra, 2002.

cultura administrativa consagra costumes práticos, utilizados na burocracia estatal, que também podem vir a figurar como fonte de direto administrativo.[101]

Além da cultura administrativa, o caráter contínuo, aqui somado à multiplicidade dos interesses públicos, desemboca ainda em um processo por meio do qual os institutos de direito administrativo, ao invés de se sucederem no tempo, vão, na verdade, se acumulando, como é notório em matéria de intervenção do Estado na economia.[102]

Esse processo de acumulação coloca à disposição do administrador público uma ampla palheta de estratégias para empregar os institutos, isolada ou combinadamente, a fim de fazerem frente aos novos contextos que desafiam a ação administrativa na sua busca constante da efetivação do interesse público. As atividades de gestão de serviços públicos, exercício do poder de polícia, regulação econômica e social, fomento e exploração direta de atividades econômicas pelo Estado vão operacionalmente se combinando para concretizar o exercício da função administrativa, cenário a cenário.

Tal diversidade de formas de atuação, posta à disposição do exercício da função administrativa, tem o mérito de aproximar a Gestão Pública da

101. Sobre o tema, e discutindo sua existência enquanto fonte de direito administrativo no Brasil, cf.: Thiago Marrara, "As fontes do direito administrativo e o princípio da legalidade", *Revista Digital de Direito Administrativo* 1/23-51, n. 1, Ribeirão Preto, 2014.

Afirmando que os costumes cumprem a função de fonte supletiva no caso brasileiro, Hely Lopes Meirelles escreve: "No direito administrativo brasileiro o costume exerce ainda influência, em razão da deficiência da legislação. A prática administrativa vem suprindo o texto escrito, e, sedimentada na consciência dos administradores e administrados, a praxe burocrática passa a suprir a lei, ou atua como elemento informativo da doutrina" (*Direito Administrativo Brasileiro*, 42ª ed., São Paulo, Malheiros Editores, 2016, p. 50).

102. Alexandre Santos de Aragão discorre a respeito: "As regulações estatais da economia são dotadas de grande multifacetariedade. O seu dinamismo e a forma com que os mais diversos instrumentos de regulação e intervenção do Estado se sucederam ao longo do tempo não foi um processo substitutivo, mas acumulativo. Em outras palavras, o surgimento de novos mecanismos regulatórios da economia em cada fase da história político-econômica do Estado não causou o fim dos instrumentos característicos das fases anteriores, com os quais passaram a conviver e mesmo a se mesclar" (*Agências Reguladoras e a Evolução do Direito Administrativo Econômico*, Rio de Janeiro, Forense, 2005, p. 117).

realidade,[103] aparelhando-a melhor. Mas também a torna mais complexa e fragmentada, o que põe ainda maior importância nos momentos de desenho e escolha dos meios de ação administrativa e na avaliação das opções adotadas.

Há aqui, por força dessa expansão das formas de concretização da função administrativa, novo impulso a um manejo instrumental dos institutos de direito administrativo, que precisam ser modelados, escolhidos, combinados e empregados a fim de realizar finalidades previamente definidas.

1.5.4 O direito administrativo como um direito concreto e cotidiano

O último fator crucial para caracterizar o direito administrativo como um ramo especialmente suscetível à estratégia instrumental está na observação de que o direito administrativo é um ramo intensamente concreto e cotidiano.

O direito administrativo faz parte do dia a dia das pessoas. Da pequena burocracia de balcão às grandes decisões empresariais que levam em conta macrocenários regulatórios. Dos *clips* aos *negócios*, tomando emprestada a expressão de Carlos Ari Sundfeld.[104]

---

103. A necessidade de priorização da Gestão Pública é destacada por Carlos Ari Sundfeld em oportuno artigo de opinião: "Nossos problemas na máquina pública não vêm de simples imperfeições técnicas nas leis ou nas pessoas. Vêm de algo mais profundo: da preferência jurídica pelo máximo de rigidez e controle, mesmo comprometendo a Gestão Pública. Boa gestão pode e deve conviver com limites e controles, mas não com esse maximalismo. Sem inverter a prioridade, não há reforma administrativa capaz de destravar a máquina. O novo lema tem de ser: mais sim, menos não; mais ação, menos pressão" (*Chega de Axé no Direito Administrativo*, disponível em *www.brasilpost.com.br*, acesso em 10.2.2015).

104. Nas palavras de Carlos Ari Sundfeld: "*Direito administrativo do clips* (*DAC*) é o da Administração de papelaria, que age por autos e atos, trata direitos e deveres em papel, é estatista, desconfia dos privados, despreza a relação tempo, custos e resultado, não assume prioridades. (...). Ao *DAC* se opõe o *direito administrativo dos negócios* (*DAN*), o dos que se focam em resultados e, para obtê-los, fixam prioridades, e com base nelas gerenciam a escassez de tempo e de recursos. (...). O direito administrativo dos negócios não é invenção recente de mentes deturpadas; mas parte necessária da história e da prática do direito administrativo. Talvez estejam nele algumas das soluções para os impasses governamentais recentes e para fazer de nosso ramo o *direito administrativo do desenvolvimento* que tanto se reclama" ("O direito administrativo entre os *clips* e os negócios", in Alexandre Santos de Aragão e Floriano

Está na multa de trânsito, no alvará para o funcionamento da loja, nas posturas municipais para utilização do espaço urbano, nas atividades privadas reguladas e nos serviços públicos utilizados diariamente pelos cidadãos.

Tudo isso faz com que o direito administrativo seja extremamente concreto. Portador de decisões e medidas que impactam e influenciam diariamente a vida das pessoas. Nas palavras de Fritz Werner, faz com que o direito administrativo seja "o direito constitucional concretizado",[105] ou a "Constituição em ação", como prefere Lorenz von Stein.[106]

E essa relação de extrema proximidade com a realidade leva a atividade administrativa a ser igualmente influenciada por esse caráter concreto, típico de um ramo jurídico que cuida, seja por meio das pequenas ou grandes decisões, de resolver problemas da vida.

Esse caráter cotidiano e concreto resulta em que o direito administrativo e seus arranjos jurídicos respondam também a fatores externos de pressão e conformação, como a premência fiscal, o controle externo, as desigualdades sociais, o desenvolvimento tecnológico e a competitividade de empresas nacionais no plano global.

Dessa forma, a racionalização contextual de arranjos jurídicos para adequá-los a fatores de influência concretos e cotidianos revela uma especial relação entre o direito administrativo e as consequências decorrentes desses modelos, que devem estar conectados à realidade na qual se situam, novamente testemunhando a suscetibilidade do direito administrativo à estratégia instrumentalista.

1.6 Conclusão: a "caixa de ferramentas" como uma metáfora pragmaticamente útil ao direito administrativo

Associadas a quantidade de órgãos e entidades existentes com a quantidade de meios à disposição da Administração para conformar os

de Azevedo Marques Neto (coords.), *Direito Administrativo e seus Novos Paradigmas*, Belo Horizonte, Fórum, 2008, pp. 89 e 93).

105. É como anota Hartmut Maurer: "Fritz Werner, então Presidente da Corte Administrativa alemã, cunhou a tão citada máxima do 'direito administrativo como direito constitucional concretizado' (*DvBl*, 1959, p. 527)" (*Derecho Administrativo Alemán*, cit., p. 14).

106. Ainda Hartmut Maurer: "Neste sentido, cabe afirmar que a Administração é a "Constituição em ação" (Lorenz von Stein, *Handbuch der Verwaltungslehre*, 3ª ed., 1888, vol. 1, p. 6)" (*Derecho Administrativo Alemán*, cit., pp. 14-15).

interesses públicos prioritários, empregar esses mecanismos para desenhar bons modelos tendentes a realizar o interesse público passou a ser questão central ao aprimoramento da Gestão Pública.

É que o Estado de nosso tempo não deve ser mais aquele que se pretendia provedor universal e tentava cuidar, de forma unitária, rígida e direta, de praticamente tudo da vida cotidiana, assim acreditando bastar-se a si próprio.

O Estado atual é multifacetado. Atua, paralelamente, de forma direta, indireta e associativa com a iniciativa privada, e tem tantas ferramentas à sua disposição para veicular seus programas, políticas e ações, que não precisa mais se reinventar e perder em grandes formulações.[107] Nem ser social, nem absenteísta, ou assumir qualquer outro grande rótulo que o valha.

O desafio pós-moderno do Estado é, sem abrir mão dos avanços democrático-constitucionais, ser eficiente.[108-109] E ser eficiente implica conhecer e gerir melhor os instrumentos disponíveis, para assim otimizar seu emprego e, em uma análise prática, "resolver os problemas da vida".[110]

107. Nas palavras de Lester M. Salamon: "O que isso sugere é que governos não precisam ser 'reinventados', como o *new public management* tem sugerido. Este processo já é bastante avançado. *O grande desafio atualmente é encontrar um modo de compreender e gerir o governo reinventado que produzimos*" ("The new governance and the tools of public action: an introduction", in Lester M. Salamon (coord.), *The Tools of Government: a Guide to the New Governance*, Nova York, Oxford University Press, 2002, p. 8 – grifos postos).
108. Como notado por Patrícia Ferreira Baptista: "Ao lado do desafio do controle da Administração, as últimas décadas trouxeram outra preocupação para os administrativistas: assegurar a eficiência da Administração. (...). Grande parte do esforço do direito administrativo na atualidade, assim, tem se voltado para atender às demandas da eficiência administrativa" (*Transformações do Direito Administrativo*, Rio de Janeiro, Renovar, 2003, pp. 22-23).
109. Nas palavras de Gustavo Binenbojm, inspirado no discurso de posse de Barack Obama: "Há que se reconhecer que o Estado não tem o monopólio do interesse público, assim como o livre mercado não tem o monopólio da eficiência. Haverá Estado onde sua presença for moralmente justificável, juridicamente possível e pragmaticamente defensável" ("Prefácio", in Carlos Emmanuel Joppert Ragazzo, *Regulação Jurídica, Racionalidade Econômica e Saneamento Básico*, Rio de Janeiro, Renovar, 2011).
110. Devo a expressão coloquial a Marcos Juruena Villela Souto, que, ao se deparar com alguma nova teorização jurídica ou construção interpretativa, recorrentemente se guiava pela máxima de que o Direito existe para resolver os problemas da vida.

Para superar esse desafio, é preciso repensar a forma de encarar e manejar o direito administrativo. O descompromisso na organização estrutural da Administração Pública e o exercício da função administrativa empunhando institutos de maneira desatenta à sua essência e, por vezes, exclusivamente intuitiva quanto à sua capacidade de cumprir as finalidades que se pretende efetivar não têm mais espaço hábil para seguir adiante.

Essa guinada em favor da eficiência do Estado e da melhoria de sua gestão passa, necessariamente, pela compreensão de que o direito administrativo, por força de seu desenvolvimento contínuo, dedicação a interesses múltiplos, caráter acumulativo, cultural, concreto e cotidiano, nada mais é que a compilação de uma grande diversidade de institutos e formas de organização com vocações próprias,[111] que juntos integram uma verdadeira *caixa de ferramentas* voltada à instrumentalização de interesses públicos caso a caso.[112]

Com efeito, ferramentas são instrumentos vocacionados a certas finalidades. E apreender o direito administrativo como uma caixa delas é jogar luzes sobre a importância de se desenhar, escolher, combinar, empregar e testar essas ferramentas na persecução do interesse público, aprimorando a Gestão Pública e seu controle, a partir de juízos de adequação, experiência e do acompanhamento e avaliação de resultados.[113]

---

111. É como nota Lester M. Salamon a partir do estudo da Gestão Pública: "Tem ocorrido uma proliferação massiva nas *ferramentas* da ação pública, nos *instrumentos* ou meios utilizados para atender aos problemas públicos. (...) cada uma dessas ferramentas tem seu próprio procedimento para se efetivar, requer conhecimentos específicos e mecanismos de distribuição, como tem também sua própria economia" ("The new governance and the tools of public action: an introduction", cit., in Lester M. Salamon (coord.), *The Tools of Government: a Guide to the New Governance,* pp. 1-2).

112. Christopher Hood e Helen Margetts tocam no ponto: "Podemos imaginar o governo como um conjunto de ferramentas administrativas – tais como ferramentas de marcenaria ou jardinagem, ou de qualquer outra atividade. A administração governamental trata do controle social, não de marcenaria ou jardinagem. Porém há um conjunto de ferramentas para tanto, assim como em qualquer outra atividade. O que um governo faz para nós – seus súditos *[subjects]* ou cidadãos – é tentar moldar nossas vidas aplicando um conjunto de ferramentas administrativas, em várias combinações e contextos diferentes, de modo a servir a uma variedade de propósitos" (*The Tools of Government in the Digital Age,* Nova York, Palgrave MacMillan, 2007, p. 2).

113. Reforçando o ponto, Guy B. Peters assim argumenta em prol da abordagem da *caixa de ferramentas*: "A aproximação da política pública pelas ferramentas, ou

Sendo assim, concluo haver considerável utilidade prática em compreender e desenvolver, metaforicamente, o direito administrativo como uma *caixa de ferramentas*, no atual estado da arte em que se encontra. Especialmente tendo em vista que isso importa, a um só tempo:

(i) perceber o direito administrativo como uma tecnologia social, que deve cumprir uma função prática e dinâmica, a fim de dar conta de impasses e objetivos concretos;

(ii) caminhar na direção da construção de ideias e modelos jurídicos mais úteis e comprometidos com a realidade e seu contexto de aplicação, colaborando para a conciliação entre teoria e prática;

(iii) reforçar a relação de meios e fins que deve orientar a ação administrativa, ilustrando seu compromisso com os resultados concretos de suas reflexões;

(iv) não assumir categorias apriorísticas e estáticas, adotando em seu lugar uma abordagem constantemente crítica e flexível que, partindo do desenho das ferramentas, da forma como utilizadas e da experiência acumulada, possa definir estratégias de ação e medir resultados e consequências daí provenientes;

(v) possibilitar o diagnóstico de como de fato funciona certa ferramenta, ou combinação de ferramentas, apurando suas vantagens e desvantagens, para, então, formular, manter ou reformular o arranjo jurídico e a ação administrativa; e

(vi) experimentar novas ferramentas, de preferência pontualmente, para avaliar sua capacidade de sucesso em seus propósitos e, se assim confirmado, expandir sua incidência.

instrumentos, pode acrescentar muito à análise das políticas públicas. Por um lado, os instrumentos podem ser utilizados como base para a compreensão da política pública em geral, e o argumento que pode ser feito é o de que o instrumento selecionado pode ser o elemento mais importante dentre as escolhas feitas sobre política pública. Este forte argumento é especialmente aplicável se examinarmos os fundamentos de ação contidos dentro das ferramentas e as dinâmicas de instrumentos para lidar com problemas sociais (Hood 1986). Uma versão menos extrema do argumento é a de que os instrumentos são um elemento crucial da elaboração de um programa e da governança, mas não necessariamente os únicos – ou até mesmo o mais central – elementos no ato de governar. Em qualquer das hipóteses, o desenvolvimento da literatura sobre instrumentos pode melhorar as dimensões acadêmica e prática de estudos de políticas públicas" ("Conclusion: the future of instruments research", in Pearl Eliadis, Margaret M. Hill, e Michael Howlett, *Designing Government: from Instruments to Governance*, Quebec, McGill-Queen's University Press, 2005, p. 363).

Desse modo, a abordagem da *caixa de ferramentas* é uma metáfora que privilegia o instrumentalismo legal enquanto estratégia de Direito, de modo que as ferramentas de direito administrativo melhor sirvam aos fins democraticamente definidos na Constituição, ou pelas maiorias ocasionais, à luz da teoria dos direitos fundamentais.

Partindo dessa visão instrumental, o que se tem é um processo de diagnose e prognose, que deve ser contínuo e complementar, em prol do aperfeiçoamento do desenho e da combinação das instituições jurídicas, para que cumpram suas funções.[114]

Em suma: a estratégia da *caixa de ferramentas* busca uma aplicação instrumental do direito administrativo com o propósito orientativo de encontrar, à luz da realidade, a eficiência de meios para melhor realização de fins substantivamente definidos.

É exatamente isso que espero com a metáfora do direito administrativo enquanto *caixa de ferramentas*: enfatizar a investigação do método de manejo dos mecanismos jurídicos para endereçar questões de interesse público em concreto, superando a visão estática do direito administrativo como Estado, para pôr em seu lugar uma visão dinâmica, do direito administrativo enquanto conjunto de arranjos jurídicos que geram incentivos endereçados a finalidades predefinidas.

Ao dessacralizar o direito administrativo, transformando-o em ferramenta social, como deve ser, pode ser possível colaborar para racionalizar o emprego de suas estratégias e institutos, em prol da melhora da

---

114. Christopher Hood e Helen Margetts discorrem sobre as vantagens da *caixa de ferramentas*: "Similarmente, comparações ficam muito mais fáceis de serem manuseadas; de fato, muito do fascínio em explorar as ferramentas governamentais é comparar os instrumentos utilizados em certos problemas por diferentes governos ou pelo mesmo governo em épocas diferentes. O mesmo instrumento pode ser usado para diferentes propósitos. Tanto que, se o governo realmente tivesse que desenvolver uma ferramenta completamente nova para cada novo assunto no qual se visse interessado, seria necessária uma gigantesca capacidade de inovação, e imaginação muito maior do que os governos possuem. Assim, o mesmo conjunto básico de ferramentas aparece de novo e de novo quando os governos encaram 'novos' problemas, tais como privacidade eletrônica ou regulação da tecnologia reprodutiva. Apenas a mistura varia. Isso significa que se pudermos compreender os conceitos básicos do governo, funcionalismo, autoridade, poderemos fazer o mesmo em qualquer caso e qualquer problema que venham a enfrentar" (*The Tools of Government in the Digital Age*, cit., p. 12).

Gestão Pública. Precisamente segundo a lógica desenvolvida no capítulo seguinte.[115]

---

115. Como a abordagem do direito administrativo enquanto *caixa de ferramentas* é uma aproximação a teorias mais desenvolvidas em outros Países e em outros campos do conhecimento, é importante que se faça uso do sincretismo teórico necessário para construí-la. Sempre, contudo, sem se descuidar dos filtros que devem incidir sobre essas referências para o contexto do direito administrativo brasileiro. Trata-se, dessa forma, de movimento semelhante àquele experimentado no direito constitucional, como explica Luís Roberto Barroso: "No caso brasileiro, como no de outros Países de constitucionalização recente, doutrina e jurisprudência ainda se encontram em fase de elaboração e amadurecimento, fato que potencializa a importância das referências estrangeiras. Esta é uma circunstância histórica com a qual precisamos lidar, evitando dois extremos indesejáveis: a subserviência intelectual, que implica a importação acrítica de fórmulas alheias e, pior que tudo, a incapacidade de reflexão própria; e a soberba intelectual, pela qual se rejeita aquilo que não se tem. Nesse ambiente, não é possível utilizar modelos puros, concebidos alhures, e se esforçar para viver a vida dos outros. O sincretismo – desde que consciente e coerente – resulta sendo inevitável e desejável" ("Neoconstitucionalismo e constitucionalização do Direito: o triunfo tardio do direito constitucional no Brasil", in Regina Quaresma, Maria Lúcia de Paula Oliveira e Farlei Martins Riccio de Oliveira (orgs.), *Neoconstitucionalismo*, Rio de Janeiro, Forense, 2009, p. 58).

Capítulo 2
DIREITO E ECONOMIA, INSTITUIÇÕES E INCENTIVOS: A LÓGICA DA "CAIXA DE FERRAMENTAS"

> Institutions matter because the rules matter, and the rules matter because incentives matter. (Vernon Smith)

2.1 Direito e Economia. 2.2 O princípio da eficiência. 2.3 As ferramentas de direito administrativo e a lógica dos incentivos. 2.4 Instituições, nova economia institucional e incentivos: 2.4.1 Institucionalismo e conceito de instituição – 2.4.2 Nova economia institucional e conceito de instituição. 2.5 O Direito e a lógica das instituições: 2.5.1 Direito e Desenvolvimento – 2.5.2 A Regulação Comportamental. 2.6 Afinal, a lógica da "caixa de ferramentas" de direito administrativo. 2.7 Conclusão: instituições, incentivos e ferramentas importam.

Assumida a metáfora de se perceber o direito administrativo como uma *caixa de ferramentas*, qual será a lógica de funcionamento que essa figura de imagem traz consigo? Para responder à questão é preciso investigar algumas outras considerações que têm levado a confirmar tal forma de perceber o direito administrativo, indicando sua importância e sua utilidade prática.

Com efeito, como que sem se notar, o tipo de abordagem traduzido na *caixa de ferramentas* vem se aproximando dos juristas atualmente. Alguns autores, por vezes de maneira aparentemente espontânea e não deliberada, por vezes de maneira direta e pensada, têm tangenciado nuances do tema em seus estudos. Conjuntamente, essas preocupações demonstram o quão oportuno é desenvolvê-lo neste momento.

Carlos Ari Sundfeld, ao discorrer sobre os livros básicos de referência do Direito, de uma forma geral, nota que "o estilo oculta sua principal função: a de *caixa de ferramentas*,[1] de modo que, no final do dia, o que deles se espera é que forneçam argumentos para resolver casos práticos, ao modo do que as ferramentas fazem.

Maria Paula Dallari Bucci, trabalhando em uma metodologia para avaliar políticas públicas, caracteriza o profissional jurídico nelas atuante como alguém que opera uma "caixa de ferramentas" jurídicas.[2]

Daniel C. Esty, dedicando-se ao tema da boa governança em escala supranacional, refere-se à existência de uma *caixa de ferramentas* de direito administrativo global, que contemplaria estratégias de direito administrativo, abordagens e ferramentas, todas úteis a fazer avançar o ideal da boa governança em escala global.[3]

1. O autor continua: "O estilo é o da exposição sistemática, científica, em que classificações e conceitos se encadeiam, tudo pressupondo coerência e certeza. O Direito desses livros não comporta, em si, soluções opostas para uma mesma dúvida. Os alunos passam por isso tudo, fazem de conta que acreditam, mas, quando viram profissionais, o que querem desses livros são *argumentos*, para usar nos casos que têm de resolver ou discutir. Aí, as afirmações dos livros, devidamente extraídas e cortadas, viram *ferramentas para resolver problemas pragmáticos*, na medida do necessário. Não estou querendo dizer que o direito administrativo é um vale-tudo e os administrativistas uns monstros do cinismo. As normas podem ter várias interpretações, mas não *qualquer interpretação*. A cultura jurídica incorpora muitos consensos, que tendem a permanecer por longo tempo. Tudo isso é fator de unidade e estabilidade, a condicionar as decisões do dia a dia. Mas há uma margem larga para os dissensos, pois opiniões e interesses variam, e casos novos surgem toda hora – e, aí, *normas, ideias e palavras viram argumentos, ferramentas*" (Carlos Ari Sundfeld, *Direito Administrativo para Céticos*, 2ª ed., São Paulo, Malheiros Editores, 2014, p. 45).

2. Maria Paula Dallari Bucci, "Notas para uma metodologia jurídica de análise de políticas públicas", *Fórum Administrativo – Direito Público – FA* 104, Ano 9, Belo Horizonte, outubro/2009 (disponível em *http://bid.editoraforum.com.br*, acesso em 2.2.2015).

3. Em suas palavras: "*Uma caixa de ferramentas de direito administrativo global.* Um número de estratégias de direito administrativo, abordagens e ferramentas podem provar serem úteis para o avanço da boa governança supranacional. Algumas dessas ferramentas podem ser esboçadas diretamente do contexto do direito administrativo doméstico, enquanto outras precisarão ser modificadas para serem internacionalmente aplicadas. Com base em práticas de governança nos Estados Unidos, União Europeia e outros lugares, ofereço adiante uma *"caixa de ferramentas"* básica para um direito administrativo global, dispostas em quatro grupos funcionais: (1) controles sobre autopromoção/abuso do cargo, *[self-dealing]* corrupção e influência de interesses especiais; (2) normatização sistemática e *sound rulemaking*; (3) transparência e participação pública; e (4) compartilhamento de poder" (Daniel C. Esty,

De forma mais dedicada e sistematizada, captando o fenômeno e algumas de suas implicações, Diogo Rosenthal Coutinho nota a existência de níveis diferentes de atuação do Direito, destacando quatro deles, dentre os quais um instrumental, que importaria apreender o Direito enquanto uma *caixa de ferramentas*.[4]

Nesse contexto, a fim de entender e propor acerca do Direito como deveria ser, é preciso antes entender o Direito como ele é. E não faço referência, aqui, à contraposição entre abordagens positivistas e normativistas. O Direito como ele é precisa ser entendido como o Direito ao modo pelo qual é utilizado por seus operadores, a partir dos incentivos que gera e da maneira que o aplicam. O Direito como deveria ser cuida de um novo sistema de incentivos, que, considerando fugas regulatórias e aprimorando desenhos, se aperfeiçoe de modo a se tornar mais bem habilitado para alcançar os resultados desejados.

Ora bem, se o Direito é praticamente empregado como ferramenta, ao invés de ignorar este fato por ocasião de seu estudo, o melhor a fazer é justamente tomar o fato como premissa e assimilá-lo, buscando a aproximação entre teoria e prática para, como dito anteriormente, alcançar resultados mais proveitosos.

Para melhor compreensão de por que esses desenvolvimentos teóricos contemporâneos, simultâneos, espontâneos ou deliberados – mas sempre complementares –, ocorrem é preciso investigar alguns preciosos aportes trazidos pela linha de estudo do Direito e Economia, enquanto grande tema, e também sob o enfoque de subtópicos específicos seus, como o princípio da eficiência e a nova economia institucional.

A partir daí será, então, possível compreender a lógica da *caixa de ferramentas* de direito administrativo, suas potencialidades e propostas de funcionamento.

"Good governance at the supranational scale: globalizing administrative law", *The Yale Law Journal* 115/1.490 (p. 1.524), 2006).

4. Como expõe Diogo Rosenthal Coutinho: "Sem qualquer intenção de criar um método, acredito que os papéis do arcabouço jurídico no desenvolvimento podem ser sintetizados com algum ganho de clareza analítica. Creio que o Direito pode ser visto como fim, como *ferramenta*, como canal de participação e como arranjo institucional nos processos e políticas públicas identificados com a ideia de desenvolvimento" ("O Direito no desenvolvimento econômico", *Revista Eletrônica de Direito Administrativo Econômico/REDAE* 28, Salvador, Instituto Brasileiro de Direito Público, novembro-dezembro-janeiro/2011-2012, disponível em *www.direitodoestado.com*, acesso em 28.1.2015).

2.1 Direto e Economia

Em que pese ao fato de o estudo da relação entre o Direito e a Economia ser considerado tema antigo, que remonta à obra *A Riqueza das Nações*, de Adam Smith, escrita ainda no século XVIII, o assunto dormitou até o terceiro quarto do século XX, quando, então, foi finalmente retomado com crescente intensidade nos Estados Unidos. E desde então vem se propagando pelo mundo.[5]

É possível que a demora de sua evolução se tenha devido à tentativa inicial, de parte a parte, de colonizar o outro com seus próprios métodos de trabalho característicos, a partir de uma visão maniqueísta de certo e errado, já que o Direito se preocuparia unicamente com a justiça, e a Economia com a eficiência e a distribuição de bens.[6] Um esforço infrutífero, que dispersou muita energia ao custo desse equívoco de foco, quando muito mais proveitoso teria sido trabalhar por um aprendizado mútuo, mediante a troca recíproca de visões de mundo, experiências e instrumentos de atuação.[7]

Foi então, a partir dos trabalhos de teóricos como Ronald Coase,[8] Guido Calabresi[9] e Richard A. Posner,[10] que o eixo de preocupação do movimento de Direito e Economia começou a mudar, entoando seus esforços para a análise de instituições jurídicas à luz de métodos de trabalho

---

5. Neste sentido, cf.: Eduardo Battesini, Giácomo Balbinotto Neto e Luciano Benetti Timm, "O movimento de Direito e Economia no Brasil", in Robert Cooter e Thomas Ulen, *Direito & Economia*, 5ª ed., Porto Alegre, Bookman, 2010, pp. 17-21.

6. George Stigler observa o ponto: "Enquanto a eficiência constitui-se no problema fundamental dos economistas, a justiça é o tema que norteia os professores de Direito (...) é profunda a diferença entre uma disciplina que procura explicar a vida econômica (e, de fato, toda a ação racional) e outra que pretende alcançar a justiça como elemento regulador de todos os aspectos da conduta humana. Esta diferença significa, basicamente, que o economista e o advogado vivem em mundos diferentes e falam diferentes línguas" ("Law or Economics?", *The Journal of Law and Economics* 35/462-463, n. 2, outubro/1992).

7. São neste sentido, aliás, as palavras de Armando Castelar Pinheiro e Jairo Saddi ao consignarem que "o Direito e a Economia, ao diluírem suas diferenças, tornam-se essenciais um para o outro" (*Direito, Economia e Mercados*, Rio de Janeiro, Elsevier, 2005, p. 32).

8. Ronald Coase, "The problem of social cost", 3 *Journal of Law & Economics* 1, 1960.

9. Guido Calabresi, "Some thoughts on risk distribution and the law of torts", 70 *Yale Law Journal* 499, 1961.

10. Richard A. Posner, *Economic Analysis of Law*, Little, Brown and Co., 1973.

econômicos, sem que com isso se viesse a caracterizar uma subserviência do Direito à Economia.[11]

O Direito, por certo, não é tributário da Economia. Mas pode se valer de aportes por ela oferecidos para se aprimorar e alcançar seus objetivos da melhor forma.[12]

Mesmo a justiça, enquanto um ideal perseguido pelo Direito, pode ter sua realização aperfeiçoada se levadas em consideração variáveis econômicas que permitam e auxiliem ao Direito fazer mais com os recursos disponíveis bem como compreender as estratégias alternativas que pode adotar diante das prováveis consequências delas esperáveis.

Como a Economia fornece uma teoria comportamental que ajuda a entender e prever, em alguma medida, a reação das pessoas e dos agentes

11. Nas palavras de Luis S. Cabral de Moncada: "A relação entre a Economia e o Direito inverteu-se. Agora é a regra jurídica que em nome de valores estranhos à atividade econômica, ou, melhor dizendo, à particular tonalidade de que ela se revestiu em determinada conjuntura histórica, vai reagir sobre a Economia. Parece que afinal não há uma relação de subserviência do Direito para com a Economia tão evidente como se pensava. Melhor dizendo, as relações recíprocas são mais complexas do que se supunha e, sobretudo, não são de sentido único. (...). O que se verifica é que o Direito não se reduz à Economia. (...). Concluindo, a relação entre Economia e Direito não é unívoca. Compreende um complexo relacionamento recíproco e analisa-se em diversas modalidades nem sempre reconduzíveis a uma lógica comum, à medida das vicissitudes históricas" (*Direito Económico*, 5ª ed., Coimbra, Coimbra Editora, 2007, pp. 8-9).

É bom exemplo o do estudo dos contratos e da influência que as chamadas "leis de mercado" possam neles produzir. Segundo Joaquim de Sousa Ribeiro: "Os dados do mercado são, seguramente, valiosos elementos a ter em conta, mas não devem fornecer, sem mediações, a solução jurídica. O ordenamento não tem que obedecer cegamente a determinantes 'externas', as chamadas 'leis do mercado', limitando-se a traduzi-las na sua linguagem própria" ("O contrato, hoje: funções e valores", in António José Avelãs Nunes e Jacinto Nelson de Miranda Coutinho (orgs.), *Diálogos Constitucionais: Brasil/Portugal*, Rio de Janeiro, Renovar, 2004, pp. 111-113).

12. Norberto Bobbio já se aproximava dessa ideia, pugnando por uma "teoria realista do Direito, que volta a sua atenção mais à efetividade que à validade formal das normas jurídicas, colocando o acento, mais do que sobre a autossuficiência do sistema jurídico, sobre a inter-relação entre sistema jurídico e sistema econômico, entre sistema jurídico e sistema político, entre sistema jurídico e sistema social em seu conjunto, (...) procurando o seu objeto, em última instância, não tanto nas regras do sistema dado, mas sim na análise das relações e dos valores sociais dos quais se extraem as regras dos sistemas. (...). A ciência jurídica não é mais uma ilha, mas uma região entre outras de um vasto continente" (*Dalla Struttura alla Funzione: Nuovi Studi di Teoria del Diritto*, Milão, Edizioni di Comunità, 1977, p. 56).

econômicos frente aos arranjos jurídicos[13] e, principalmente, aos incentivos por eles gerados,[14] contar com o auxílio de métodos econômicos para manusear o Direito assume destacada relevância.[15]

Dessa maneira, as abordagens situadas no bojo dos ensaios de Direito e Economia têm por mérito principal incrementar a tomada de decisões jurídicas, como as que modelam marcos regulatórios e formulam políticas públicas, dentre tantas outras, na medida em que contribuem para analisar as possibilidades jurídicas à luz dos incentivos que as escolhas adotadas deverão gerar,[16] segundo um juízo de experiência e probabilidade.

13. O que vem sendo cada vez mais temperado, é verdade, pelas abordagens da Neurociência e da Psicologia, desaguando na chamada Economia Comportamental (cf.: Richard H. Thaler e Cass R. Sunstein, *Nudge: Improving Decisions about Health, Wealth and Happiness*, Penguin Books, 2008; Ben Seymour e Ivo Vlaev, "Can, and should, behavioural neuroscience influence public policy?", *Trends in Cognitive Science/TICS* 1.111, disponível em *www.seymourlab.com*, acesso em 16.2.2015; e Elldar Shafir (ed.), *The Behavioral Foundations of Public Policy*, Princeton University Press, 2013).

14. Segundo Robert Cooter e Thomas Ulen: "Generalizando, podemos dizer que a Economia fornece uma teoria comportamental para prever como as pessoas reagem às leis. Essa teoria, baseada em como as pessoas reagem a incentivos, suplanta a intuição da mesma maneira como a ciência suplanta o bom-senso" (*Direito & Economia*, cit., p. 25).

15. Como observa Philip Pettit: "A teoria da escolha racional pode ser descrita, em uma frase que usei anteriormente, como ciência social por meios econômicos (Elster 1986a). Ela equivale à tentativa de buscar uma explicação não somente do comportamento de mercado, mas também do comportamento fora do mercado, em uma maneira econômica. A ideia que guia essa abordagem é a de que, se a Economia nos serve bem na explicação de como os agentes se comportam em um contexto mais ou menos semelhante ao do mercado, então igualmente nos servirá bem na explicação do comportamento das pessoas em outras áreas" ("Institutional design and rational choice", in Robert E. Goodin, *The Theory of Institutional Design*, Cambridge University Press, 1996, p. 61).

16. Bruno Meyerhof Salama, aliás, coloca o estudo das alternativas institucionais e dos incentivos por elas gerados dentre os objetivos essenciais de Direito e Economia: "Qual seria, então, o projeto acadêmico da disciplina do Direito e Economia? A meu ver, deve ser essencialmente o de (a) aprofundar a discussão sobre as opções institucionais disponíveis, trazendo os efeitos de cada opção para o centro do debate, (b) apontar os incentivos postos pelas instituições jurídico-políticas existentes, de modo a identificar interesses dos diversos grupos, inclusive daqueles sub-representados no processo político representativo, (c) repensar o papel do Poder Judiciário, de modo que este se encaixe nos sistemas modernos de formulação de políticas públicas, mas tendo em conta que o País já possui uma tradição jurídica, e (d)

Não que a linha do Direito e Economia possa responder, em definitivo e integralmente, aos dilemas jurídicos. E nem assim pretende.[17] O objetivo maior da disciplina está em destacar os desdobramentos decorrentes das escolhas normativas,[18] em um sentido amplo. Tarefa para a qual, definitivamente, está apta a contribuir de forma significativa.[19]

Pois bem. Situado na interseção entre o Direito e a Economia, o enfoque do direito administrativo enquanto uma *caixa de ferramentas* é responsável por revelar os ganhos que a consideração de diretrizes econômicas[20] como uma das variáveis do plano jurídico pode lhe trazer,[21]

enriquecer a gramática jurídica, oferecendo novo ferramental conceitual que ajude os estudiosos, os profissionais e os pesquisadores em Direito a enfrentar dilemas normativos e interpretativos. (...). Em Países em desenvolvimento como o Brasil o emprego eficiente dos recursos existentes deve ser uma prioridade nacional. Para enfrentar seus problemas, a sociedade brasileira necessita de instrumentos jurídicos eficientes que estimulem as atividades produtivas, a resolução de conflitos de forma pacífica, a democracia, a livre iniciativa, a inovação e a redução da corrupção e da burocracia, do desperdício e da pobreza. *O estudo dos incentivos postos pelos institutos jurídicos faz parte deste esforço, e os estudiosos do Direito podem e devem tomar parte neste processo*" ("O que é Direito e Economia", in Luciano Benetti Timm (org.), *Direito & Economia*, Porto Alegre, Livraria do Advogados, 2008, p. 61).
17. Guido Calabresi, "Thoughts on the future of Economics", *Journal of Legal Education* 33/363, 1983, *apud* Bruno Meyerhof Salama, "O que é Direito e Economia", cit., in Luciano Benetti Timm (org.), *Direito & Economia*, p. 50.
18. Nas palavras de Bruno Meyerhof Salama: "A disciplina serve, antes de tudo, para iluminar problemas jurídicos e para apontar implicações das diversas possíveis escolhas normativas. Aqui me afasto tanto da visão do Direito e Economia como um conjunto de receitas de bolo (que é ridícula) quanto da visão de que a discussão sobre eficiência seja irrelevante para o Direito (que é míope, porque a construção normativa não pode estar isolada de suas consequências práticas)" ("O que é Direito e Economia", cit., in Luciano Benetti Timm (org.), *Direito & Economia*, p. 50).
19. A propósito, tornou-se célebre a referência à frase de Bruce Ackerman afirmando ser a abordagem econômica do Direito o mais importante desenvolvimento no estudo jurídico do século XX, conforme reportado em Robert Cooter e Thomas Ulen (*Direito & Economia*, cit., 5ª ed., p. 24).
20. Reforçadas, no direito administrativo, pela constitucionalização do princípio da eficiência no *caput* do art. 37, por meio da Emenda Constitucional 19/1998.
21. Interessantemente, Fábio Nusdeo refere-se à própria Economia como uma *caixa de ferramentas*: "Tudo isso leva a concluir que, no fundo, a chamada teoria econômica vem a ser um conjunto de modelos, isto é, um leque de explicações, cada qual aplicável a uma dada parcela da realidade e baseada em alguns pressupostos, sendo assim utilizáveis ou não, segundo estejam presentes ou ausentes aqueles pressupostos, numa dada situação fática. Por esta razão, *uma imagem bastante apropriada para a*

auxiliando e otimizando suas tarefas e repercutindo em melhores resultados.[22]

Dessa forma, a percepção de que o direito administrativo pós-moderno funciona como uma *caixa de ferramentas*, a um só tempo, joga luzes sobre a importância de:

(i) o princípio da eficiência funcionar como parâmetro/instrumento da Gestão Pública;

(ii) considerar-se que os institutos e as ações administrativas geram incentivos a determinadas finalidades;

(iii) conferir-se importância ao desenho institucional da Administração Pública;

(iv) atentar-se à compatibilidade entre a essência e a finalidade das ferramentas no momento de escolhê-las e combiná-las para veicular a ação administrativa; e

(v) identificar parâmetros auxiliares à escolha e à avaliação da manutenção das ferramentas, para que funcionem de forma pragmática e racional, pautadas pelos incentivos que geram e direcionadas à efetivação dos interesses públicos mirados.

Cada uma das proposições acima merece maior detalhamento, motivo pelo qual me dedico a elas na sequência.

teoria econômica é aquela segundo a qual pode ser vista como uma espécie de caixa de ferramentas, sendo as ferramentas os vários modelos construídos para explicar a realidade do mundo econômico, e a caixa um arcabouço teórico geral que os contém. Cabe ao analista usar a sua sensibilidade e o seu tirocínio para saber se utilizar deste ou daquele modelo contido na caixa, conforme o julgue mais apto para lidar com um determinado fato ou conjunto de fatos. Da mesma forma, um artífice ou artesão, quando chamado a reparar um aparelho que não funciona, ou a produzir uma obra, provavelmente chegará com a sua caixa de ferramentas, mas não as usará todas, escolhendo apenas aquelas que, no seu julgamento, melhor se adaptem à tarefa a ser executada. Dentro desta visão, a teoria econômica não constitui um corpo pronto e acabado de conhecimentos ou uma estruturação definitiva de proposições, formando leis imutáveis ou naturais, mas um processo constante, uma técnica de pensar aplicada a criar, desenvolver, aprimorar ou, se for o caso, refeitar modelos, com vista a torná-los sempre mais aptos e funcionais aos fins a que se destinam. A constatação acima em nada diminui o rigor e a utilidade da ciência econômica. Mostra apenas que ela deve procurar ser tão rica quanto o é a realidade a ser por ela analisada" (*Curso de Economia: uma Introdução ao Direito Econômico*, 6ª ed., São Paulo, Ed. RT, 2010, pp. 76-77 – grifos postos).

22. Ainda que não o possam escravizar, porquanto outros valores concorram com a eficiência econômica para seu funcionamento.

2.2 O princípio da eficiência

Até o ano de 1998 havia apenas duas referências à eficiência no texto constitucional: a primeira, feita pelo art. 74, II, dizia respeito à eficiência na gestão orçamentária, financeira e patrimonial nos órgãos e entidades da Administração Federal, bem como da aplicação de recursos públicos por entidades de direito privado; a segunda, prevista no art. 144, § 7º, dedicava-se pontualmente ao tema das atividades de segurança pública.

Com o advento da Emenda Constitucional 19, naquele mesmo ano, o princípio da eficiência ingressou em definitivo no texto constitucional, passando a compor o rol dos princípios que devem pautar a atuação da Administração Pública.

Não que a Administração Pública tivesse carta branca para ser ineficiente até então; mas essa positivação reforçou tal dever administrativo, avançando mais um degrau na escalada de sua importância.

Pois bem. O dever constitucional de eficiência, na forma como posto no ordenamento jurídico brasileiro, tem dupla operatividade, podendo funcionar[23] (i) como um postulado, que, junto ao princípio da proporcionalidade, orienta tanto a forma pela qual a Administração deve atingir seus fins quanto a intensidade que deve haver entre quantidade, qualidade e probabilidade dos meios escolhidos e as finalidades perseguidas,[24] e

---

23. Adoto, no ponto, a dupla classificação constante em: Fernando Leal, "Propostas para uma abordagem teórico-metodológica do dever constitucional de eficiência", *Revista Brasileira de Direito Público/RBDP* 14, Ano 4, Belo Horizonte, julho-setembro/2006 (disponível em *http://bid.editoraforum.com.br*, acesso em 7.2.2015).

Anote-se, por outro lado, que Humberto Ávila se refere à eficiência apenas como postulado, mas não como princípio, e que os autores controvertem acerca de qual seria a etapa do teste de proporcionalidade que abarcaria a eficiência: se a adequação, como dito por Ávila, ou a necessidade, como pontuado por Leal. Neste quesito fico com a posição defendida por Ávila, entendendo que o postulado da eficiência opera na etapa de adequação do postulado da proporcionalidade, na medida em que orienta a adequação entre o meio empregado e o fim eleito (cf.: Humberto Ávila, "Moralidade, razoabilidade e eficiência na atividade administrativa", *Revista Brasileira de Direito Público/RBDP* 1, Ano 1, Belo Horizonte, abril-junho/2003, disponível em: *http://bid.editoraforum.com.br*, acesso em 7.2.2015).

24. Cf.: Humberto Ávila, "Moralidade, razoabilidade e eficiência na atividade administrativa", cit., *Revista Brasileira de Direito Público/RBDP* 1 (disponível em *http://bid.editoraforum.com.br*, acesso em 7.2.2015).

também (ii) como uma situação ideal de coisas cuja realização deve ser almejada pelo Estado.[25]

Neste contexto, vale advertir que o menor custo representa apenas um dos componentes a se considerar, sendo comumente referido como princípio da economicidade,[26] na medida em que há considerações de qualidade e probabilidade que precisam ser analisadas para orientar a decisão.[27]

A eficiência pertinente ao direito administrativo como *caixa de ferramentas*, dessa forma, deve servir não como finalidade última, pronta e acabada, da função administrativa em si. O objetivo, aqui, não é o de máxima acumulação de riquezas a todo custo.[28] A eficiência deve ser,

25. É como expõe Fernando Leal: "Todas essas prescrições, sem embargo de uma possível conexão com outras finalidades mais ou menos imediatas, se vistas em conjunto, existem para tornar a máquina estatal funcionando de modo a produzir os melhores resultados a partir das incontornáveis limitações de recursos. Nesse sentido, seria aquele estado de coisas (que podemos chamar de *eficiente*) um fim *externo* à realização de qualquer finalidade que envolva (também) decisões de caráter econômico ou orçamentário. Não estaria este 'princípio da eficiência' atado às características dos sujeitos ou objetos atingidos, mas seria uma finalidade inerente ao próprio Estado, que tem de alocar recursos, prestar serviços públicos e garantir condições materiais e instrumentais para a fruição de direitos" ("Propostas para uma abordagem teórico-metodológica do dever constitucional de eficiência", cit., *Revista Brasileira de Direito Público/RBDP* 14, disponível em *http://bid.editoraforum.com.br*, acesso em 7.2.2015).

26. Cf. Antônio Carlos Flores de Moraes, *Legalidade, Eficiência e Controle da Administração Pública*, Belo Horizonte, Fórum, 2007, p. 215.

27. As palavras de Humberto Ávila ajudam a esclarecer o ponto: "Eficiente é a atuação administrativa que promove de forma satisfatória os fins em termos quantitativos, qualitativos e probabilísticos. Para que a Administração esteja de acordo com o dever de eficiência, não basta escolher meios adequados para promover seus fins. A eficiência exige mais do que mera adequação. Ela exige satisfatoriedade na promoção dos fins atribuídos à Administração. Escolher um meio adequado para promover um fim, mas que promove o fim de modo insignificante, com muitos efeitos negativos paralelos ou com pouca certeza, é violar o dever de eficiência administrativa. O dever de eficiência traduz-se, pois, na exigência de promoção satisfatória dos fins atribuídos à Administração Pública, considerando promoção satisfatória, para esse propósito, a promoção minimamente intensa e certa do fim" ("Moralidade, razoabilidade e eficiência na atividade administrativa", cit., *Revista Brasileira de Direito Público/RBDP* 1, disponível em *http://bid.editoraforum.com.br*, acesso em 7.2.2015).

28. Como parece anotar Alexandre Santos Aragão: "A eficiência não pode ser entendida apenas como maximização do lucro, mas sim como um melhor exercício das missões de interesse coletivo que incumbem ao Estado, que deve obter a maior

ela própria, um parâmetro de orientação e avaliação na escolha das ferramentas, para que em maior grau realizem as finalidades de interesse público em concreto e os direitos fundamentais. Em suma: as ferramentas sempre servem a outros fins que não apenas à eficiência, mas o arranjo deve ser eficiente como um dever instrumental, justamente para favorecer a efetivação desses outros fins.[29]

Para ilustrar, imagine-se uma política pública como o "Bolsa Família", que se vale da transferência direta de renda para famílias em situação de pobreza e extrema pobreza, a fim de influenciar a mudança desse patamar. É possível que um formato no qual a renda é pura e simplesmente transferida, sem a exigência ao atendimento de condicionantes em contrapartida, como a manutenção dos filhos regularmente matriculados em instituições de ensino, seja significativamente menos eficiente em seu propósito. A finalidade, aqui, segue sendo a transferência de renda, e não a eficiência em si. Mas a eficiência, enquanto parâmetro que incide sobre o desenho e a combinação das ferramentas, implica que o modelo adote condicionantes com esse viés, justamente em prol da finalidade de incrementar a dignidade humana[30] de seus destinatários, por meio da ascensão de seu patrimônio econômico e jurídico, considerando-se o nível de efetividade de seus direitos fundamentais.

realização prática possível das finalidades do ordenamento jurídico, com os menores ônus possíveis, tanto para o próprio Estado, especialmente de índole financeira, como para as liberdades dos cidadãos. (...). O Direito deixa de ser aquela ciência preocupada apenas com a realização lógica dos seus preceitos; desce do seu pedestal para aferir se esta realização lógica está sendo apta a realizar os seus desígnios na realidade da vida em sociedade. Uma interpretação/aplicação da lei que não esteja sendo capaz de atingir concreta e materialmente os seus objetivos não pode ser considerada como a interpretação mais correta" ("O princípio da eficiência", *Revista Brasileira de Direito Público/RBDP* 4, Ano 2, Belo Horizonte, janeiro-março/2004).

29. Lester M. Salamon observa: "Valores importantes também estão em jogo, como já vimos, e vários valores com isso. A utilização de contratos pode, assim, servir ao objetivo de eficiência, mas esta é apenas uma das metas que a ação pública pode promover utilmente. Na era da nova governança, um *design* de política pública efetivo requer informações não só sobre as ferramentas disponíveis e o contexto no qual serão aplicadas, mas também sobre a hierarquização dos objetivos a concretizar. Portanto, o *design* de ferramentas requer uma mistura de julgamento técnico e político" ("The tools approach and the new governance: conclusions and implications", in Lester M. Salamon (coord.), *The Tools of Government: a Guide to the New Governance*, Nova York, Oxford University Press, 2002, p. 607).

30. Sobre o tema, cf.: Luís Roberto Barroso, *A Dignidade da Pessoa Humana no Direito Constitucional Contemporâneo*, Belo Horizonte, Fórum, 2012.

Nesse contexto, a eficiência pode ser assimilada por uma dupla instrumentalidade, na medida em que ela própria é instrumento orientativo da escolha entre ferramentas e distintas estratégias que, por sua vez, também instrumentalizam a realização de determinada finalidade de interesse público.

Dessa forma, a eficiência não atua sozinha na escolha das ferramentas e linhas de ação. Sua incidência opera como que em segundo grau, sobre o instrumento que será utilizado, e debaixo da finalidade de interesse público buscada. A eficiência é, pois, "limitada pelo Direito vigente".[31]

Pois bem. Atendo-me à eficiência como postulado que interage com a proporcionalidade, a fim de checar a relação de intensidade entre os fins perseguidos pela Administração e os meios empregados para atingir esses fins, ganha especial importância a percepção de que o nível dessa intensidade estará presente, para o que aqui importa: (i) na medida da compatibilidade entre a ferramenta de direito administrativo escolhida e a finalidade perseguida; e (ii) na consideração dos parâmetros que devem orientar a escolha das ferramentas, à luz do caso concreto.

Com efeito, ainda que não seja possível exigir do gestor público que adote o melhor meio de todos para realizar a finalidade pública identificada, simplesmente porque várias estratégias viáveis existirão, sem que se possa de antemão saber qual será a melhor dentre elas, a proposta de Humberto Ávila, no sentido de que, noutro extremo, também não se pode admitir a adoção do meio menos intenso, seguro e satisfatória, cai

31. Como argumenta Tércio Sampaio Ferraz Jr.: "O saber dogmático contemporâneo, como tecnologia em princípio semelhante às tecnologias industriais, é um saber em que a influência da visão econômica (capitalista) das coisas é bastante visível. A ideia do cálculo em termos de relação custo-benefício está presente no saber jurídico--dogmático da atualidade. Os conflitos têm de ser resolvidos juridicamente com o menor índice possível de perturbação social: eis uma espécie de premissa oculta na maioria dos raciocínios dos doutrinadores. *É óbvio que, nesse cálculo, não conta só a eficiência das relações propostas, pois a eficiência vem limitada e dimensionada pelo Direito vigente* (quer no sentido de normas postas pelo Estado – leis, regulamentos, atos administrativos –, quer no sentido de normas costumeiras, quer no sentido de princípios gerais de ordem ética, lógica e técnica). Ou seja, o cálculo jurídico leva em consideração os limites dogmáticos em face das exigências sociais, procurando, do melhor modo possível, criar condições para que os conflitos possam ser juridicamente decidíveis" (*Introdução ao Estudo do Direito: Técnica, Decisão, Dominação*, São Paulo, Atlas, 2010, p. 61 – grifos postos).

como uma luva para a abordagem do direito administrativo como *caixa de ferramentas*.³²

O reconhecimento de que os mecanismos de direito administrativo postos à disposição dos gestores são ferramentas (i) e que a prioritária missão que se tem pela frente é a de aprimorar o exercício da função administrativa e o grau de efetivação de interesses públicos e direitos fundamentais, mediante o aperfeiçoamento do manuseio dessas ferramentas (ii), aponta que vale a pena envidar os melhores esforços para que, dentro de uma palheta de possibilidades, do menor ao maior grau de intensidade de realização da função administrativa no caso concreto, se consiga escolher as ferramentas que com mais intensidade realizem seus objetivos.

Dessa maneira, a incompatibilidade entre as ferramentas escolhidas para veicular determinada ação administrativa e as finalidades que se pretende efetivar por meio delas constituirá, prontamente, a hipótese de menor intensidade no cumprimento do dever constitucional de eficiência, importando a quebra desse dever.

Além disso, a fixação de parâmetros que possam orientar a escolha das ferramentas pelo gestor público, à luz da finalidade eleita, poderá colaborar de maneira significativa para um maior nível de intensidade na realização do princípio da eficiência, dentro do espectro anteriormente fixado.

A esta altura é interessante recorrer à Economia para observar o estabelecimento de dois critérios de eficiência distintos: a eficiência de *Pareto* e a eficiência de *Kaldor-Hicks*.

O conceito de eficiência de Pareto considera uma situação como eficiente quando não seja possível implementar uma melhora em benefício de determinado agente sem piorar a situação de, pelo menos, outro agente.³³ Assim, se for possível promover redistribuição da riqueza entre os agentes de forma que alguns sejam postos em situação de melhora mas

---

32. Segundo Humberto Ávila: "Mas se a Administração não tem o dever de escolher o 'mais intenso', o 'melhor' e o 'mais seguro' meio para atingir o fim, pergunta-se: pode a Administração escolher o meio 'menos intenso', 'pior' e 'menos seguro' para atingir um fim? Certamente, não. Pois é precisamente aqui que entra em cena o dever de eficiência administrativa" ("Moralidade, razoabilidade e eficiência na atividade administrativa", cit., *Revista Brasileira de Direito Público/RBDP* 1, disponível em *http://bid.editoraforum.com.br*, acesso em 7.2.2015).

33. Nesse sentido: Miranda Benjamin Tabak, *A Análise Econômica do Direito: Proposições Legislativas e Políticas Públicas*, Núcleo de Estudos e Pesquisas da

sem que haja piora na situação dos demais agentes, restaria descrita uma situação ótima segundo a ótica de Pareto.

Por sua vez, o conceito de eficiência de *Kaldor-Hicks* preconiza que a eficiência de determinada medida será definida pela confrontação de seus benefícios e custos sociais. Assim, a medida será considerada eficiente se os benefícios (ainda que potenciais) usufruídos por parte da sociedade forem maiores que a perda sofrida por alguns indivíduos.[34] Exatamente como no caso da eficiência em ações públicas mais amplas, que por isso exigem a adoção de um conceito mais geral de eficiência,[35] como o veiculado pela eficiência de *Kaldor-Hicks*.

Isso porque, uma vez que a sociedade tem recursos limitados para serem alocados em ações públicas, invariavelmente, o estabelecimento de dada ação pressuporá a alteração das condições anteriormente firmadas, o que implicará a melhora de alguns indivíduos e o prejuízo de outros. Entretanto, esses prejuízos serão aceitos se os efeitos positivos gerados sobre aqueles beneficiados com as ações escolhidas compensarem os efeitos negativos gerados sobre aqueles que forem prejudicados.[36]

Com efeito, para verificar a eficiência de eventuais proposições de ações públicas o agente público terá que perquirir se o benefício total da introdução de determinada medida é maior que o custo total suportado pela sua introdução. Caso o seja, ela será eficiente no sentido de *Kaldor--Hicks*.

O dever de eficiência constitucional, de tal modo, está intimamente relacionado com as estratégias escolhidas para proceder, por exemplo, a reformas de marcos regulatórios e formulação de políticas públicas, bem como ao exercício das funções administrativas como um todo.

Dessa feita, ainda que encontrar o arranjo jurídico perfeito para uma ação administrativa possa ser considerado apenas um ideal, seguirá

Consultoria Legislativa do Senado Federal, Texto para Discussão 157, outubro/2014 (disponível em *www12.senado.gov.br/publicacoes*, acesso em 14.7.2015).

34. Liborio L. Hierro, *Justicia, Igualdad y Eficiencia*, Madri, Centro de Estudios Políticos y Constitucionales, 2002, p. 22.

35. Cf.: Miranda Benjamin Tabak, *A Análise Econômica do Direito: Proposições Legislativas e Políticas Públicas*, cit. (disponível em *http://www12.senado.gov.br/publicacoes*, acesso em 14.7.2015).

36. Nesse sentido: Ana Paula Martinez, "Análise de custo-benefício na adoção de políticas públicas e desafios impostos ao seu formulador", *Revista de Direito Administrativo/RDA* 251, 2009.

valendo a pena o esforço de desenhar instituições e escolher ferramentas de direito administrativo neste propósito, a fim de gerarem os melhores incentivos possíveis.

É preciso, pois, dar o passo seguinte, voltando o foco para os incentivos que os desenhos institucionais e as ferramentas intrinsecamente geram. Entender o Direito não como fim em si, mas como instrumento a serviço de objetivos predefinidos.

2.3 As ferramentas de direito administrativo e a lógica dos incentivos

Seguindo adiante na linha do Direito e Economia, um ponto fundamental para que a abordagem do direito administrativo como *caixa de ferramentas* funcione bem está no critério norteador da escolha e manutenção dessas ferramentas em operação.

A seleção das ferramentas de direito administrativo para endereçar finalidades públicas não deve ser feita a partir de assunções unicamente intuitivas, ou mesmo reativas[37] a acontecimentos de impacto,[38] como tem sido comum notar.

Os exemplos do desmoronamento de prédios no Centro do Rio de Janeiro, no ano de 2012, e do incêndio na boate *Kiss* no Rio Grande do Sul, no início de 2013, são emblemáticos neste sentido. Ao primeiro correspondeu a edição da NBR-16280:2014 da ABNT, que trata de reformas de edificações, estabelecendo sistema de gestão e requisitos de processos,

---

37. Esse caráter reativo é especialmente notado no direito penal, no qual volta e meia retorna à cena a proposta de redução da maioridade, embalada em resposta a alguma tragédia envolvendo a prática de crimes por jovens que ainda não completaram 18 anos, como o caso do médico ciclista esfaqueado em um dos cartões postais do Rio de Janeiro, a Lagoa Rodrigo de Freitas, por adolescentes que não atingiram a maioridade penal.

38. José Vicente Santos de Mendonça trata da hipótese em artigo de opinião: "Após uma tragédia como a de Santa Maria, duas coisas são certas de ocorrer: consternação e super-regulação. Quanto à tristeza, não há nada a se dizer, mas tudo a se compartilhar. Este artigo se concentra na super-regulação, sobre a qual há muito a discutir. (...). Em resposta a tragédias como a de Santa Maria, o Estado regula muito e regula mal. Se aos cidadãos é legítimo reagir emocionalmente, do Estado se espera menos emoção e mais racionalidade" ("Risco, miopia regulatória e super-regulação: lições não intuitivas de Santa Maria", *Gazeta do Povo* – disponível em http://www.gazetadopovo.com.br/opiniao, acesso em 16.2.2015).

projetos, execução e segurança de reformas de edificações, exigindo a participação de engenheiros e arquitetos no planejamento da intervenção em área privativa de imóveis. Por força do segundo foram apresentados ao menos três projetos de leis da Câmara dos Deputados (e prováveis tantos outros em nível estadual e municipal) – 4.923/2013, 4.924/2013 e 4.925/2013 – estipulando normas de segurança e funcionamento para as casas noturnas de todo o País, responsabilidades de seus proprietários, padronização de sistemas de pagamento – dentre outros.

É preciso planejar e identificar as alternativas à disposição para, a partir delas, racionalmente escolher as que gerem os melhores incentivos em prol da realização do objetivo enfocado.[39]

Os incentivos estão em todo lugar. Somos diariamente estimulados e desestimulados pelo que nossos sentidos são capazes de perceber, e pautamos muitas de nossas formas de relacionamento e comunicação nos incentivos que nossas experiências de vida, pontos de vista e argumentos podem apresentar.

Lojas se valem de cartões de fidelidade para incentivar seus clientes a consumir mais e com maior regularidade; programas de milhagem são criados no mesmo propósito, oferecendo prêmios (recompensas) pela quantidade de utilização; dirigir acima da velocidade máxima permitida é desincentivado sob a ameaça de multa; e oportunidades são criadas para suprir carências por meio de incentivos, como se nota em Países europeus com baixas taxas de natalidade, que desenvolvem estímulos econômicos para incentivar sua população a se reproduzir e ter mais filhos.[40]

39. Anthony Ogus traz interessante passagem que pode ser relacionada ao ponto: "Este livro se origina na convicção de que as abordagens tradicionais do direito público e do direito administrativo falharam em resolver algumas questões-chave no que refere à regulação da atividade comercial e industrial. Aqueles que foram treinados na tradição britânica, particularmente na de Dicey, são obcecados com a dimensão institucional do direito público: como são alocados os Poderes para controlar os comportamentos entre diferentes autoridades públicas e semipúblicas; e como o exercício destes Poderes pode ser constrangido por princípios de responsabilização. Mas *o direito público não se refere apenas a prevenir o abuso de poder; mas também a selecionar as formas legais que permitam melhor alcançar os objetivos das escolhas coletivas*" (*Regulation: Legal Form and Economic Theory*, Oxford, Hart Publishing, 2004, p. iii – grifos postos).

40. Para incrementar a natalidade Portugal tem cidades que chegam a oferecer uma "Bolsa Bebê", no valor de R$ 15.000,00, e especialistas vêm propondo um con-

Incentivos são considerados pela Economia como preços implícitos, fazendo com que os agentes econômicos procurem diminuir seus custos e aumentar seus benefícios.[41] Trazidos ao contexto jurídico, os incentivos representam a replicação desse raciocínio, na medida em que os destinatários do arranjo jurídico no qual estão situados tentarão, da mesma forma, diminuir seus custos (deveres) e aumentar seus benefícios (direitos).

Como as ferramentas de direito administrativo são mecanismos que incentivam condutas a finalidades predefinidas, o norte da ação admi-

junto de medidas fiscais, trabalhistas e de seguridade social neste sentido (cf.: http://g1.globo.com, acesso em 1.7.2015).

41. Conforme conceito cunhado por Bruno Meyerhof Salama: "Incentivos são preços implícitos. Nos mercados, indivíduos procuram maximizar seus benefícios realizando escolhas que minimizem seus custos e maximizem seus benefícios. Assim, consumidores geralmente irão consumir menor quantidade de um bem quando o preço subir, e maior quantidade quando o preço cair. Já, os produtores geralmente seguirão o caminho inverso (produzirão maior quantidade quando o preço subir e menor quantidade quando o preço cair). As condutas humanas, inseridas em determinado contexto institucional, podem seguir uma dinâmica parecida. Por exemplo: de acordo com o Código Nacional de Trânsito, exceder o limite de velocidade em uma rodovia enseja o pagamento de multa. Portanto, ao dirigir um automóvel em alta velocidade cada motorista irá sopesar, de um lado, (a) o benefício auferido com o aumento da velocidade (em virtude, por exemplo, do prazer de dirigir em alta velocidade ou do menor tempo do percurso) e, de outro, (b) o custo da multa por excesso de velocidade ponderado pela probabilidade de que haja autuação e imposição da multa. Neste caso específico, os incentivos legais resultam do limite de velocidade estabelecido em lei, do valor da multa e da eficácia da fiscalização" ("O que é Direito e Economia", cit., in Luciano Benetti Timm (org.), *Direito & Economia*, pp. 55).

A propósito do exemplo apresentado pelo autor, vale a pena conferir o raciocínio desenvolvido por Michael Sandel, para quem, do ponto de vista filosófico, a intromissão da lógica de mercado em setores da sociedade que deveriam ser regidos por outros valores morais tem gerado distorções, exatamente como a de quem 'faz a conta' de quanto custa andar acima da velocidade máxima permitida. Para nós, aqui, uma falha de incentivo que poderia ser superada com a remodelagem jurídica das ferramentas empregadas. Aliás, como se extrai do próprio exemplo trazido por Sandel de que na Finlândia a fixação do valor da multa de trânsito considera a capacidade contributiva do infrator, tendo isso levado a uma histórica multa de trânsito de US$ 104,000.00, aplicada no ano de 2001 ao então Presidente da Nokia (Michael Sandel, *O que o Dinheiro Não Compra: os Limites Morais do Mercado*, São Paulo, Civilização Brasileira, 2012).

nistrativa, portanto, deve estar nos incentivos que essas ferramentas são capazes de produzir.[42-43]

Essa lógica há de permear a ação administrativa como um todo, o que importa dizer que os incentivos funcionam como critério balizador, a um só tempo, (i) da escolha das ferramentas na formulação da ação administrativa e (ii) do desenho e da manutenção das instituições.[44]

Dessa maneira, o recurso ao direito administrativo enquanto *caixa de ferramentas* ocorrerá, por exemplo, não apenas no momento de formular uma política pública, definindo os mecanismos jurídicos que irão instrumentalizá-la. Servirá também a acompanhar a evolução das ações administrativas ao longo do tempo, especialmente porque, na medida em que interagem com a realidade, transformam-se em verdadeiros organismos vivos, em constante alteração.

Como os agentes econômicos, a bem dizer, se adaptam aos sistemas de incentivos, de modo a alcançarem os maiores benefícios possíveis dentro do arranjo posto, essa constante e acelerada mutação cria espaço para que as fugas regulatórias aconteçam, fazendo com que uma modelagem que hoje funciona amanhã passe a produzir efeitos imprevistos e indesejáveis.

Neste cenário, políticas regulatórias vêm sendo testadas e reelaboradas a fim de que seus incentivos guardem compatibilidade com suas finalidades,[45] é bom que se anote, sob pena de ficarem relegadas ao

---

42. Lester M. Salamon toca no ponto, sob a ótica da Gestão Pública: "Ao invés de proferirem ordens, gestores públicos devem aprender como criar incentivos para os resultados que almejam dos atores sobre os quais aqueles têm apenas um controle imperfeito" ("The new governance and the tools of public action: an introduction", in Lester M. Salamon (coord.), *The Tools of Government: a Guide to the New Governance*, Nova York, Oxford University Press, 2002, p. 15).

43. De sua parte, Carlos Emmanuel Joppert Ragazzo afirma essa lógica dos incentivos ao definir o que é um marco regulatório: "Um marco regulatório é uma engrenagem que visa a criar uma estrutura de incentivos para os agentes que participam do respectivo setor" (*Regulação Jurídica, Racionalidade Econômica e Saneamento Básico*, Rio de Janeiro, Renovar, 2011, p. 241).

44. O ponto será retomado adiante.

45. Giandomenico Majone prenuncia: "Sob a abordagem de comando e controle, políticas públicas raramente eram, quando eram, designadas a começar com uma consideração explícita dos incentivos dos vários agentes. A compatibilidade de incentivos é considerada atualmente uma importante condição de eficácia, e políticas regulatórias estão sendo reelaboradas para torná-la compatível com incentivos".

anacronismo e à ineficiência regulatória. Ou, ainda, produzirem reformas geradoras de paralisia e resultados negativos, ao invés de aumentar o bem-estar.[46]

Diante da importância dos incentivos para escolher, manter e reformular as ações administrativas à luz da *caixa de ferramentas* que o gestor público tem à sua disposição, outro tema ascende em importância, merecendo, agora, ser tratado.

Além de encerrarem importante papel metodológico de ponto de conexão entre o Direito, a Economia, a ciência da Administração e a ciência política, as instituições exercem também um papel central na geração de incentivos,[47] de modo que compreender seu significado e função, a partir

---

E mais adiante arremata: "A característica única mais importante das formas mais novas de regulação econômica e social é que seu sucesso depende de influenciar as atitudes, os incentivos, os hábitos de consumo e os padrões de produção de milhões de indivíduos e milhares de empresas, associações privadas e unidades locais de governo" (Giandomenico Majone, "As transformações do Estado Regulador", *Revista de Direito Administrativo/RDA* 262/11-43, Rio de Janeiro, janeiro-abril/2013).

46. De acordo com Viktor J. Vanberg: "As alterações legislativas das regras do jogo estão associadas a severos problemas de conhecimento e de incentivos que, frequentemente, fazem que iniciativas bem intencionadas resultem em reformas que, em vez de incrementar o bem-estar, produzem efeitos negativos" ("Mercados y regulación: el contraste entre el liberalismo del libre mercado y el liberalismo constitucional", *Revista Isonomía* 17/95, México, 2002, disponível em *www.biblioteca. org.ar*, acesso em 20.12.2014).

47. Como observa Maria Paula Dallari Bucci, à luz da interdisciplinaridade das políticas públicas: "Uma estratégia possível para uma metodologia de análise jurídica de políticas públicas é identificar noções ou abordagens comuns em relação aos ramos do conhecimento envolvidos, buscando estabelecer correspondências epistemológicas. Uma noção que parece viabilizar essa conexão é a de instituição, adotada pelas escolas neoinstitucionalistas da ciência política recente como base para a fundamentação teórica da análise de políticas públicas. (...). A hipótese de trabalho é que a noção de instituição tem sido utilizada, nesses diferentes contextos, como elemento de conexão entre diversos campos do saber, a ciência política e a Economia (escolha pública); a Gestão Pública, a sociologia das organizações e a ciência política (neoinstitucionalismo organizacional); a ciência política, a História e a Sociologia (neoinstitucionalismo histórico); o Direito e a Economia, e assim por diante. Não é casual a referência à noção de instituição como suporte para o trabalho teórico com políticas públicas, considerando que o mais tormentoso desafio é exatamente compor as contribuições dos diversos campos do conhecimento em totalidades articuladas" ("Notas para uma metodologia jurídica de análise de políticas públicas", cit., *Fórum Administrativo – Direito Público – FA* 104, disponível em *http://bid.editoraforum. com.br*, acesso em 17.2.2015).

de aportes da nova economia institucional, irá colaborar para aquilatar a abordagem do direito administrativo como *caixa de ferramentas*.

2.4 Instituições, nova economia institucional e incentivos

A nova economia institucional é uma das mais valiosas contribuições da Economia para o Direito. A partir dela é possível encontrar as bases para compreender as instituições e, desse ponto, investigar seu papel e sua importância sob a ótica jurídica.

Para isso, no entanto, é necessário dar um passo atrás e investigar o conceito de *instituição*, o que farei partindo desde sua linha precedente de pensamento: o institucionalismo.[48]

2.4.1 Institucionalismo e conceito de instituição

A definição de *instituição*[49] não encontra consenso fácil na Economia, que sobre ela controverte detidamente, numa constante evolução conceitual que, a princípio, poderá parecer contraintuitiva ao operador do Direito.

Os institucionalistas, como Thorstein Veblen, Walton Hamilton e John Commons, já apresentavam, entre si, conceitos variados para o termo "instituição".

Thorstein Veblen,[50] talvez o principal representante desta linha de pensamento, compreendia as instituições como condutas e hábitos reite-

---

[48]. Para evitar confusão, esclareço que alguns autores costumam se referir a um "velho institucionalismo", em contraponto à "nova economia institucional". Como disse, creio que "institucionalismo" seja suficiente, para que se evite qualquer carga de valor a que a expressão "velho" ou, mesmo, "antigo" possa remeter.

[49]. Desde já fixo o alerta, como notado por Maria Paula Dallari Bucci, de que o termo "instituição" costuma ser empregado em âmbito jurídico em outro sentido, para designar entidades, o que a Economia, a ciência política e a Administração melhor definem referindo-se a "organização". Dessa maneira, para permitir o diálogo interdisciplinar, conveniono que não irei me referir, ao longo do estudo, a instituições no sentido de entidades: "No contexto do Direito, instituições não são normas ou pelo menos não são simplesmente normas. Aproximam-se mais da figura das organizações, o que, todavia, conflita com a visão mais corrente na ciência política" (Maria Paula Dallari Bucci, "Notas para uma metodologia jurídica de análise de políticas públicas", cit., *Fórum Administrativo – Direito Público – FA* 104, disponível em http://bid.editoraforum.com.br, acesso em 17.2.2015).

[50]. Thorstein Veblen, *The Theory of the Leisure Class: an Economic Study of Institutions*, 1889.

rados em dado contexto histórico. Dessa forma, uma classe de indivíduos que se abstêm do trabalho produtivo, a denominada "classe ociosa" (*leisure class*), seria uma instituição, da mesma maneira que o seria o hábito capitalista de o dono do negócio muitas vezes não cuidar de seu empreendimento diretamente.

Para Walton Hamilton,[51] por sua vez, *instituições* seriam convenções e procedimentos decorrentes dos hábitos de um grupo ou do comportamento humano. A cultura, a seu ver, por exemplo, sintetizaria instituições existentes em diferentes domínios. Sua definição, extremamente ampla, rotula de instituição até mesmo objetos triviais, fixando que tanto a conduta moral quanto uma moeda seriam instituições, ainda que ostentando diferentes graus de importância.

Já, John Commons[52] cuidava da instituição como ação coletiva que controla, libera e expande a ação individual, sempre resultando em ganho ou perda para algum outro indivíduo. Serviria de exemplo a seu conceito um contrato, no qual o débito de uma parte é, também, o crédito da contraparte. Ou seja: o contrato limita a ação dos dois polos da transação, criando uma relação de correspondência entre ônus e bônus. Dessa forma, instituições definiriam o que o indivíduo pode, não pode, deve ou não deve fazer na coletividade. Assim, Estado, família e corporação seriam exemplos de instituições.

As definições institucionalistas são importantes pelo pioneirismo e por avançarem no tema institucional. Mas, devido à sua abrangência, encaram a dificuldade em delimitar com maior clareza o conceito de instituição.

Ao reforçarem outros vieses do conceito, os autores da nova economia institucional o levam adiante, colaborando para uma definição diferente e mais clara.[53]

51. Walton H. Hamilton, "Institution", *Encyclopaedia of the Social Sciences*, vol. 8, Nova York, MacMillan, 1932, pp. 84-89.
52. John R. Commons, "Institutional economic", *The American Economic Review* 21/648-657, 1931.
53. Diferenciar institucionalismo e nova economia institucional não é tarefa fácil. Para Felipe Guerra de Figueiredo, apoiado em Geoffrey Hodgson, as diferenças seriam as seguintes: (i) os novos institucionalistas procuram explicar o surgimento das instituições a partir dos indivíduos, e só depois de criadas é que as instituições influenciariam esses indivíduos; ao passo que os institucionalistas rechaçam a consideração do indivíduo como um dado, eis que seriam, a um só tempo, produtores e produto das instituições; (ii) o institucionalismo associa mais o conceito de instituição à ideia de hábito, enquanto a nova economia institucional se vale mais da ideia de

2.4.2 Nova economia institucional e conceito de instituição

Douglass North, um dos principais autores da nova economia institucional, confere às instituições o conteúdo de restrições desenvolvidas pelo homem que estruturam as interações políticas, econômicas e sociais, podendo ser classificadas em restrições informais (sanções, tabus, costumes, tradições e códigos de conduta) e regras formais (Constituições, leis, direitos de propriedade), sempre com o propósito de reduzir a incerteza para estabelecer uma estrutura estável à interação humana.[54]

Trata-se de definição relevante, porque enfatiza dois importantes aspectos das instituições.

Primeiramente, sua consideração enquanto regras e restrições relativas ao que as pessoas podem fazer nos seus relacionamentos em sociedade, de modo que uma instituição será sempre uma regra, ostentando um caráter restritivo e estruturando o que é permitido às pessoas fazerem.

Por outro lado, a definição de North também deixa claro que instituições possuem tanto aspectos formais (regras formalizadas em documentos, por exemplo, como é o caso do Direito codificado) quanto informais (como, por exemplo, regras de relacionamento consolidadas pelo hábito e pela cultura de uma sociedade).[55]

---

regra e seus mecanismos de cumprimento (*enforcement*) (Felipe Guerra de Figueiredo, *Nova Economia Institucional e o Setor Sucroenergético Brasileiro: Análise das Medidas Intervencionistas no Setor sob a Ótica da Teoria da Agência Positiva*, dissertação de Mestrado apresentada ao Programa de Pós-Graduação em Economia da Universidade Federal do Rio de Janeiro/UFRJ, Rio de Janeiro, 2013, pp. 20-21; Geoffrey Hodgson, "The approach of institutional economics", *Journal of Economic Literature* 36/166-192, março/1998).

54. Nas palavras do autor: "Instituições incluem qualquer forma de coação que os seres humanos inventam para formar a interação humana. São instituições formais ou informais? Elas podem ser as duas coisas. E eu estou interessado tanto nos constrangimentos formais – tais como regras criadas pelos seres humanos – e em constrangimentos informais – como convenções e códigos de conduta. Instituições podem ser criadas, como foi a Constituição dos Estados Unidos; ou elas podem simplesmente se desenvolver ao longo do tempo, tal como a *Common Law*. (...). Constrangimentos institucionais incluem tanto o que indivíduos são proibidos de fazer e, algumas vezes, condições sob as quais a alguns indivíduos é permitido executar determinadas tarefas". E, adiante, assevera: "A principal função das instituições numa sociedade é reduzir incertezas ao estabelecer uma estrutura estável (não necessariamente eficiente) para a interação humana" (Douglass C. North, *Institutions, Institutional Change and Economic Performance*, Cambridge University Press, 1990, pp. 4-6).

55. A fim de afastar confusões, Douglass North distingue "instituições" de "organizações", nos termos da seguinte passagem: "Organizações incluem corpos

A segunda definição pertence a Eiriki G. Furubotn e Rudolf Richter e se embasa no caminho pavimentado por North. Para eles uma instituição é um conjunto de regras formais e informais, incluindo os arranjos que garantem sua obediência, com o propósito de orientar o comportamento humano em dada direção, reduzindo a incerteza nas relações humanas quando consegue alcançar este objetivo.

Além disso, Furubotn e Richter tocam em um ponto de especial interesse à argumentação aqui desenvolvida, fixando que "as instituições definem a estrutura de incentivos das sociedades e das economias especificamente".[56]

Dessa feita, além de reconhecer aspectos formais e informais das instituições, a definição vai além, reconhecendo que instituições compreendem também os mecanismos de cumprimento dessas regras, e não só as próprias regras. E, ainda, principalmente, que as instituições são

políticos (partidos políticos, o Senado, um conselho municipal, uma agência reguladora), corpos econômicos (empresas, sindicatos, fazendas familiares, cooperativas), corpos sociais (igrejas, clubes, associações atléticas) e corpos educacionais (escolas, universidades, centros de treinamento vocacional). Eles são grupos de indivíduos ligados por algum propósito comum para alcançar objetivos. Modelar organizações é analisar estruturas de governança, habilidades e como o aprendizado pela atividade *[learning by doing]* determinará o sucesso da organização ao longo do tempo. Tanto o modo pelo qual as organizações vêm a existir e o modo como elas se desenvolvem são fundamentalmente influenciados pelo quadro institucional. Em contrapartida, eles influenciam como o quadro institucional se desenvolve (...). Organizações são criadas com intenção propositiva em consequência do conjunto de oportunidades resultante da existência de um conjunto de constrangimentos (institucionais ou tradicionais da teoria econômica) e no curso das tentativas para alcançar seus objetivos são os principais agentes de mudança institucional" (Douglass C. North, *Institutions, Institutional Change and Economic Performance*, cit., p. 5).

56. Nas palavras dos autores, consolidando as duas passagens, uma instituição pode ser definida: "(...) como um conjunto de regras formais e informais, incluindo seus arranjos de aplicação. A proposta de cada instituição é, claro, guiar comportamentos individuais numa direção particular. E, enquanto tem sucesso em realizar esse objetivo, instituições oferecem estrutura para atividades cotidianas e assim reduzem incertezas nas relações humanas. Com efeito, instituições definem o incentivo estruturante das sociedades e especificamente das economias. (...). Quando efetivamente em funcionamento, então, instituições podem se entendidas como dispositivos para redução de incertezas, simplificação de tomadas de decisões e promoção de cooperação entre as pessoas, para que os custos de coordenação econômica e outras atividades possam ser reduzidos" (Eiriki G. Furubotn e Rudolf Richter, *Institutions and Economic Theory: the Contribution of the New Institutional Economics*, 2ª ed., The University of Michigan Press, 2005, p. 7).

importantes por definirem a estrutura de incentivos das sociedades e de suas economias.

Essa definição é relevante para explicitar que as regras não representam apenas barreiras e restrições, mas também incentivam e oferecem oportunidades aos seus destinatários. Isso ocorre porque as instituições em muitos casos definem quais indivíduos têm a possibilidade de impor sua vontade para a solução de situações de conflito, o que lhes dá a chance de exercer poder.

Posto assim, uma síntese possível está em que instituições são tanto regras (formais e informais) quanto seus mecanismos de cumprimento capazes de restringir a ação dos agentes enquanto também estruturam incentivos e oportunidades.[57]

A regulação econômica, fenômeno com diversas repercussões jurídicas, é um bom exemplo de como a abordagem das instituições é importante.

Em matéria regulatória as instituições servem a mitigar as falhas de mercado, como concorrência imperfeita, externalidades, informação assimétrica e mercados incompletos, além de garantir a produção e a qualidade de bens públicos. E a otimização do processo de correção dessas falhas passa, necessariamente, pelo aprimoramento da estrutura institucional.[58] Tudo, exatamente, mediante o incentivo/desincentivo de condutas.

Definidas as instituições e sua importância para a Economia, vale a pena observar a aplicação da lógica das instituições ao Direito.

2.5 O Direito e a lógica das instituições

A lógica das instituições revela destacada utilidade ao Direito. Assim se pode afirmar porque as instituições apresentam uma leitura diferenciada das regras e de seus mecanismos de cumprimento, na medida em que devem ser vistos enquanto instrumentos de restrição ou geração de oportunidades aos agentes, estruturando os incentivos para as relações travadas na sociedade.

---

57. Cf. Felipe Guerra de Figueiredo, *Nova Economia Institucional e o Setor Sucroenergético Brasileiro: Análise das Medidas Intervencionistas no Setor sob a Ótica da Teoria da Agência Positiva*, cit., p. 18.

58. Segundo Anthony Ogus, "para desenvolver uma abordagem mais 'racional' da regulação, portanto, a prioridade é o estabelecimento de um quadro institucional mais coerente" (*Regulation: Legal Form and Economic Theory*, cit., p. 341).

Intrínseca a esta ideia está, portanto, fixada a importância da estabilidade e da segurança jurídica, bem como sua principal finalidade, que é a de incentivar condutas, sejam elas comissivas ou omissivas.

A este propósito, a colocação de Vernon Smith é certeira quando afirma que "as instituições importam porque as regras importam, e as regras importam porque os incentivos importam".[59]

Daron Acemoglu e James Robinson, economista e cientista político respectivamente, chegam a dizer, em seu prestigiado *Why Nations Fail*, que "os Países diferem em seu sucesso econômico por causa das diferenças entre suas instituições, as regras influenciando o modo de funcionamento de suas economias, e os incentivos que motivam as pessoas".[60]

É por meio do desenho das instituições que se criam arranjos para estimular os indivíduos a agirem em acordo a finalidades socialmente desejadas.[61]

Esse enfoque institucional não é propriamente novo ao Direito. Há linhas de estudo que muito bem o ilustram, como o Direito e Desenvolvimento, na medida em que relaciona o desenvolvimento nacional às suas instituições, e a Regulação Comportamental (*Behavioral Regulation*), enquanto torna ainda mais nítida a relação entre regulação, incentivos e

---

59. Vernon Smith, *What is Experimental Economics?*, apud Ricardo Abramovay, *Entre Deus e o Diabo: Mercados e Interação Humana nas Ciências Sociais*, p. 45 (disponível em *www.scielo.br*, acesso em 10.2.2015).

60. Daron Acemoglu e James Robinson, *Why Nations Fail: the Origins of Power, Prosperity, and Poverty*, Nova York, Crown Publishers, 2012, p. 174.

61. Philip Pettit anota: "Os quadros que operam sobre os indivíduos terão o efeito, sob o *design* institucional ideal, de recrutar para certas tarefas aqueles indivíduos que estão mais propensos – talvez inerentemente mais propensos, talvez mais propensos diante de um contexto com certas sanções – a se comportar da maneira que seja socialmente valorizada" ("Institutional design and rational choice", cit., in Robert E. Goodin, *The Theory of Institutional Design*, p. 58).

A esse propósito, Robert E. Goodin também discorre: "O que as teorias de otimização de *design* tentam fazer é dar aos agentes sociais boas razões para modelar instituições em certos sentidos ao invés de outros. Na medida em que estejam convencidos daqueles argumentos e sejam movidos por tais razões, os agentes sociais tentarão agir de acordo com as prescrições desenhadas. Na medida em que obtenham sucesso, as instituições formadas por suas ações acabarão tendo a marca das teorias de otimização de *design*. (...). Parece muito melhor admitir diretamente que o ponto moralizante (que é, afinal de contas, o que estamos fazendo ao prescrever combinações sociais ótimas) é modelar valores e preferências das pessoas, e, por meio deles, suas ações" ("Institutions and their design", in Robert E. Goodin, *The Theory of Institutional Design*, Cambridge University Press, 1996, pp. 36-37).

comportamento humano. Como se verá, ambas servem de boa ilustração do raciocínio desenvolvido até então.

2.5.1 Direito e desenvolvimento

O desenvolvimento de um País não se restringe ao seu crescimento econômico (isto é, ao aumento da renda *per capita* da população e do Produto Interno Bruto/PIB).[62] Pelo contrário. Comporta a conjugação de diversos outros fatores que materializam liberdades substanciais,[63] como, por exemplo, o aumento da qualidade de vida dos cidadãos, o incremento

62. Fábio Nusdeo descortina o significado da expressão "desenvolvimento" na Constituição: "Já, *na atual Constituição de 1988, a expressão perdeu o seu qualificativo econômico para aparecer de maneira mais ampla e correta como desenvolvimento nacional* (art. 3º, II), quedando-se, pois, fora do Título VII dedicado à 'Ordem Econômica e Financeira'. Como já acima assinalado, *o desenvolvimento não pode ser restringido ao campo puramente econômico, devendo abarcar necessariamente o institucional, o cultural, o político e todos os demais*. Aliás, como também mencionado, o menoscabo a esses outros campos integrantes da vida de qualquer Nação em um bom número de casos acabou por coartar o próprio desenvolvimento econômico ou, pelo menos, impondo-lhe desvios e custos de alta onerosidade social. Ora, falar no desenvolvimento como objetivo para a política econômica implica, em primeiro lugar, indagar dos meios e instrumentos utilizáveis para a sua consecução e, em consequência, verificar em que extensão podem ser empregados sem inquinar os demais objetivos. Como é fácil perceber, um número razoável de fins pode conviver em relativa harmonia num programa de política econômica, até mesmo complementando-se reciprocamente. Assim, *investimentos em setores sociais como educação, saúde, habitação, se, num primeiro momento, parecem desviar recursos das aplicações diretamente produtivas ou econômicas, como estradas, usinas e poços de petróleo, na realidade irão poupar um conjunto muito severo de custos a se manifestarem logo adiante pela queda de produtividade da mão de obra, pelo aumento da criminalidade pelo solapamento da coesão social e tantos outros*. Aliás, tem sido a constatação destes custos o que tem levado a se repensar o conceito e as manifestações do desenvolvimento" ("Desenvolvimento econômico – Um retrospecto e algumas perspectivas", in Calixto Salomão Filho (coord.), *Regulação e Desenvolvimento*, São Paulo, Malheiros Editores, 2002, p. 19).

63. Neste sentido, cf. o entendimento de Amartya Sen: "O enfoque nas liberdades humanas contrasta com as visões mais restritas de desenvolvimento, como as que identificam desenvolvimento com crescimento do Produto Nacional Bruto (PNB), aumento de rendas pessoais, industrialização, avanço tecnológico ou modernização social. (...). Se a liberdade é o que o desenvolvimento promove, então, existe um argumento fundamental em favor da concentração neste objetivo abrangente, e não em algum meio específico ou em alguma lista de instrumentos especialmente escolhida" (*Desenvolvimento como Liberdade*, São Paulo, Cia. das Letras, 2000, p. 17).

da liberdade política, a promoção da inovação tecnológica e o aumento da adequação/funcionalidade das instituições.

Diante da importância dos fatores acima apontados, que não são, por certo, exaustivos, o grande tema "Direito e Desenvolvimento" vem crescentemente (re)conquistando[64] espaço nas principais pautas de estudo ao redor do mundo.[65]

Destaca-se, para tanto, o papel instrumental do Direito enquanto ferramenta de viabilização da efetivação de direitos fundamentais por meio da estabilização das relações jurídicas, cultivando um próspero ambiente institucional que seja favorável à realização de investimentos estruturais e ao desenvolvimento da sociedade e de seus cidadãos.

Neste compasso, os autores contemporâneos que têm se dedicado ao tema do Direito e Desenvolvimento já não se valem das mesmas crenças metodológicas consagradas na clássica doutrina do "Estado de Direito e Desenvolvimento", de forte viés etnocêntrico, de acordo com as quais haveria uma espécie de conjunto-padrão de instituições/recomendações que, transplantadas para os Países com um desenvolvimento insatisfatório, seriam capazes de guiá-los até o aumento do seu nível de desenvolvimento *per se*.[66]

---

64. Diz-se "reconquistando" porque o tema tem voltado à pauta sob novas roupagens que pretendem incorporar e responder às críticas ao movimento inicial, aperfeiçoando seu estudo. Fala-se, atualmente, em um "Novo Estado Desenvolvimentista", como se verá adiante.

65. O tema foi, originalmente, objeto de estudo em diversas universidades norte-americanas nas décadas de 1960/1970. Entretanto, a teoria legalista liberal que o pautava, sua distância diante da experimentação prática e, ainda, as contradições estruturais internas ao sistema que fomentava esses estudos foram objeto de severas críticas por integrantes do próprio movimento. É o que se extrai do paradigmático artigo de David M. Trubek e Marc Galanter, "Acadêmicos autoalienados", datado de 1974 e identificado na doutrina como um marco para o término das investigações acerca do "Direito e Desenvolvimento" (David M. Trubek e Marc Galanter, "Scholars in self-estrangement: some reflections on the crisis in Law and development studies in United States", in *Wisconsin Law Review* 4/1.062-1.102, 1974). O estudo encontra publicação traduzida recentemente e disponibilizada na Internet em *www.direitogv.com.br* (acesso em 4.2.2015).

66. Mário Gomes Schapiro, em interessante texto aberto para debate em que, logo, não necessariamente transparece a opinião definitiva do autor, registra o ponto: "Ocorre, contudo, que esta *estratégia de intervenção, assentada na difusão do paradigma "rule of Law", tem dado pouca importância às variações institucionais e, com isso, tem desconsiderado um fato relevante: a existência de diferentes arran-*

Neste cenário destacam-se diretrizes tidas por adequadas para encadear a evolução do ordenamento jurídico e o desenvolvimento:[67] (i) a formatação de regras claras e previsíveis, que garanta a estabilidade do sistema e a confiança dos particulares; (ii) o tratamento equitativo dos cidadãos, pois o tratamento desigual pode afastar investidores; (iii) a necessidade da participação democrática dos cidadãos nos processos de criação, implementação e fiscalização das normas; tudo isso aliado à (iv) eficiência do Poder Judiciário, afastado de corrupções e procedimentos excessivamente burocráticos.

Ocorre que a doutrina atual do "Direito e Desenvolvimento" tem caminhado para temperar esse tipo de abordagem. E o faz por meio da busca de alternativas institucionais que antes reconheçam as peculiaridades do ambiente institucional, voltando-se à elaboração de uma modelagem adequada ao caso específico e que evite rupturas abruptas com seu contexto de aplicação.[68]

jos nacionais, forjados ao longo de trajetórias históricas e materializados em uma teia complementar de leis, instituições, valores e padrões culturais – elementos que figuram subjacentes aos regimes de organização social e econômica. É essa trama sociojurídica que, em muitos casos, tem tornado as recomendações de viés "one size fits all" ineficazes" ("Repensando a relação entre Estado, Direito e Desenvolvimento: os limites do paradigma *rule of Law* no ambiente financeiro e a prevalência do BNDES no panorama brasileiro", in *Artigos Direito GV Working Papers* 34/9, maio/2009 (disponível em *www.direitogv.com.br*, acesso em 4.2.2015).

Márcio Pochmann observa em sentido semelhante ao analisar a transição da sociedade agrária brasileira para a sociedade urbano-industrial quando dispõe: "Na sequência dessa parte que recupera algumas das principais diferenças do desenvolvimento urbano-industrial nacional em relação aos Países capitalistas centrais, procuram ser destacadas as *implicações da industrialização tardia e periférica do sistema econômico, como a dependência tecnológica e o domínio do capital estrangeiro. Isso porque o retardo temporal da industrialização no Brasil terminou por impor urgência à internalização de uma quase cópia do que já existia em outras Nações*, cada vez mais governado pelas grandes empresas multinacionais em quase todos os ramos produtivos" (*Desenvolvimento e Perspectivas Novas para o Brasil*, São Paulo, Cortez, 2010, p. 47 – grifos postos).

67. O elenco consta de Welber Barral, "Direito e desenvolvimento: um modelo de análise", in Welber Barral (org.), *Direito e Desenvolvimento: Análise Jurídica Brasileira sob a Ótica do Desenvolvimento*, São Paulo: Singular, 2005, pp. 50-51.

68. Vale destacar trechos das conclusões de Mariana Mota Prado e Michael J. Path Trebilcock após investigarem a dinâmica das reformas institucionais e sua relação com o desenvolvimento e o sistema institucional e de interesses posto: "1. Por causa de fatores especificamente contextualizados que explicam a evolução das

David M. Trubek, por exemplo, tem evitado a adoção de um conceito fechado para o tema. Diferentemente, o autor opta por identificar elementos indicativos do que denomina um "Novo Estado Desenvolvimentista",[69]

instituições existentes (e redes de instituições), *nenhum diagrama ["one-size-fits-all blueprint"] que sirva para uma reforma legal ou uma reforma institucional mais ampla nos Países em desenvolvimento deve ser considerado ótimo.* Outros Países em desenvolvimento que compartilham diversas das mesmas experiências históricas e características institucionais cujas instituições são o foco do esforço dessas reformas podem figurar como fonte de informação, experiência e ideias que podem funcionar melhor do que com Países que compartilham poucas dessas características comuns. (...). 2. Devido aos custos de mudança *[switching costs]* e interdependências institucionais, reformas legais ou burocráticas ambiciosas ou altamente inovadoras 'além das fronteiras políticas' trazem consigo um grande risco de insucesso, maior do que reformas menores e pontuais. (...). 3. Se reformas mais ambiciosas ou inovadoras são almejadas, para que se tenha sucesso elas devem se *focar em instituições que podem ser mais facilmente destacadas de mecanismos de mútua dependência e se tornar relativamente autônomas.* 4. *Destacadas instituições autônomas, programas-piloto ou iniciativas descentralizadas alistando participantes entusiásticos estão fadadas a obter mais sucesso do que reformas centralizadas 'além das fronteiras' de instituições existentes que recrutam participantes sem sua anuência pela imposição de significativos custos de mudança ["switching costs"] para eles.* 5 Nas reformas em que os custos de mudança para o *status quo* institucional são sensíveis é importante *identificar os diferentes tipos de custos de mudança* – visto que eles refletem fatores político-econômicos que foram moldados e têm sido reforçados *[reinforced]* pela escolha inicial das instituições ou refletem a falta de recursos financeiros ou técnicos; ou refletem efeitos de aprendizagem; ou refletem efeitos de coordenação ou de rede; ou refletem crenças e práticas religiosas ou culturais profundamente arraigadas" ("Dependence, development, and the dynamics of institutional reform", *Legal Studies Research Series* 09-04, *University of Toronto Law Journal*, 2009, pp. 43/46, disponível em *http://papers.ssrn.com*, acesso em 4.2.2015 – grifos postos).

69. Nas palavras do autor: "Nesse estágio, *o Novo Estado Desenvolvimentista é mais uma ideia e um conjunto de mudanças parciais do que uma prática consolidada ou um modelo completo.* (...). É mais importante notar que *o conceito de um Novo Estado Desenvolvimentista é um tipo ideal e não há a necessidade de se encontrar todos os elementos e características esboçados em uma dada Nação.* Ainda assim precisamos de alguma maneira de medir a extensão em que dado País se move nessa direção. O que se segue é a listagem provisória de orientações de política que indicariam qual mudança ou deslocamento de paradigma está ocorrendo. No estudo do fenômeno do Novo Estado Desenvolvimentista devemos procurar olhar para as extensões existentes: *dependência primária do setor privado como investidor ao invés de participação estatal direta*; aceitação de um papel principal para o Estado no direcionamento de investimentos, coordenação de projetos e provimento de informações especialmente em projetos com múltiplos investimentos e retorno a longo prazo; *uma extensa colaboração e comunicação entre setores públicos e privados*; forte interesse em exportações e relativa abertura para importações; *atenção direta para empreendedorismo,*

de modo a encontrar um caminho para auxiliar, e não impor, um modelo jurídico que viabilize o desenvolvimento em determinado ambiente institucional, político, econômico e cultural.

Mesmo com toda a transformação experimentada pelo Direito e Desenvolvimento, nota-se, com clareza, que o aspecto institucional segue sendo ponto central para aprimorar os arranjos jurídicos em prol da efetivação dos interesses pretendidos. Exatamente como se vem aqui de propor com esta releitura do direito administrativo, colocando os incentivos como norte para a ação e reformulação das medidas administrativas destinadas a efetivar os mais diversos interesses públicos.

Outro exemplo, recente e bastante interessante, está no importante tema da Regulação Comportamental, do qual agora me encarrego.

2.5.2 A Regulação Comportamental

A Regulação Comportamental (*Behavioral Regulation*) reflete a introdução das denominadas técnicas de "Economia Comportamental" na elaboração de normas regulatórias, dando origem a uma nova forma de regulação que, para o que ora nos interessa, torna ainda mais nítida a relação entre regulação, incentivo e comportamento humano.

A Economia Comportamental é conceito que tem ganhado relevância nos últimos anos em diferentes áreas aplicadas à Economia, devido ao papel que parece cumprir na conduta e tomada de decisão dos indivíduos nos diferentes contextos.

Cuida-se de escola que teve como pioneiros os israelenses Daniel Kahneman[70] e Amos Tversky, dois psicólogos que durante os anos 1970

---

inovação e desenvolvimento de novos produtos ao invés de amparo na importação de tecnologia e know-how; *promoção de investimentos estrangeiros diretos produtivos* (mais do que especulativos); ênfase em *tornar empresas privadas mais competitivas ao invés de protegê-las da competição*; privatização ou *parcerias público-privadas na provisão de serviços públicos*; promoção de mercados de capital doméstico e do setor financeiro de modo a gerar e alocar recursos; atenção para a *proteção social, incluindo esforços para reduzir desigualdades, manter a solidariedade e proteger contra alguns dos custos de restruturação*" (David M. Trubek, "Developmental States and the legal order: towards a new political economy of development and Law", *University of Wisconsin Law School, Paper* 1075/11-12, fevereiro/2009, disponível em http://papers.ssrn.com, acesso em 8.2.2015 – grifos postos).

70. Por suas visões integradas da pesquisa psicológica na ciência econômica, especialmente quanto ao julgamento humano e tomada de decisões em condições de

catalogaram meticulosamente padrões cognitivos que estimulam os indivíduos a tomar decisões irracionais subconscientes.[71] Apesar disso, a Economia Comportamental só veio a se consolidar como campo científico na década de 1980, ocasião em que o professor da Universidade de Chicago Richard Thaler percebeu que seria possível enriquecer o entendimento do funcionamento do mercado financeiro adicionando a compreensão do elemento humano.[72]

Dessa maneira, a Economia Comportamental consiste no ramo da Economia que, baseado na Psicologia, estuda os efeitos que fatores psicológicos, sociais, cognitivos e emotivos exercem sobre as decisões econômicas de indivíduos e instituições e as consequências disso para os preços de mercado, retornos e a alocação de recursos.[73] A Economia Comportamental está, pois, principalmente preocupada com os limites da racionalidade dos agentes econômicos. Para isso, enfoca seus estudos nas reações e decisões dos indivíduos a fim de antecipá-las e, dessa forma, influenciá-las. Diga-se de passagem, como não poderia ser diferente: influenciá-las por meio de incentivos, ainda que sutis.

Segundo a literatura especializada sobre o tema, "as pessoas geralmente dispõem de mais informações do que podem processar. Há um número elevado e não administrável de formas de organizar as informações que está relacionado a quase qualquer decisão".[74] Por esse motivo, os indivíduos adotam um certo padrão de regularidade na forma como constroem seus modelos de decisão, o que os torna previsíveis.[75] Mas não é só. Essa linha de pensamento afirma ainda que o ser humano é afetado

incerteza, Daniel Kahneman ganhou o Prêmio Nobel de Economia de 2002. Sobre o tema, cf.: Daniel Kahneman, *Thinking, Fast and Slow*, Nova York, Farrar, Straus and Giroux, 2011.

71. Cf. Daniel Kahneman e Amos Tversky, *Choices, Values and Frames*, Cambridge University Press, 2000.

72. Richard H. Thaler, *The End of Behavioral Finance*, Association for Investment Management and Research, novembro-dezembro/1999 (disponível em http://faculty.chicagobooth.edu, acesso em 12.5.2015).

73. Cf.: Tom C. W. Lin, "A behavioral framework for securities risk", *Seattle University Law Review* 325, 2011 (disponível em http://ssrn.com, acesso em 10.5.2015).

74. World Bank Group, *Relatório sobre o Desenvolvimento Mundial de 2015: Mente, Sociedade e Comportamento*, disponível em www.worldbank.org (acesso em 8.6.2015).

75. A esse respeito, cf.: Dan Ariely, *Predictably Irrational: the Hidden Forces that Shape our Decisions*, United States, HarperCollins, 2008.

por diversos fatores cognitivos e psicológicos, tais como: (i) pontos de referência (ganhos *versus* perdas); (ii) a forma como a escolha é apresentada (*framing*); (iii) o contexto em que a escolha está inserida; (iv) o comportamento dos demais membros do grupo; (v) o momento temporal em que a escolha é inserida à percepção do agente; e até mesmo valores como (vi) aversão à desigualdade, reciprocidade, justiça – entre outros.[76]

Pois bem. Nos últimos anos os estudos da Psicologia Comportamental têm expandido seus horizontes para além da Economia, de modo que os conhecimentos gerados pela Psicologia Econômica e a Economia Comportamental cada vez mais começam a ser incluídos na agenda de juristas e políticos sociais, que têm se apropriado dos métodos da Economia Comportamental para o desempenho de suas atividades.

Com efeito, estes outros ramos das ciências sociais passaram a "dispensar atenção ao modo como os seres humanos pensam (o processo mental) e como a História e o contexto da forma de pensamento (a influência da sociedade) podem melhorar a formulação e implementação de políticas de desenvolvimento e intervenções que focalizam as escolhas e as ações humanas (comportamento)".[77]

Em razão disso, na atualidade a política de desenvolvimento de diversos Países vem sendo reformulada com base na consideração cuidadosa dos fatores humanos.[78]

Tal movimento teve como ponto de partida a edição do livro *Nudge*, escrito por Richard Thaler, um economista comportamental, e por Cass Sunstein. O livro difundiu mundialmente as técnicas de Economia Comportamental, tornando claro que elas podem ser usadas para orientar a elaboração de políticas públicas por órgãos reguladores no viés de

76. Sobre os fatores de influência na tomada de decisões, cf.: Alexandre Santos Rodrigues de Castro, *Economia: Aspectos Psicológicos, Teoria da Escolha Racional*, dissertação de Mestrado defendida em 2014 no Instituto de Economia da Universidade Estadual de Campinas (disponível em *www.bibliotecadigital.unicamp.br*, acesso em 10.5.2015).
77. World Bank Group, *Relatório sobre o Desenvolvimento Mundial de 2015: Mente, Sociedade e Comportamento*, cit., disponível em *www.worldbank.org* (acesso em 8.6.2015).
78. Cite-se como exemplo o fato de que em 2005 o economista comportamental Peter Earl elaborou detalhado relatório para o Governo Neozelandês com apresentação da disciplina, diagnóstico e recomendações de medidas psicoeconômicas para favorecer o desenvolvimento do País (conforme noticiado em: "Forma de apresentar informação pode fazer diferença", *Valor Econômico* 22.1.2009).

promover a adesão às mesmas, dando origem a uma forma inovadora de regulação comportamental.

A obra dos autores baseia-se em três conceitos principais, quais sejam: *nudge*; *choice architecture*; e *libertarian paternalism*.

O *nudge*, que pode ser traduzido como "empurrãozinho", diz respeito a qualquer fator significante manipulável para alterar o comportamento dos indivíduos.[79] O objetivo é incentivar as pessoas a fazerem escolhas que resultem em efeitos positivos para si próprias e para a sociedade.[80]

Ressalte-se, entretanto, que isso deve ser feito sem a necessidade de proibir qualquer das opções disponíveis ou mudar significativamente os incentivos econômicos. De fato, segundo os autores, para ser considerada como *nudge* a intervenção deve ser fácil e barata de se evitar, de modo a garantir a liberdade dos indivíduos. Essa mudança corresponde, normalmente, a uma mudança na arquitetura da escolha, o que nos leva ao segundo dos conceitos trazidos pelo autores.[81]

A ideia de *choice architecture* – que pode ser traduzida como "arquitetura de escolha" – surge do reconhecimento da importância de organizar o contexto em que as pessoas tomam decisões, por se considerar que tanto a forma como a escolha é apresentada quanto o contexto ao seu redor afetam a tomada de decisão. Trata-se, pois, da importância de pensar em como uma situação pode ser estruturada, desenhada, para que se chegue ao fim desejado.[82]

Ainda segundo os autores, uma boa *choice architecture* pressupõe seis princípios: (i) incentivos; (ii) compreender o mapeamento; (iii) estabelecer padrões; (iv) fornecer *feedback*; (v) esperar o erro; e (vi) estruturar escolhas complexas.[83]

Por sua vez, a ideia de paternalismo libertário é resultado da junção de duas linhas de pensamento distintas: o libertarianismo, que crê que as pessoas devem ser livres para tomar suas próprias decisões e escolher o que é melhor para si; e o paternalismo, que se baseia na premissa de que o Estado deve influenciar para que de alguma forma as pessoas tomem as escolhas certas e melhores para elas.

---

79. Richard H. Thaler e Cass R. Sunstein, *Nudge: Improving Decisions about Health, Wealth, and Happiness*, Nova York, Yale University Press, 2008, p. 5.
80. Idem, pp. 4-5.
81. Idem, p. 10.
82. Idem, p. 3.
83. Idem, p. 102.

Em que pese ao fato de as ideologias parecerem antagônicas, não há contradição em sua junção, pois a ideia é que as pessoas decidam como queiram, estando apenas a situação para a tomada de decisão disposta de maneira a que seja mais provável a realização da melhor escolha, segundo entende o Estado. Tipicamente, sob a influência de um *nudge*.[84]

Como se percebe, os três conceitos baseiam-se em padrões cognitivos dos indivíduos, incitando-os a, de forma suave e não coercitiva, fazerem as coisas de acordo com os interesses individuais e gerais, sem a necessidade de coagi-los para tanto.

Assim, argumenta-se que a Economia Comportamental, aplicada à regulação, seria central para ajudar os indivíduos a fazerem "as melhores escolhas", maximizando seu bem-estar, diante de sua racionalidade limitada para tomar decisões.[85]

A regulação comportamental, portanto, consiste na introdução, nos processos de elaboração de normas regulatórias, de mecanismos de análise dos impulsos e das emoções humanas, de modo a permitir que o regulador, por meio de estímulos subconscientes, tenha condições de incentivar os indivíduos à adoção de condutas tidas como melhores, para si e para a coletividade, diante da situação.

Um exemplo simples, e que pode auxiliar a compreensão de tudo quanto até aqui afirmado, é o engenhoso programa, já adotado em alguns Estados americanos, para aumentar as contribuições previdenciárias.

Trata-se de uma básica mudança na forma como são apresentadas as alternativas de planos de pensão disponíveis. Isto é: no lugar de se definir como opção-padrão a permissão para que o funcionário pense e decida, a cada aumento salarial, se deseja aumentar suas contribuições ao plano de pensão na mesma proporção – decisão sempre suscetível às tentações

---

84. Idem, p. 5.

85. A afirmativa pertence a Dan Ariely: "Somos falíveis, facilmente confundidos, não tão espertos e muitas vezes irracionais. Nós somos inovadores, criativos e adaptáveis. Por exemplo, nós desenhamos cadeiras, calçados e carros para complementar e melhorar nossas capacidades físicas. Se tomamos as mesmas lições que aprendemos quando trabalhamos com nossas limitações físicas e as aplicamos para coisas que estão afetando nossas limitações cognitivas – políticas de seguros, planos de aposentadoria e saúde –, nós estamos aptos a desenhar uma política mais efetiva e ferramentas que são mais úteis no mundo. Isto é a promessa da Economia Comportamental – uma vez que observamos onde nós somos fracos ou estamos errados, podemos tentar corrigir e construir um mundo melhor" (disponível em *http:// financascomportamentais.blogspot.com.br*, acesso em 10.5.2015).

de usar a remuneração extra para consumo –, adota-se como alternativa-
-padrão aquela que, automaticamente, faz o funcionário aumentar suas
contribuições ao plano na mesma proporção dos aumentos salariais.[86]

A medida, que consiste em clara técnica de paternalismo libertário,
induzindo o funcionário à escolha que o Estado considera mais favorável
àquele e à coletividade, obteve expressivo crescimento dos índices de
contribuição.[87]

Outra medida de propósito semelhante pode ser notada na lei editada
pelo Estado do Espírito Santo contemplando duas disposições principais:
a primeira, proibindo que restaurantes, bares e lanchonetes mantenham
em suas mesas e balcões recipientes ou sachês de sal; a segunda, que o
infrator desta determinação seja penalizado pecuniariamente. A lei é curta.
Já, o tema, interessante e controverso.[88]

Quando o Estado produz normas, em geral, deve fazê-lo na tentativa
de influenciar o comportamento de seus destinatários para alinhar condutas individuais a objetivos coletivos compartilhados pela sociedade.
Exatamente como se passa no caso.

Ainda que não haja uma exposição de motivos, é possível especular
que a lei se dedique a reduzir o consumo de sal, considerando que: (i) o
consumo diário de sal no Brasil é mais que o dobro do recomendado pela
Organização Mundial da Saúde/OMS;[89] (ii) em excesso, sua ingestão favorece a ocorrência de doenças crônicas não transmissíveis/DCNTs, como
hipertensão arterial, doenças cardiovasculares e doenças renais; e, (iii)
por consequência, isso implica custos ao Sistema Único de Saúde/SUS.[90]

86. Conforme noticiado em: "Forma de apresentar informação pode fazer diferença", *Valor Econômico* 22.1.2009.
87. Essas técnicas vêm sendo utilizadas nos Estados Unidos em diversas reformas de áreas como saúde pública (*medicare* e regulação de planos privados de
seguro de saúde), ambiental (controle de emissões de gases de efeito estufa etc.) e
social (seguro-desemprego) (cf.: "Budgets behaving badly", *The New York Times*,
disponível em *www.nytimes.com*, acesso em 10.5.2015).
88. Ainda que mereça inúmeras críticas, pela falta de um procedimento prévio
que fundamente de forma adequada a medida, bem como pela falta da definição de
metas a serem atingidas e métodos e indicadores de mensuração desses resultados.
89. A OMS recomenda o limite diário de 5g de sal. Segundo o Ministério da
Saúde, a média brasileira é de 12g (cf.: *http://dab.saude.gov.br/portaldab/ape_pro-
mocao_da_saude.php?conteudo=reducao*).
90. Para se perceber a ordem de grandeza do problema, estima-se que atualmente
as doenças crônicas não transmissíveis/DCNTs são responsáveis por 45,9% da carga

Diferente do que se fez em 2011, quando, de maneira muito mais interventiva, o Ministério da Saúde celebrou um Termo de Compromisso com associações do setor alimentício para redução do teor de sódio no pão francês de 2% para 1,8% até 2014, aqui se trata de intervenção mais leve (*soft regulation*), que preenche as características do que se tem denominado por "empurrãozinho" regulatório (*nudge*).

Como se percebe, as três técnicas de regulação comportamental se fazem nitidamente presentes no caso do sal.

Em primeiro lugar, foi proibida a disposição do sal em mesas e balcões, mas a liberdade de colocá-lo na comida segue em aberto à decisão de cada um. Além disso, nenhum custo extra foi criado com a medida.

Em segundo lugar, a oferta de sal pelo estabelecimento e seu consumo pelo cliente seguem possíveis. Apenas o contexto de escolha para a tomada de decisão foi organizado, fazendo com que o cliente tenha de pedir pelo sal.

Por fim, a proposta claramente se alinha a um ato de paternalismo libertário: o Estado busca influenciar a escolha das pessoas para consumirem menos sal, mas a liberdade para consumirem segue em curso.

Em reação, os primeiros reflexos da nova lei estadual são também muito claros. Amparados na literalidade, seus destinatários se adaptam. Em uma fuga regulatória, saleiros são pendurados no teto em cordas elásticas e cordões de sachês vão ao redor dos pescoços do garçom. Duas condutas que violam a finalidade da lei, porque esvaziam seu conteúdo.

Fato é, no entanto, que essa intervenção de leve intensidade e baixo custo pode ser muito mais vantajosa do que, por exemplo, tentar desincentivar o consumo de sal aumentando os tributos sobre sua produção; limitando a quantidade comprada em mercados por pessoa; ou, mesmo, intervindo em receitas – como aliás, parece ter sido feito no caso do pão francês, registrado anteriormente.

Ressalte-se, entretanto, que a aplicação de técnicas de Economia Comportamental ao âmbito da regulação não é imune a críticas. A propósito, muito se tem argumentado sobre se agentes públicos e privados estariam em posição de definir quais são as melhores escolhas para um indivíduo e se as políticas públicas não se encontrariam, de fato, direcio-

de doenças em todo o mundo (cf.: *http://www.saude.rj.gov.br/docman/vigilancia/ sanitaria/campanhas/7968-cartilha-menos-sal-mais-saude/file.html*).

nadas por incentivos institucionais ocultos,[91] além de a questão envolver discussões sobre ética e transparência, uma vez que os indivíduos seriam atingidos em seu direito de escolha por decisões tomadas sem seu aval.[92]

Em que pese às críticas, que são sempre desejáveis para se avançar em temas importantes, fato é que, nos últimos anos, governos ao redor do Globo ingressaram em uma tendência irreversível de adoção dos métodos de Economia Comportamental em diversas esferas de atuação,[93] sendo esta a mais nova face da utilização de incentivos pelo Estado para alinhar escolhas individuais e interesses coletivos, alcançando resultados positivos de forma menos custosa e intrusiva.

2.6 Afinal, a lógica da "caixa de ferramentas" de direito administrativo

A esta altura já se faz possível retomar a indagação: afinal, qual é a lógica do direito administrativo enquanto *caixa de ferramentas*? Ensaio uma resposta.

Pautada na eficiência e buscando o aprimoramento da Gestão Pública, a abordagem do direito administrativo enquanto *caixa de ferramentas*

---

91. Para críticas ao paternalismo libertário, cf.: Ryan Bubb e Richard H. Pildes, "How behavioral economics trims its sails and why", *Harvard Law Review* 127, 2013.

92. José Vicente Santos de Mendonça elenca seis críticas à Economia Comportamental, assim sumarizadas: "(i) o paternalismo libertário seria oportunista; (ii) haveria dúvidas com relação à realidade das 'escolhas' que estão sendo oferecidas; (iii) haveria um problema moral no fato de as pessoas não saberem que estão sendo influenciadas a fazer algo pelo governo; (iv) o paternalismo libertário iria contra a experimentação; (v) o paternalismo libertário trocaria vieses individuais pelos vieses dos reguladores sem levar em consideração a possibilidade de falhas de governo; (vi) o risco do 'terreno escorregadio', o paternalismo libertário poderia começar certo, mas resultar em base para abuso regulatório" (*Direito Constitucional Econômico: a Intervenção do Estado na Economia à Luz da Razão Pública e do Pragmatismo*, Belo Horizonte, Fórum, 2014, p. 425).

93. A Inglaterra chegou a montar o *Behavioural Insights Team*, uma entidade governamental dedicada à aplicação das ciências comportamentais, usando seus *insights* para aprimorar políticas públicas e encorajar as pessoas a tomarem decisões melhores para si e para a coletividade. A entidade começou pública, mas se tornou uma companhia de propósito social, com participação do Governo da Inglaterra, dos empregados da companhia e de outra companhia de inovação com propósito social, a *Nesta*. A respeito, cf.: *www.behaviouralinsights.co.uk*. Nessa mesma linha, cf. a produção do *Behavioral Insights Group* de Harvard (*http://cpl.hks.harvard.edu/behavioral-insights-group*).

preocupa-se em aproximar a estruturação da Administração Pública e o exercício da função administrativa com os seus instrumentos,[94] enfocando nos arranjos jurídicos para repensar a forma de encarar e manejar o direito administrativo.

Neste cenário, as ferramentas são (i) instrumentos dotados de recursos que podem ser identificados, (ii) assumindo a feição de instituições, gerando efeitos que oportunizam ou desincentivam condutas e (iii) estruturando ações públicas dedicadas a realizar o interesse público.

Vale recorrer às colocações de Lester M. Salamon a respeito:

> Como usado aqui, contudo, uma ferramenta ou instrumento de ação pública pode ser definida como um método identificável através do qual ações coletivas são estruturadas para se atender a um problema público. Vários recursos dessa definição são particularmente notáveis: em primeiro lugar, é assumido que cada ferramenta tenha certos recursos comuns que as faz "identificável". Isso não é dizer que todas as ferramentas de um tipo particular compartilhem todos os recursos. Em adição aos seus recursos comuns ou definidores, ferramentas também trazem recursos que podem variar de uma para outra na sua realização. Por exemplo, toda subvenção envolve pagamentos de um nível do governo para outro nível ou para uma entidade privada, mas programas de subvenção diferentes podem variar no nível de especificidade com o qual definem suas escolhas. Em segundo lugar, ferramentas "estruturam" ações. Isso significa que os relacionamentos que as ferramentas fomentam não são livres ou transitórios. Mais ainda, elas são institucionalizadas. Ferramentas são assim "instituições" no sentido enfatizado por estudantes do "novo institucionalismo", isto é, elas são padrões regularizados de interação entre indivíduos ou organizações. Elas definem quem é envolvido na operação de programas públicos, quais são suas regras e como elas se relacionam entre si. Assim, ferramentas dão forma ao conjunto de considerações que efetivamente suportam toda a importante fase de implementação de uma política. Por fim, a ação que é estruturada pelas ferramentas é "ação coletiva" voltada para o atendimento de "problemas públicos". Isso é diferente

---

94. Maria Paula Dallari Bucci anota: "Já no campo do direito administrativo, é o caso de aproximar a figura com as funções administrativas associadas aos seus instrumentos, construindo a chamada ' *"caixa de ferramentas"'* do analista jurídico de políticas públicas, distinguindo as que se valem do poder de ordenação daquelas que se organizam sobre a prestação direta dos serviços do investimento ou fomento públicos" ("Notas para uma metodologia jurídica de análise de políticas públicas", cit., *Fórum Administrativo – Direito Público – FA* 104, disponível em *http://bid.editoraforum.com.br*, acesso em 2.2.2015).

de dizer que ferramentas estruturam somente ações governamentais. Outras entidades também são frequentemente envolvidas na ação que é estruturada pelas ferramentas de ação pública.[95]

Portanto, abordar o direito administrativo como uma *caixa de ferramentas* traz consigo o objetivo de desenhar bons modelos institucionais[96] de ação administrativa, a partir da vocação própria de cada instituto jurídico e dos incentivos que são capazes de produzir, de modo a otimizar a efetivação do interesse público perseguido em concreto.

Por ser comum adotar ferramentas que dificultam a gestão e a efetivação das finalidades pretendidas,[97] numa visão pragmática, os esforços em selecionar as ferramentas para endereçar certa finalidade pública remontam à ideia de que há ferramentas que funcionam melhor que outras;[98] e é em busca de identificá-las, selecioná-las e combiná-las para o caso certo que se está.

95. Lester M. Salamon, "The new governance and the tools of public action: an introduction", cit., in Lester M. Salamon (coord.), *The Tools of Government: a Guide to the New Governance*, pp. 19-20.
96. Nas palavras de Diogo R. Coutinho: "'As instituições definitivamente importam' é o que dizem, de forma unânime, os estudiosos dedicados ao tema do desenvolvimento econômico. Por conta disso, cada vez mais os debates e controvérsias sobre reforma e aperfeiçoamento institucional têm sido projetados para o campo dos meios, isto é, para o estudo das formas e mecanismos pelos quais arranjos institucionais funcionais podem ser produzidos ou reproduzidos. (...). A maior parte dessas investigações, contudo, não chega a aprofundar na análise das estruturas, processos e normas jurídicas que moldam e conformam as instituições e influenciam, não raro de forma decisiva, seu desempenho em trajetórias e experiências de desenvolvimento. Se o desenvolvimento inegavelmente depende de boas decisões políticas, pode-se dizer que ele é também, em larga medida, resultado de arranjos institucionais consistentes" ("O Direito no desenvolvimento econômico", *Revista Brasileira de Direito Público/ RBDP* 38/31-34, Ano 10, Belo Horizonte, julho-setembro/2012).
97. Lester M. Salamon reconhece o ponto: "Contudo, comumente escolhemos ferramentas de ação que complicam mais do que tornam mais fácil a consecução de ações públicas. Identificando essas trocas e trazendo para uma visão mais clara, a nova governança traz uma promessa de melhoria do projeto de políticas públicas, ou ao menos um alerta para aqueles responsáveis pela ação pública das dificuldades que eles devem superar" ("The tools approach and the new governance: conclusions and implications", cit., in Lester M. Salamon (coord.), *The Tools of Government: a Guide to the New Governance*, p. 602).
98. Neste sentido, Arthur B. Ringeling: "Na visão pragmática, são selecionadas as ferramentas que funcionam melhor. A escolha dos instrumentos, nessa visão, é uma questão de otimização, selecionando os melhores instrumentos dadas as metas

Afinal, a concepção da ação pública reflete um momento estratégico, de modo que precisa ser elaborada a partir de esforços para encontrar os incentivos amoldados às finalidades pretendidas.[99]

Dessa maneira, toma especial realce utilizar a abordagem da *caixa de ferramentas* para:

(i) avaliar a adequação dos instrumentos empregados aos fins que se pretende efetivar;

(ii) a partir de sua lógica institucional e de incentivos, orientar a seleção e a combinação das ferramentas no momento de concepção, manutenção ou reformulação da ação administrativa; e

políticas. Os debates políticos concentram-se usualmente nessa questão. Instrumentos baseados no mercado funcionam melhor que a regulação no campo ambiental, é uma declaração frequentemente ouvida que se encaixa na visão ortodoxa. Ou é melhor utilizar acordos voluntários do que regulação 'de cima para baixo' se se quer o sucesso da política ambiental. A discussão é centrada nos efeitos dos instrumentos, do ponto de vista das intenções políticas. Legisladores devem escolher aqueles instrumentos que servem melhor a seus propósitos. Esse é o centro da abordagem racional das escolhas dos instrumentos. O projeto da política pública é o resultado do que funciona e do que não funciona" ("European experience with tools of government", in Lester M. Salamon (coord.), *The Tools of Government: a Guide to the New Governance*, New York, Oxford University Press, 2002, p. 593).

99. Jody Freeman destaca o ponto, partindo da abordagem proposta por Lester M. Salamon e Paul Posner: "Acadêmicos de Administração Pública, como Salamon e Posner, adotaram uma estratégia de 'seleção de ferramenta' para abordar tais problemas. Argumentam que a escolha da ferramenta governamental correta (por exemplo, empréstimo, fiança, regulação direta) com o propósito público correto é essencial para o sucesso de um programa. Nesse sentido, Salamon tem fornecido um conjunto de dimensões úteis ao longo do qual distingue ferramentas governamentais diferentes (grau de coerção, ordenamento, automaticidade e viabilidade) e um conjunto de critérios para avaliação da adequação de diferentes ferramentas para diferentes tarefas (efetividade, eficiência, equidade, gerenciamento e legitimidade). Assim, por exemplo, quanto mais coerciva é uma ferramenta (tal como a regulação direta), maior é o preço em termos de eficiência. Ferramentas coercivas podem ser mais difíceis de se gerir. Para nossos propósitos, é importante manter em mente o foco das ferramentas, porque ele reitera a noção intuitiva de que a concepção do programa pode determinar o seu sucesso. É possível prejudicar seriamente qualquer esquema logo no seu início quando não se constroem os incentivos e sanções corretos. Entretanto, o foco das ferramentas pressupõe que nós já temos destinado a tarefa que enfatizo aqui: identificar as instâncias nas quais a extensão das normas de direito público para os agentes privados é mais pungente" (Jody Freeman, "Extending public law norms through privatization", *Harvard Law Review* 116/1.341, 2002-2003).

(iii) conferir certa manobra de conformação dos modelos institucionais, permitindo experimentos que possam ser incorporados à ação administrativa na medida em que se demonstrem bem sucedidos.[100]

2.7 Conclusão: *instituições, incentivos e ferramentas importam*

A certificação inicial, de que a percepção do direito administrativo enquanto uma *caixa de ferramentas* começa a tomar corpo, faz com que se dedicar a entender e operacionalizar essas ferramentas se torne útil e proveitoso à otimização da Gestão Pública e à efetivação dos interesses públicos que instrumentaliza.

Os aportes trazidos pelos estudos de Direito e Economia neste contexto são fundamentais para auxiliar na compreensão.

---

100. Neste sentido, Diogo R. Coutinho desenvolve: "Praticamente falando, cabe aos juristas envolvidos na gestão de políticas públicas realizar os fins almejados por meio de decisões cotidianas, no nível executivo. Descrever o Direito como ferramenta de políticas públicas como categoria de análise serve para enfatizar que a seleção e a formatação dos meios a serem empregados para perseguir os objetivos predefinidos é um trabalho jurídico. O estudo das diferentes possibilidades de modelagem jurídica de políticas públicas, a escolha dos instrumentos de direito administrativo mais adequados (dados os fins a serem perseguidos), o desenho de mecanismos de indução ou recompensa para certos comportamentos, o desenho de sanções, a seleção do tipo de norma a ser utilizado (mais ou menos flexível, mais ou menos estável, mais ou menos genérica), são exemplos de tópicos que surgem quando o Direito é instrumentalizado para pôr dada estratégia de ação em marcha. Desde este ponto de vista, o Direito poderia ser metaforicamente descrito como uma *"caixa de ferramentas"*, que executa tarefas-meio conectadas a certos fins de forma mais ou menos eficaz, sendo o grau de eficácia, em parte, dependente da adequação do meio escolhido. Também têm relação com a perspectiva do Direito como ferramenta a intensidade com que os atributos de flexibilidade (a possibilidade de o arcabouço jurídico que estrutura a política pública servir a mais de uma finalidade) e revisibilidade (a característica de a política pública conter em seu próprio corpo jurídico mecanismos de ajuste e adaptação) estejam presentes assim como a existência de certa manobra para experimentação e sedimentação de aprendizados, dados certos limites que a própria exigência de estabilidade e segurança jurídica impõe. Em outras palavras, pode-se dizer que o Direito não apenas pode ser entendido como conjunto de meios pelos quais os objetivos últimos das políticas públicas são alcançados, mas também como regras internas que permitem a calibragem e a autocorreção operacional dessas mesmas políticas" ("O Direito nas políticas públicas", in Eduardo Marques e Carlos Aurélio Pimenta de Faria (eds.), *A Política Pública como Campo Disciplinar*, São Paulo, UNESP, 2013 (disponível em *http://www.cebrap.org.br*, acesso em 17.2.2015).

A abordagem econômica dos arranjos institucionais, pondo foco nos incentivos por eles gerados, tem por mérito principal incrementar a tomada de decisões jurídicas, à luz dos incentivos que as escolhas adotadas deverão produzir, e ao operador do Direito em geral permite entender melhor a lógica embutida aos comandos normativos, institutos e cláusulas contratuais.

Situado na interseção entre o Direito e a Economia, o enfoque do direito administrativo enquanto uma *caixa de ferramentas* é responsável por revelar os ganhos que a consideração de diretrizes econômicas, como uma das variáveis do plano jurídico, pode lhe trazer, auxiliando e otimizando suas tarefas e repercutindo em melhores resultados.

A seleção das ferramentas de direito administrativo deve ser resultado de um processo de formulação da ação administrativa que identifique as alternativas à disposição para, a partir delas, racionalmente comparar e escolher aquelas capazes de gerar os melhores incentivos em prol da realização do objetivo enfocado.

Como as ferramentas de direito administrativo são mecanismos que incentivam condutas a finalidades predefinidas, o norte da ação administrativa, portanto, deve estar nos incentivos que essas ferramentas são capazes de produzir.

Essa lógica há de permear a ação administrativa como um todo – o que importa dizer que os incentivos funcionam como critério balizador, a um só tempo, (i) da escolha das ferramentas na formulação da ação administrativa e (ii) do desenho da e manutenção das instituições.

A lógica das instituições revela destacada utilidade ao Direito, ao conferir uma leitura das regras e seus mecanismos de cumprimento enquanto instrumentos de restrição ou geração de oportunidades aos agentes, estruturando os incentivos para as relações travadas na sociedade.

Instituições são as regras do jogo em uma sociedade.[101] Elas importam porque os incentivos importam. E, no caso da ação pública, os

---

101. A famosa frase pertence a Douglass North: "Instituições são as regras do jogo em uma sociedade ou, mais formalmente, são os constrangimentos humanamente concebidos para configurar a interação humana" (*Institutions, Institutional Change and Economic Performance*, cit., p. 3).

Interessantemente, Gunther Teubner aproxima-se dessa formulação ao apregoar: "O abandono do intervencionismo construtivista em favor do Direito em geral, segundo uma concepção do Direito como um conjunto de regras do jogo *[law as a set of rules of the game]* (Hayek 1973; Hoppmann 1972; Mestmäcker 1978; v. também incentivos são gerados pela escolha, modelagem, combinação e manuseio das ferramentas de direito administrativo.

Desse modo, as ferramentas de direito administrativo integram parte significativa, e concreta, dessas regras do jogo, na medida em que efetivamente interferem na vida dos cidadãos, criando incentivos para orientar condutas, seja restringindo-as ou expandindo-as, por meio de oportunidades.

Uma síntese se faz possível. Instituições importam porque os incentivos importam. E as ferramentas de direito administrativo importam porque geram tais incentivos.

A valiosidade das instituições, ferramentas e incentivos logo conduz ao desafio de propor e analisar as estratégias do direito administrativo como *caixa de ferramentas*.

Febbrajo, *supra*)" ("After legal instrumentalism: strategic models of post-regulatory law", in Gunther Teubner, *Dilemas of Law in the Welfare State*, Berlim, Walter de Gruyter/European University Institute, *Series A-Law* 3, 1986, p. 307).

Capítulo 3
AS ESTRATÉGIAS
DO DIREITO ADMINISTRATIVO
COMO "CAIXA DE FERRAMENTAS"

The imagery of the toolbox offers both an explanation for past problems (poor design) and also a solution (better design). (Elizabeth Fisher).

3.1 Política, Gestão Pública e seleção de ferramentas: 3.1.1 A influência política na seleção de ferramentas – 3.1.2 A seleção de ferramentas segundo a Gestão Pública. 3.2 As estratégias de aplicação do direito administrativo como "caixa de ferramentas": 3.2.1 A estratégia diagnóstica: a análise da compatibilidade entre ferramentas e finalidades a partir dos incentivos gerados – 3.2.2 A estratégia prognóstica: a escolha de ferramentas a partir da previsão de incentivos. 3.3 O avanço das estratégias diagnóstica e prognóstica por experimentalismo, incrementalismo e minimalismo institucional. 3.4 Conclusão.

Atentos à lógica de que o estudo dos instrumentos à disposição do governo para cumprir suas funções é fundamental para avançar no aperfeiçoamento desses meios de ação, é de longa data que cientistas políticos, economistas e gestores públicos têm se dedicado à análise das ferramentas sob esse viés.[1]

1. Há quem diga, inclusive, que essa tenha sido uma das mais significativas mudanças ocorridas na forma de fazer políticas públicas nos Estados Unidos a partir da década de 1950. Cf. Anne Schneider e Helen Ingram: "Uma das mudanças mais marcantes na política americana nos últimos 50 anos tem sido a proliferação de ferramentas ou instrumentos por meio dos quais os governos buscam influenciar o comportamento dos cidadãos e atingir propósitos de políticas públicas (Salamon 1989; Doern E Wilson 1974; Dahl e Lindblom 1953). Isso inclui tais técnicas comumente usadas como padrões, *[standards]* gastos diretos (subsídios), sanções, corporações públicas, contratos, garantias ou privilégios, *[grants]* arbitragem, persuasão, educa-

O Direito, no entanto, tem passado quase ao largo da questão, em geral, tomando lugar apenas lateralmente nesse tipo de abordagem, sendo predominantemente manejado pela análise de legalidade das ferramentas escolhidas, sob a avaliação binária e estática de se certa iniciativa é permitida pelo ordenamento jurídico ou não. Se é legal ou ilegal. Em bom Português: se "pode ou não pode", sem maior compromisso com a busca de resultados práticos mais efetivos.

No entanto, a abordagem do próprio direito administrativo enquanto uma *caixa de ferramentas*, segundo a concepção instrumentalista, revela que ele é capaz de servir a bem mais que isso.

Com efeito, como os instrumentos de gestão estudados são também, em sua maior medida, instrumentos disciplinados pelo direito administrativo, é primordial que os esforços da literatura jurídica especializada tomem parte desse tipo de análise dinâmica, em meio aos processos de formulação, avaliação e reforma da ação administrativa, indicando melhores caminhos sob a ótica da apreciação jurídica comparativa das instituições, ferramentas disponíveis e seus incentivos em potencial. Em síntese: é primordial que o manejo do direito administrativo permita indicar não só "se pode ou não pode", mas vá além disso, oferecendo alternativas capazes de identificar "como se pode".

Para se engajar neste desafio é de especial interesse apresentar as estratégias que podem ser trilhadas pelo direito administrativo enquanto *caixa de ferramentas*.

Antes de individualizar o estudo dessas abordagens, contudo, vale situar a temática sob a ótica da Política e da Gestão Pública, para que o espaço de contribuição do Direito reste bem delimitado e, assim, forneça contribuições mais factíveis. Porque não adianta idealizar modelos jurídicos ótimos mas sem os pés no chão; que não tenham balizas de aplicação e, assim, sejam inatingíveis na prática, na medida de sua desconsideração à Política e à Gestão.

ção, licenciamento, e por aí vai. Dahl e Lindblom (1953:8) se referem à rápida intervenção dessas técnicas como 'talvez a maior revolução política de nosso tempo'. Eles atribuem importância tanto política quanto econômica aos instrumentos de políticas públicas, alegando que a invenção e a utilização de uma variedade de ferramentas possibilitariam aos governos resolver problemas sociais e econômicos sem divisões *[cleavages]* intensas e debates ideológicos que porventura possam ocorrer (1953:6)" (Anne Schneider e Helen Ingram, "Behavioral assumptions of policy tools", *The Journal of Politics* 52/511, *Issue* 2, 1990).

Visto isso, a definição das estratégias do direito administrativo como *caixa de ferramentas* depende, em boa medida, de analisar como a Política e a Gestão Pública selecionam, desenham, combinam e empregam as ferramentas.

É que, para funcionar bem, o instrumentalismo jurídico precisa entender (i) a abordagem política, a fim de assimilar seu espaço de atuação, e com isso ponderar a visão da eficiência, que se dará dentre as alternativas juridicamente disponíveis, ou seja, politicamente delimitadas pelas maiorias ordinárias, a partir dos parâmetros constitucionais, e (ii) a Gestão Pública, especialmente por meio das práticas de formuladores e aplicadores de políticas públicas,[2] na medida em que a abordagem da *caixa de ferramentas* lhes é típica, e o Direito entra nesse plano como guia complementar, devendo ir além da lógica binária do "pode/não pode", para interagir com a gestão e, colaborativamente, informar "como pode", ofertando alternativas, e dentre elas destacando a que se apresenta mais bem habilitada a alcançar as finalidades pretendidas, do ponto de vista dos incentivos gerados pelos arranjos institucionais jurídicos.[3]

Qual é o melhor conjunto de ferramentas para endereçar certo objetivo público em dado contexto? Essa é uma pergunta dirigida principalmente aos gestores públicos, mas não só a eles, pois que, para ser respondida com qualidade, depende de boa análise político-administrativa e jurídica.[4]

---

2. Aqui tomada em sentido amplíssimo, compreendendo toda e qualquer forma de exercício da função administrativa.
3. Até porque, como observa Lester M. Salamon: "Com uma rica miscelânea de instrumentos sob seu comando, os gestores públicos podem montar misturas de incentivos e desincentivos personalizadas às circunstâncias em questão" ("The new governance and the tools of public action: an introduction", in Lester M. Salamon (coord.), *The Tools of Government: a Guide to the New Governance*, Nova York, Oxford University Press, 2002, p. 18).
4. Arthur B. Ringeling discorre a respeito da perspectiva dos formuladores de políticas públicas e do incremento da qualidade dos modelos desenhados quando considerado o cenário político-administrativo e jurídico: "Oitavo, dependendo das perspectivas dos formuladores de políticas públicas a respeito dos instrumentos de governo, diferenças no *design* de políticas públicas irão ocorrer. As escolhas de um analista ou de um formulador de políticas públicas perguntando se certo instrumento pode funcionar ou não diferirá daquelas em que o formulador perguntará se certo instrumento é defensável normativamente. Um analista de políticas públicas, pensando em termos do que é politicamente possível, fará escolhas diferentes daquelas de um analista perguntando o que é legalmente permitido. Esses analistas veem diferentes problemas de políticas públicas. O modo pelo qual abordam os instrumentos influen-

De sua parte, o Direito precisa entender essa lógica e replicá-la, adaptada, para o desenho dos arranjos jurídicos correspondentes. Isso permitirá sua otimização, bem como irá municiar gestores com mais massa crítica para fazerem frente aos desafios.

3.1 Política, Gestão Pública e seleção de ferramentas

A Política e a Gestão Pública operam influências próprias na seleção das ferramentas de ação do governo. Por esse motivo é que, na sequência, me dedico ao papel e à abordagem de cada qual neste contexto.

3.1.1 A influência política na seleção de ferramentas

No mundo real o Direito não é imune à Política. A afirmação de Luís Roberto Barroso,[5] ainda que originalmente formulada pensando na análise da separação de Poderes à luz das interações entre o Poder Judiciário e outros atores políticos, apresenta-se igualmente verdadeira no que toca à seleção de ferramentas para endereçar a ação pública. No mundo real a seleção de ferramentas não é imune à Política e nem às partes interessadas que a influenciam.

Em matéria de seleção de ferramentas a Política encontra com o Direito ao menos em três ocasiões: (i) no momento normativo ordinário, definindo as ferramentas que serão disponibilizadas, e a quem o serão, à

---

cia seus *designs* de políticas públicas. Nono, no *design*, analistas e formuladores de políticas públicas não devem perguntar somente se certo instrumento funciona. Eles também devem se fazer três outras perguntas: se seus instrumentos se encaixam em um contexto político-administrativo específico, se a escolha de certo instrumento pode ser defendida normativamente e se é legalmente permitido usar um instrumento específico. Quando eles suplementam seu *design* com essas outras questões, eles podem alcançar uma qualidade mais alta na elaboração de políticas públicas" ("Instruments in four: the elements of policy design", in Pearl Eliadis, Margaret M. Hill e Michael Howlett, *Designing Government: from Instruments to Governance*, Quebec, McGill/Queen's University Press, 2005, p. 202).

5. Luís Roberto Barroso, *No Mundo Ideal, Direito é Imune à Política; no Real, não*, disponível em www.conjur.com.br (acesso em 3.7.2015). Para outras fontes do autor sobre o tema, cf.: Luís Roberto Barroso, "Constituição, democracia e supremacia judicial: Direito e Política no Brasil contemporâneo", *RFD – Revista da Faculdade de Direito – UERJ* 2, n. 21, janeiro-junho/2012, e *Jurisdição Constitucional: a Tênue Fronteira entre o Direito e a Política*, disponível em www.migalhas.com.br (acesso em 3.7.2015).

luz da Constituição; (ii) no momento de escolha dentre as alternativas postas em sede ordinária ou constitucional, por decisão de autoridades superiores da Administração Pública; e (iii) no momento do emprego, de fato, das ferramentas por integrantes da burocracia estatal ou administrados que tenham que escolher entre alternativas juridicamente estabelecidas.

Esse encontro põe em xeque o pretenso axioma segundo o qual as ferramentas são escolhidas por critérios exclusivamente técnicos ou de eficiência. Tanto que, em trabalho seminal realizado ainda na década de 1980, a pedido do Conselho Econômico do Canadá, um grupo de estudiosos, capitaneado por Michael Trebilcock, propôs, em lugar desses critérios, a adoção de um critério de escolha de ferramentas politicamente racional (*politically rational instrument choice*).[6]

Pois bem. Nos três momentos anteriormente referidos a definição das ferramentas poderá ser influenciada, além da busca por realizar o interesse público em si: (i) pela ideologia dos agentes; (ii) por influência de grupos de interesse; (iii) pela maioria ocasional que elegeu seus representantes; e (iv) pelos interesses pessoais dos próprios agentes envolvidos ao longo do processo.[7-8]

Para uma análise comprometida com a realidade, como aqui proposta, não é possível falar nas estratégias do direito administrativo enquanto *caixa de ferramentas* sem considerar a atividade dessas influências, até porque elas seguem surtindo efeito nos momentos subsequentes à modelagem do próprio arranjo de ferramentas.[9]

   6. Cf.: Michael J. Trebilcock, Douglas G. Hartle, J. Robert S. Prichard e Donald N. Dewees, *The Choice of Governing Instrument*, 1982.
   7. V. a colocação de Michael Trebilcock, Douglas Hartle, Robert Prichard e Donald Deewes: "Como consideravelmente discutido neste artigo, o mesmo objetivo pode ser frequentemente realizado praticamente na mesma extensão por meios alternativos. Políticos, burocratas, grupos de interesse especial e todo o eleitorado em geral não são indiferentes quanto aos instrumentos teoricamente substituíveis. Em suma, quando alguém muda das banalidades para as realidades, a unanimidade raramente, ou nunca, prevalece quanto à propriedade dos objetivos governamentais, o peso adequado a ser conferido a cada objetivo ou o instrumento de política pública apropriado para alcançar esses objetivos" (*The Choice of Governing Instrument*, cit., p. 3).
   8. A influência político-ideológica, ou de partes interessadas, será tratada em mais detalhes no capítulo seguinte, quando forem apuradas as críticas à abordagem da *caixa de ferramentas* bem como apresentados os ensaios de resposta a essas mesmas críticas.
   9. Como observa Lester Salamon: "Devido a isso, no entanto, as escolhas de ferramentas também não são apenas decisões técnicas. Ao invés disso, são profun-

É certo que tais influências temperam a proposta de uma abordagem eficiente do Direito, delimitando o espaço de manejo e seus instrumentos. Mas a Política e todos os interesses que pode trazer consigo não conseguem chegar ao extremo de operar sem qualquer suporte de legitimidade, de modo que ao menos um verniz de interesse público haverá de estar presente para garantir aos agentes políticos a manutenção de suas posições de poder. E, sendo assim, a influência política tempera a abordagem da *caixa de ferramentas*, mas não a aniquila.

É preciso, pois, buscar o ponto ótimo entre a técnica, a eficiência e a viabilidade política.[10]

damente políticas: elas apontam alguns atores e, portanto, algumas perspectivas e vantagens em determinar como as políticas são realizadas. Isto é especialmente crítico dado o grau de discrição deixada a esta fase do processo, como sugere a literatura de implementação. A escolha da ferramenta, assim, contribui para determinar como esse critério será utilizado e, portanto, quais os interesses que serão mais vantajosos como resultado. Por esta razão, a escolha da ferramenta é muitas vezes uma parte central da batalha política que molda programas públicos. O que está em jogo nestas batalhas não é simplesmente a maneira mais eficiente para resolver um problema específico de interesse público, mas também a influência relativa que vários interesses afetados terão na formação e evolução posterior do programa. Na verdade, pode muito bem ser o caso de que a necessidade de envolver atores particulares é o que importa para determinar as ferramentas escolhidas" ("The new governance and the tools of public action: an introduction", cit., in Lester M. Salamon (coord.), *The Tools of Government: a Guide to the New Governance*, p. 11).

10. Como destaca B. Guy Peters: "Do que foi dito, deve ficar claro que a escolha e o desenho dos instrumentos podem ser uma parte crítica desse processo, muitas vezes determinando se um programa pode reunir o apoio de que necessita. Selecionar os instrumentos, assim, torna-se uma parte crítica do papel do empreendedor da política pública. O empreendedor da política pública torna-se, assim, o 'corretor de ferramenta', como Salamon coloca-o na introdução deste livro, adaptando a ferramenta para ser utilizada de modo a alcançar o equilíbrio ótimo entre a efetividade e a viabilidade política. (...). O desafio prático para a análise política de instrumentos de política pública, portanto, é equilibrar preocupações manifestamente políticas – Economia, Ética, efetividade – na tomada de decisões acerca de instrumentos. Além disso, há uma necessidade de equilibrar as diversas conceituações alternativas de relações de causa e efeito disponíveis para o *design* da política pública e da seleção de instrumentos. Cada instrumento envolve um conjunto de hipóteses sobre o comportamento individual e/ou institucional, e estes pressupostos, então, são assumidos para fornecer os meios para modificar os resultados para a Economia e a sociedade. Selecionar um instrumento para 'resolver' um problema público, portanto, não é um exercício técnico simples, mas um balanceamento bastante complexo de valores que são inerentes ao processo político" ("The politics of tool choice", in Lester M.

A delimitação política do espaço de escolha das ferramentas faz com que o princípio da eficiência opere dentro desta arena, onde ainda é proveitoso o esforço de combinação e emprego das ferramentas à luz dos melhores incentivos que possam gerar.

Por outro lado, além do desenho de escolhas eficientes poder se dar dentro das balizas definidas pela Política, sendo entendido como um daqueles legalmente possíveis no contexto do que o ordenamento jurídico oferece (*ex lege*), a abordagem do direito administrativo como *caixa de ferramentas* também poderá ser manuseada para operar de forma persuasiva, na tentativa de, propositivamente, influenciar escolhas políticas e reformas (*de lege ferenda*).

Visto isso, para que a estratégia da *caixa de ferramentas* funcione bem, galgando resultados práticos efetivos, é preciso que ela se dê de maneira sempre contextual, pois uma boa avaliação do cenário político, econômico e administrativo será premissa determinante para o sucesso ou o insucesso de qualquer política pública orquestrada pelo governo.[11] Um exemplo contemporâneo vem bem ao caso.

Quase três anos depois de lançar o Programa de Investimentos em Logística/PIL, em 2012, com o intuito de superar renitentes gargalos de infraestrutura ainda hoje presentes no País, o Governo Federal veio a público apresentar sua nova versão em 2015, com investimentos estimados em 198,4 bilhões de Reais.

Se comparada com a primeira etapa, que, por uma série de fatores, apresentou baixa concretização dos projetos indicados, ficando bem aquém das estimativas estabelecidas, a nova versão do PIL aparenta maior solidez, na medida em que leva em conta constatações mais realistas de demanda e atratividade dos empreendimentos, junto com a promessa de criar um fluxo constante e previsível de concessões à iniciativa privada.

Salamon (coord.), *The Tools of Government: a Guide to the New Governance*, Nova York, Oxford University Press, 2002, pp. 557 e 563).

11. Christopher C. Hood e Helen Z. Margetts são eloquentes neste sentido: "Uma escolha efetiva requer mais do que uma revisão de alternativas, na medida em que tal revisão seja possível. Ela também requer alguma compreensão do contexto político, para corresponder instrumentos a circunstâncias. Há alguns contextos onde uma ferramenta governamental específica funciona bem, outros onde a mesma ferramenta funciona mal. (...). Em suma, o uso inteligente das ferramentas governamentais requer um conhecimento contextual efetivo" (*The Tools of Government in the Digital Age*, Nova York, Palgrave MacMillan, 2007, pp. 149 e 151).

Converter essa aparência de solidez em projetos concretos e, além, em efetiva melhoria da infraestrutura nacional, no entanto, exigirá bem mais do que se tem até então. Especialmente porque mudanças significativas nas modelagens jurídicas dessas concessões estão a caminho, comprovando a tese de que o desenho das ferramentas de direito administrativo é notadamente suscetível às circunstâncias dos fatos.

Como a experiência tem demonstrado, a intensidade da intervenção do Estado na Economia passa muito menos por questões ideológicas do que por determinantes pragmáticas, como a condição fiscal do País, de maneira que em momentos de relativa estabilidade econômica o Estado tem espaço para optar por intervir mais, por meio da criação de empresas estatais e pela monopolização de atividades econômicas; enquanto em momentos de escassez de recursos esse espaço é reduzido e a intensidade da intervenção diminui, tomando lugar a celebração de contratos de longo prazo com a iniciativa privada, porquanto financiados mediante tarifas de seus usuários diretos, a exemplo das concessões de serviços públicos. A questão, portanto, não está mais em quanto intervir, mas em como intervir.

Daí o insucesso da primeira fase do PIL, lançada em 2012, poder ser atribuído em boa medida a uma má compreensão da realidade econômica, que não comportava o desenho mais interventivo dos modelos jurídicos propostos, quase sempre envolvendo estatais em meio aos ciclos econômicos e dependendo fundamente do Estado e de seus recursos.

No desenho desses arranjos jurídicos, a ideologia se sobrepôs às circunstâncias, e as ferramentas escolhidas a partir daí fizeram com que os resultados restassem comprometidos. As licitações dos arrendamentos portuários ficaram suspensas por quase dois anos pelo Tribunal de Contas da União/TCU; o modelo horizontal de ferrovias, reflexo de uma mudança radical em relação à experiência histórica nacional e extremamente centrado na estatal VALEC, sequer saiu do papel; no setor de rodovias, discussões sobre a fixação rígida de Taxa Interna de Retorno e compartilhamento de obrigações com o DNIT frustraram alguns procedimentos de outorga; e no setor aeroportuário a obrigação de associação do vencedor da licitação com a INFRAERO, requisitos de habilitação técnica rigorosos e a vedação imprevista à participação cruzada por concessionários atuais em licitações subsequentes, sem a demonstração técnica de que tais medidas seriam necessárias, comprometeram os investimentos privados e impediram o Programa de decolar.[12]

Diante da experiência do que deu errado nos modelos anteriores, a segunda fase do PIL teve que retomar um desenho mais tradicional de concessão de serviços públicos, focando as preocupações estatais não na intervenção direta, mas em garantir estabilidade macroeconômica e um ambiente de previsibilidade regulatória.

O exemplo, tão presente, permite ver que a Política e as influências que ela transparece verdadeiramente exercem um papel nos arranjos de ferramentas de direito administrativo para endereçar interesses públicos. Mas ainda assim não se mantêm diante das circunstâncias, que podem ocasionar seu insucesso decorrente dos frágeis e equivocados incentivos gerados pelas instituições desenhadas, o que novamente indica para a necessidade de se buscar um ponto ótimo entre a viabilidade política, a técnica e a eficiência.

A par disso, o manejo do direito administrativo como *caixa de ferramentas* deverá estar atento ao contexto, e inevitavelmente receberá influências políticas que veiculem algum feixe de interesses próprios.[13] Ainda assim essa delimitação política terá que observar certa parcela de interesse público, a fim de assegurar sua legitimidade, garantindo a manutenção dos agentes políticos em suas posições; e, portanto, à *caixa de ferramentas* restará um campo de atuação para buscar o arranjo mais eficiente e, num processo incremental, (i) aprimorar a combinação de ferramentas que irá veicular a Gestão Pública ou (ii) exercer o papel de provocar a mudança, propondo arranjos e reformas que apresentem maior capacidade para realizar as finalidades pretendidas.

---

12. Sobre o desenho desses modelos regulatórios, cf.: Leonardo Coelho Ribeiro, Bruno Feigelson e Rafael Véras de Freitas (coords.), *A Nova Regulação da Infraestrutura e da Mineração: Portos, Aeroportos, Ferrovias e Rodovias*, Belo Horizonte, Fórum, 2015. Especificamente sobre o setor portuário, cf.: Diogo de Figueiredo Moreira Neto e Rafael Véras de Freitas, *A Nova Regulação Portuária*, Belo Horizonte, Fórum, 2014; e Egon Bockmann Moreira, *Portos e seus Regimes Jurídicos – A Lei n. 12.815/2013 e seus Desafios*, Belo Horizonte, Fórum, 2014.

13. Como afirma David L. Weimer: "Instrumentos, isoladamente ou em combinação, devem ser talhados *[crafted]* para caber em determinados contextos substantivos, organizacionais e políticos" ("Claiming races, broiler contracts, heresthetics and habits: 10 concepts for policy design", *Policy Sciences* 25/373, 1992).

3.1.2 A seleção de ferramentas segundo a Gestão Pública

Assumindo a percepção de que já há muitos instrumentos à disposição da ação administrativa, e o importante agora seria aprimorar seu desenho e seu emprego, estudiosos das políticas públicas, como Lester M. Salamon, relatam uma mudança na unidade de análise da Administração Pública e das políticas públicas, de uma abordagem centrada no órgão público, ou no programa público individualmente considerado, para uma abordagem focada nas ferramentas distintas por meio das quais se busca realizar os propósitos públicos da ação, justificando o desenvolvimento de uma abordagem de seleção de ferramentas (*tool selection*).[14]

A preocupação central da seleção de ferramentas sob a ótica da Gestão Pública consiste em promover o encaixe perfeito entre a ferramenta e a tarefa a cumprir, diante das diversas circunstâncias que se façam presentes.[15]

Trata-se de um objetivo que parte da premissa segundo a qual não existe um modelo universal (*one size fits all*) capaz de revelar a combi-

---

14. Conforme o autor: "No centro da abordagem da nova governança há um deslocamento na 'unidade de análise' na análise de Política e Administração Pública da agência pública ou do programa público individual para as ferramentas ou instrumentos através dos quais propostas públicas são perseguidas" (Lester M. Salamon, "The new governance and the tools of public action: an introduction", cit., in Lester M. Salamon (coord.), *The Tools of Government: a Guide to the New Governance*, p. 9).

No livro coordenado por Salamon há, ainda, diversos artigos aplicando a metodologia de análise proposta a ferramentas específicas passíveis de instrumentalizar a função administrativa.

15. Como desenvolveram Michael Trebilcock e coautores: "Por todo o cenário das atividades governamentais, notamos que esses tipos de escolhas estão quase sempre disponíveis. De fato, nós observamos um largo espectro de instrumentos sendo escolhidos, usualmente em conjunto uns com os outros, por diferentes governos em diferentes épocas em dados contextos políticos. O quebra-cabeça que isso apresenta é, num primeiro momento, identificar os fatores que integram o cálculo do formulador da política pública em encaixar instrumentos com objetivos, ou meios com fins. Resolver esse quebra-cabeça é central em muitos aspectos da reforma regulatória. Dois grandes tópicos se desdobram dessa resolução. Primeiramente, assumindo, como devemos, que o processo de escolha do instrumento não é aleatório, mas que reflete a tomada de decisão sob certos tipos de restrição, identificar a natureza dessas restrições é importante para determinar as opções disponíveis aos reformadores da regulação em busca de encontrar uma combinação diferente de instrumentos com objetivos" (Michael J. Trebilcock, Douglas G. Hartle, J. Robert S. Prichard e Donald N. Dewees, *The Choice of Governing Instrument*, cit., p. 1).

nação pronta e acabada de ferramentas que funcionará diante de todo e qualquer cenário. Nesse sentido, nem estatização, privatização, regulação ou desregulação, por exemplo, seriam respostas preconcebidas bastantes a solucionar, individualmente, todo e qualquer problema. É que a escolha das ferramentas deve receber uma forte influência do contexto e da finalidade que se pretende realizar, para ser bem sucedida nesse propósito.[16]

Ciente disso, a literatura especializada dedicada ao tema passou a dirigir seus esforços analíticos para, em primeiro lugar, identificar as ferramentas e, em segundo lugar, estudar individualmente suas peculiaridades, do ponto de vista prático da gestão e de sua capacidade para resolver problemas concretos, por entender que essa aproximação da questão é uma forma mais produtiva de organizar esforços.[17]

Neste viés, portanto, é assimilado como ferramenta todo e qualquer mecanismo do qual o Estado possa se utilizar para cumprir suas finalidades: administração direta, regulação social, regulação econômica, terceirização, privatização, garantias, empréstimos diretos, garantias de empréstimos, seguros, incentivos fiscais, empresas estatais, consultas

---

16. Lester M. Salamon discorre neste sentido: "Importante como o conhecimento das ferramentas é para a nova governança, no entanto, está longe de ser suficiente. Ferramentas não operam de maneira isolada, afinal. Elas são especificadas pelo contexto. Isto é o que diferencia a 'nova governança' das abordagens mais ideológicas para a reforma do setor público que vieram à tona nos últimos anos sob os rótulos de 'privatização', 'desregulação' ou 'devolução'. A nova governança não começa com a suposição de que uma ferramenta em especial é 'a chave para um governo melhor', como o título de um livro recente sobre a privatização coloca. Em vez disso, ela argumenta que a escolha das ferramentas depende muito do problema que se pretende resolver e do contexto em que ela opera. Contratar faz mais sentido, por exemplo, quando os produtos podem ser especificados com precisão razoável e os mercados são razoavelmente competitivos. Onde estas condições não estão presentes, no entanto, contratar pode sair pela culatra" ("The tools approach and the new governance: conclusions and implications", in Lester M. Salamon (coord.), *The Tools of Government: a Guide to the New Governance*, Nova York, Oxford University Press, 2002, p. 606).

17. Para Michael Howlett: "Seja o problema arquitetônico, mecânico ou administrativo, a lógica do *design* é fundamentalmente similar. A ideia é confeccionar um instrumento que funcione de certa maneira desejada. No contexto dos problemas das políticas públicas, o *design* envolve tanto um processo sistemático de geração de estratégias básicas e uma estrutura para compará-los. Examinar problemas de uma perspectiva de *design* oferece uma forma mais produtiva de organizarmos nossos pensamentos e esforços analíticos" (*Designing Public Policies: Principles and Instruments*, Routledge Press, 2011, p. 24).

públicas, audiências públicas, autorizações, permissões, concessões – dentre tantos outros.

Classificações dessas ferramentas identificadas começaram, então, a ser propostas, fazendo surgir taxonomias que visam a organizar sua compreensão. Não é meu propósito, aqui, aprofundá-las, mas, para ilustrar, registro as principais classificações e modelos de escolha de ferramentas.

Christopher C. Hood classifica as ferramentas em duas dimensões principais: (i) a primeira delas se divide entre ferramentas de detecção, que são todas aquelas utilizadas pelo Estado para obter informações, e ferramentas de efetivação, que contemplam as ferramentas por meio das quais o Estado atua na tentativa de influenciar e conduzir o comportamento social; e (ii) a segunda dimensão, denominada pelo acrônimo NATO, cuida das ferramentas que instrumentalizam essa detecção, ou efetivação. Nelas, as ferramentas são agrupadas segundo quatro critérios: (a) nodalidade (propriedade de estar situada em meio a uma rede social de informações); (b) autoridade (relacionada ao exercício do poder de autoridade); (c) tesouro (relacionada ao emprego de recursos públicos); e (d) organização (relacionada com a existência de um corpo de agentes com quaisquer habilidades que sejam).[18-19]

De sua parte, Anne Schneider e Helen Ingram categorizam as ferramentas em cinco grupos, conforme o comportamento que os programas procuram modificar: (i) ferramentas de autoridade; (ii) ferramentas de incentivo; (iii) ferramentas de capacidade; (iv) ferramentas simbólicas ou exortatórias; e (v) ferramentas de aprendizagem.[20]

18. O esquema foi originalmente desenvolvido em Christopher C. Hood, *The Tools of Government*, Londres, MacMillan, 1983; mas também pode ser encontrado em Christopher C. Hood e Helen Z. Margetts, *The Tools of Government in the Digital Age*, cit., pp. 2-11.
19. Michael Howlett parte da proposta de Hood para inserir dentre as escolhas de ferramentas substantivas também as escolhas de ferramentas procedimentais (*Designing Public Policies: Principles and Instruments*, cit., pp. 51 e ss.).
20. A abordagem é muito interessante e tem grande potencial para interagir com a regulação comportamental. Confira-se: "A estrutura que apresentamos agrupa as ferramentas com base em suas estratégias motivacionais subjacentes. Ferramentas de autoridade apoiam-se na legitimidade inerente aos arranjos hierárquicos. Ferramentas de incentivo assumem que os indivíduos são maximizadores de utilidade que mudarão seu comportamento de acordo com as mudanças na rede tangível de recompensas oferecidas pela situação. Ferramentas de capacidade assumem que indivíduos podem carecer de informação, recursos, habilidades, e podem confiar em decisões heurísticas (atalhos ou regra de ouro), mas esses vieses e deficiências

Evert Vedung, alegoricamente, ordena as ferramentas referindo-se a elas como recompensas, punições ou sermões (*carrots, sticks and sermons*),[21] que poderiam ser reconduzidas a ferramentas relacionadas aos planos jurídico, econômico e de comunicação, e se baseiam na força que cada uma dessas classes de ferramentas apresenta.[22]

Já, Lester M. Salamon, por sua vez, dedica-se mais a um modelo de avaliação de ferramentas que seja capaz de orientar escolhas do que propriamente a classificá-las – o que justifica uma análise mais apurada.

Seguindo seu propósito, o autor identifica cinco critérios que devem orientar as escolhas de ferramentas, quais sejam: (i) efetividade; (ii) eficiência; (iii) equidade; (iv) gerenciabilidade; e (v) legitimidade/ viabilidade política.[23]

A efetividade é o "critério mais básico para se aferir o sucesso de uma ação pública", medindo "a extensão em que uma atividade alcança seus objetivos propostos",[24] independentemente dos custos envolvidos.

---

podem ser corrigidos por políticas públicas. Ferramentas simbólicas e exortatórias assumem que os indivíduos são motivados interiormente, e que a política pública pode induzir o comportamento desejado manipulando símbolos e influenciando valores. Ferramentas de aprendizagem assumem que agentes e alvos não sabem o que deve ser feito, ou o que é possível fazer, e que ferramentas de políticas públicas devem ser usadas para promover aprendizado, consenso, construção, estabelecendo as bases para políticas públicas aprimoradas (...). A estrutura que propomos traz consigo as dimensões comportamentais dos instrumentos de política pública com o conceito de participação política; uma forma importante, mas largamente negligenciada, de comportamento político. Focando nas dimensões comportamentais das ferramentas encontradas dentro dos *designs* de políticas públicas, cientistas políticos podem então se habilitar a avançar o conhecimento sobre as condições pelas quais populações-alvo contribuirão para os resultados das políticas públicas preferidas" (Anne Schneider e Helen Ingram, "Behavioral assumptions of policy tools", cit., *The Journal of Politics* 52/527).

21. Em breve nota de tradução, a expressão *carrots and sticks* emprega a metáfora da "cenoura" como uma recompensa e da "vareta" como uma punição, em alusão ao instrumento utilizado para encorajar o cavalo a se mover.

22. Evert Oskar Vedung, "Policy instruments: typologies and theories", in Marie-Louise Bemelmans-Videc, Ray C. Rist e Evert Oskar Vedung, *Carrots, Sticks and Sermons*, 2003, pp. 21-52.

23. Lester M. Salamon, "The new governance and the tools of public action: an introduction", cit., in Lester M. Salamon (coord.), *The Tools of Government: a Guide to the New Governance*, pp. 19 e ss.

24. Idem, p. 23.

Para o autor a efetividade das ferramentas não se liga apenas à sua natureza, mas também às circunstâncias envolvidas na escolha dessas ferramentas; e, por isso, um dos principais desafios é o de especificar quais circunstâncias tornarão a ferramenta mais efetiva.

Se a efetividade se volta para resultados, a ideia de eficiência é o balanço entre resultados e custos. Nesse sentido, a ferramenta mais eficiente pode nem sempre ser a mais efetiva, mas os custos devem importar para o julgamento e a escolha da ferramenta mais adequada.

O terceiro critério trazido por Salamon é o da equidade, crucial do ponto de vista das consequência da escolha das ferramentas, de modo que "uma ferramenta que facilita a distribuição dos benefícios de um eventual programa pode ser considerada equitativa".[25]

Segundo seu quarto critério, denominado por "gerenciabilidade" ou "implementabilidade", a escolha de ferramentas deve considerar a dificuldade inerente à operação dos programas, como a complexidade das ferramentas e os atores que serão envolvidos, de maneira que se deve presumidamente preferir a escolha da ferramenta mais simples.

Por fim, o critério de legitimidade/viabilidade política informa que "as escolhas das ferramentas podem afetar a viabilidade política e a percepção da legitimidade da ação pública", o que implica a escolha de determinados atores, com interesses específicos, de modo a viabilizar a implantação dos programas, garantindo apoio político para que possam ser efetivados. Ou seja: a escolha de determinada ferramenta para aplicação de programas pode afetar ou facilitar a legitimação política, como pode também impactar a percepção do público sobre a relação daquilo que se paga e dos serviços públicos recebidos em contrapartida.[26]

A partir dessas considerações seria, então, possível identificar melhor o que é mais importante na hora de escolher as ferramentas, de modo que tais critérios permitiriam maior clareza analítica nesse processo.

Diante disso, o autor elenca quatro dimensões-chave das ferramentas que devem ser levadas em consideração para sua escolha: (i) grau de coercibilidade; (ii) diretividade; (iii) automaticidade; e (iv) visibilidade.

Em um baixo grau de coercibilidade, por exemplo, situar-se-iam ferramentas envolvendo responsabilidade civil por danos, despesas fiscais e campanhas de informação pública. No grau intermediário, ferramentas

25. Idem, ibidem.
26. Idem, p. 24.

que operam com subsídios de diversas formas, como garantias, subvenções, garantias de empréstimo, empréstimos diretos e contratações. E, dentre as ferramentas altamente coercitivas, as regulações econômicas e sociais, já que impõem limitações formais a atividades consideradas indesejadas.[27]

Nesta dimensão, quanto mais coercitivas são as ferramentas, maior a tendência de serem efetivas e atingirem mais efeitos redistributivos, dada a liberdade de ação que os governos têm em manusear esse tipo de ferramenta. Entretanto, maiores também serão seus custos, além de serem de difícil gerenciamento e assumirem o risco da desconfiança, se postas em um ambiente liberal.

A segunda dimensão-chave diz respeito à diretividade dos instrumentos e se volta a medir a "extensão pela qual a entidade que autoriza, financia ou inaugura uma atividade coletiva está envolvida em zelar por essa ação".[28] Nesse sentido, uma ferramenta direta seria aquela cuja autorização, cujo financiamento e execução se deem essencialmente pela mesma entidade, de modo que, quanto mais sua execução depender de outros agentes, mais indireta será a ferramenta – como parece ocorrer, por exemplo, com as terceirizações e as delegações sociais (parcerias com o Terceiro Setor) ou contratualizadas (concessões, permissões e autorizações de serviços públicos).

Essas ferramentas indiretas podem melhorar a qualidade dos serviços, aumentando o grau de competição nos serviços públicos, quebrando o monopólio estatal, além de representarem maior flexibilidade para eventuais mudanças que se façam necessárias em sua prestação. Por outro lado, apresentam maior dificuldade de serem gerenciadas e podem ser menos efetivas do que as ferramentas diretas, ironicamente podendo, inclusive, aumentar os custos com burocracia, já que para gerenciá-las é preciso se estruturar a fim de, por exemplo, administrar contratos, fiscalizar sua execução e conduzir negociações complexas com terceiros.

A terceira dimensão-chave para a escolha de ferramentas reside em sua automaticidade. Nas palavras de Salamon, a automaticidade "mede a extensão na qual uma ferramenta utiliza uma estrutura administrativa existente para produzir seus efeitos, ao invés de criar seu próprio aparato administrativo" – tal como as ferramentas que se utilizam do mercado

---

27. Idem, p. 26.
28. Idem, p. 27.

ou do sistema tributário e que, dessa maneira, por já usarem mecanismos existentes, reduzem dificuldades de gerenciamento.[29]

Contudo, dado que esses sistemas têm seus objetivos próprios, essas ferramentas podem enfrentar problemas políticos, na medida em que tais interesses próprios podem influenciar ou distorcer objetivos públicos.

A última dimensão-chave, segundo a abordagem de Salamon, seria a da visibilidade que os custos das ferramentas ostentam "no processo normal de revisão de políticas públicas, em particular nos processos orçamentários". Nesta dimensão a escolha das ferramentas deve considerar seu impacto político, especialmente em tempos de restrição orçamentária. Em um caso de regulação, por exemplo, apenas custos diretos de uma agência reguladora aparecem na previsão orçamentária, enquanto diversos custos indiretos, como aqueles gerados pela regulação produzida propriamente dita, permanecem, em grande medida, invisíveis.[30]

Diante dessas variadas aproximações acerca da escolha de instrumentos no campo das políticas públicas, Stephen Linder e Guy Peters propõem-se a ordená-las em quatro grupos, de modo que haveria propostas de autores: (i) instrumentalistas, voltados a escolher uma ferramenta particular para cuidar de todas as questões; (ii) procedimentalistas, para quem a seleção de ferramentas resulta de ambientes políticos complexos, não sendo possível avaliar tais escolhas; (iii) contingencialistas, que veem a adequação do uso de ferramentas a depender dos tipos de tarefas; e (iv) constitutivistas, para quem a escolha de ferramentas "não é um simples exercício mecânico de adequação de problemas bem definidos e soluções igualmente bem definidas. Em vez disso, é fundamentalmente um processo de constituição de uma realidade para, então, trabalhar dentro dela".[31]

Como se percebe, as teorias e classificações envolvendo a escolha de ferramentas e o desenho de políticas públicas passaram por diversas gerações, que foram incrementando esse processo, mas sempre compartilhando a premissa de que o *design* de políticas públicas e seus resulta-

---

29. Idem, pp. 32-34.
30. Idem, pp. 35-36.
31. Stephen H. Linder e Guy Peters, "The study of policy instruments: four schools of thought", in Guy Peters e Frans K. M. van Nispen, *Public Policy Instruments: Evaluating the Tools of Public Administration*, Cheltenham, Edward Elgar, 1998, p. 45. Cf., também: Christopher C. Hood e Helen Z. Margetts, *The Tools of Government in the Digital Age*, cit., pp 170-171.

dos são, em última análise, condicionados a fatores contemporâneos e à capacidade do Estado de enfrentá-los.[32]

A busca pelo que funciona e o que não funciona e pelos motivos que levam a escolher determinada ferramenta, dentre várias disponíveis, definitivamente passou a ser um dos guias dessa abordagem, primordialmente preocupada com o arranjo de políticas públicas.

A saber: como as ferramentas são entre si substituíveis, ainda que umas possam alcançar melhores resultados que outras, o método primordial de investigação dessa seleção tem sido o de fazer análises comparativas dentre as alternativas possíveis.

Ora, diante das muitas ferramentas disponíveis e das variáveis presentes caso a caso, uma análise combinatória de todas as possibilidades de arranjo seria praticamente impossível, de modo que esse processo naturalmente segue a tônica de tentativa e erro; de acúmulo de experiências práticas (*learn by doing*), assimilação de resultados e realização de experimentos que, a partir do desempenho, possam seguir adiante, ser remodelados ou abandonados.

Com isso se confere bastante ênfase ao estudo do ciclo da política pública e suas fases de formulação e implementação,[33] voltadas à escolha das ferramentas, que cada vez mais deixam de ser abordadas sob a ótica

32. Como anota Michael Howlett: "Como vimos, teorias sobre o *design* de políticas públicas e escolha de instrumentos têm surgido ao longo de gerações (Goggin et al. 1990; O'Toole 2000) conforme os teóricos têm mudado da análise de instrumentos substantivos individuais (Salamon 1981; 2002) para estudos comparativos de seleção procedimental de instrumentos (Howlett 1991; Bemelmans-Videc 1998; Peters e Van Nispen, 1998; Varone 2005; Bode 2006; Howlett et al. 2006). Enquanto cada geração tem incrementado a complexidade da análise, a suposição central de todas essas gerações de teorias é a de que o processo de *design* de políticas públicas e seus resultados são, em última análise, formados por fatores contextuais relacionados com a capacidade do Estado em encarar os diferentes níveis de complexidade social (Atkinson e Nigol 1989)" (*Designing Public Policies: Principles and Instruments*, cit., p. 140).

33. Como afirma Michael Howlett: "Isto porque, como temos visto, o *design* de políticas públicas toma largamente lugar no estágio de formulação do ciclo da política pública e lida com planos para o estágio de implantação. Assim, os principais conjuntos de instrumentos de política pública de interesse para os *designers* de políticas públicas são os relacionados com implementação de políticas públicas, em primeira instância, e para a sua formulação, na segunda" (*Designing Public Policies: Principles and Instruments*, cit., pp. 23-24).

individual, para serem investigadas sob a forma de combinações,[34] tendo em vista os ambientes complexos e a interação que ocorre entre políticas públicas já existentes e novas políticas públicas.[35]

A Gestão Pública, portanto, dedica-se a conhecer as ferramentas à disposição, investigar como se relacionam, bem como entender as nuances da formulação e da implementação de políticas públicas, acompanhando a concretização do modelo desenhado.[36]

---

34. Segundo Pearl Eliadis, Margaret Hill e Michale Howlett: "4. O debate deve se mudar do nível da escolha do instrumento individual para a combinação de instrumentos; então reconhecendo que os instrumentos são sensíveis ao contexto e raramente, quando nunca, projetados e implantados isoladamente" (*Designing Government: from Instruments to Governance*, Quebec, McGill-Queen's University Press, 2005, p. 7.

Exatamente como Michael Howlett reafirma em seu livro: "Estudos como os de Gunningham, Grabosky e Young sobre 'regulação inteligente' *[smart regulation]* levam para o desenvolvimento de esforços em identificar complementaridades e conflitos dentro das misturas de instrumentos ou 'portfólios' de ferramentas envolvidos num *design* mais complexo e sofisticado de políticas públicas (Barnett et al. 2008; Shore 2009; Buckman e Diesendorf 2010). Para eles, a principal questão não é mais 'como aplicadores de políticas públicas utilizam um determinado instrumento?', como foi para gerações anteriores de estudantes da escolha de instrumentos de políticas pública, porém mais profundamente 'como uma combinação particular de instrumentos processuais e substantivos é utilizada num setor específico?'" (*Designing Public Policies: Principles and Instruments*, cit., p. 53).

35. Como anota Robert E. Goodin, um bom desenho de política pública é aquele que encaixa bem com os desenhos existentes: "No caso de uma política pública, uma política pública bem elaborada é aquela que se encaixa bem com outras políticas públicas e com os sistemas políticos/econômicos/sociais mais amplos nos quais está disposta. No caso de um mecanismo, uma peça bem projetada é aquela que trabalha bem ao lado de outras características do ambiente social no qual se insere, incluindo outros mecanismos existentes nesse ambiente" ("Institutions and their design", in Robert E. Goodin, *The Theory of Institutional Design*, Cambridge University Press, 1996).

36. Como relata Michael Howlett: "Como Stephen Linder, B. Guy Peters, Davis Bobrow, Peter May, Patricia Ingraham, Christopher Hood, Renate Mayntz e outros pioneiros da pesquisa sobre *design* de políticas públicas nos anos 80 e 90 argumentaram, assim como outros tipos de *design* em atividades manuais e construção, o *design* de políticas públicas envolve três aspectos fundamentais: (1) conhecimento dos tijolos ou materiais de construção básicos com os quais os atores devem trabalhar na construção de um objeto (de política pública); (2) a elaboração de um conjunto de princípios sobre como esses materiais devem ser combinados nessa construção; e (3) compreender o processo pelo qual um *design* começa a ser traduzido em realidade. Num contexto de políticas públicas isso significa entender os tipos de ferramentas

Com essa finalidade, e tendo em vista o propósito jurídico de efetivar direitos que são veiculados pela ação administrativa, a Gestão Pública deve interagir intensamente com o Direito, de modo que eles possam se implicar mutuamente, trocando experiências e integrando a abordagem da *caixa de ferramentas* para gerar sistemas de incentivos mais adequados às finalidades pretendidas, como é o propósito da metáfora segundo os dois enfoques.

3.2 As estratégias de aplicação do direito administrativo como "caixa de ferramentas"

Apresentados os enfoques político e da gestão sobre a *caixa de ferramentas* que o governo tem a seu dispor para cumprir finalidades públicas, é, agora, possível abordá-la sob o ponto de vista jurídico, dentro do espaço adequadamente delimitado que lhe cabe.

Como dito na introdução deste capítulo, de sua parte, o Direito precisa transpor a lógica da *caixa de ferramentas* para abordar o desenho dos arranjos jurídicos correspondentes, seja na hora de formulá-los ou revisitá-los, e não só sob a lógica bifronte da legalidade/ilegalidade, mas contribuindo ativamente com o desenho desses arranjos institucionais e dos incentivos por eles gerados, de modo a otimizar a ação pública.[37]

de implantação que os governos têm à sua disposição na tentativa de alterar algum aspecto da sociedade e do comportamento social; elaborar um conjunto de princípios a respeito de quais instrumentos devem ser usados em cada circunstância; e entender as nuanças da formulação de políticas públicas e as implantações processadas no governo" (*Designing Public Policies: Principles and Instruments*, cit., p. 139).

37. Como anota Maria Paula Dallari Bucci, tomando por objeto de estudo as políticas públicas: "A noção de políticas públicas traz duplo ganho para a reflexão jurídica, tanto teórica quanto aplicada. De um lado, permite buscar uma linha de racionalidade que relacione as diversas componentes, aparentemente dispersas, de uma ação pública determinada. É verdade que nem sempre essa racionalidade é encontrada ou mesmo encontrável. A racionalidade da ação governamental está no plano ideal-típico, isso é, trata-se de algo que a ação pública persegue, permeada por múltiplas linhas de tensão, que atuam em sentidos diversos e contrapostos. O ambiente em que se dá a ação governamental é fragmentado e beira o caótico, daí que a compreensão de suas componentes jurídico-institucionais pode representar um diferencial de melhoria das políticas públicas que nele se desenvolvem. Essa análise oferece referenciais para uma nova relação do pesquisador com o objeto jurídico, menos restrita ao Direito posto e sua aplicação, e mais voltada aos processos de produção das decisões governamentais, com ênfase no elemento jurídico que conforma

Pois bem. Partindo da ideia de que "a imagem da *"caixa de ferramentas"* oferece uma explicação tanto para o passado (*poor design*) quanto uma solução (*better design*)",[38] a aplicação do direito administrativo como *caixa de ferramentas* pode se dar dentre duas grandes abordagens: uma diagnóstica, e a outra prognóstica.

Diagnosticar é conduta que se dedica a identificar o problema em questão, enquanto *prognosticar* consiste na previsão, baseada em indícios, do que poderá acontecer se determinadas medidas forem adotadas.

Desse modo, o direito administrativo como *caixa de ferramentas* deve levar em conta o aprendizado retrospectivo, mas sem ossificá-lo, permanecendo flexivelmente aberto a inovações (experimentalismo) e à assimilação do aprendizado gerado pela prática, além de manter pretensões prospectivas concorrendo para o desenho dos incentivos destinados a um objetivo concreto (efetivar certo direito, implantar uma política pública, estimular uma conduta).

O aspecto retrospectivo das ferramentas colabora para o seu diagnóstico, analisando a compatibilidade entre instrumentos empregados (e seus incentivos) e fins almejados, de maneira a validar ou redirecionar os caminhos a seguir.

Já, o aspecto prospectivo das ferramentas trabalha para incentivar condutas, partindo das alternativas institucionais disponíveis. Atua precipuamente na concepção da ação, seja ela original (nova política pública, *v.g.*) ou secundária (reforma de um marco regulatório, *v.g.*), em um esforço de prever o que deverá acontecer a partir destes incentivos.

No primeiro momento, desse modo, a lógica da *caixa de ferramentas* alimenta-se da realidade (o que é), por meio da diagnose, justo para orientar a pauta do momento seguinte, de prognose, dirigindo a escolha dos meios mais habilitados para que o Direito cumpra sua função prescritiva de condutas por meio de incentivos (o que deve ser).

Mais que isso, em matéria de direito administrativo a estratégia da *caixa de ferramentas* deve incidir desde os macroarranjos, que distribuem

---

a ação governamental" ("Notas para uma metodologia jurídica de análise de políticas públicas", *Fórum Administrativo – Direito Público – FA* 104, Ano 9, Belo Horizonte, outubro/2009, disponível em *http://bid.editoraforum.com.br*, acesso em 2.2.2015).

38. Conforme formulado em Elizabeth Fisher, "Unpacking the toolbox: or why the public/private divide is important in EC environmental law", *Public Law and Legal Theory, Working Paper* 35, agosto/2001.

competências, descentralizam ações e criam novas entidades, passando por arranjos intermediários, que escolhem os mecanismos que irão instrumentalizar a ação pública propriamente, como a regulação econômica, social, a terceirização, o financiamento e outros meios, até chegar aos microarranjos, delineando as características dos institutos em si, definindo se uma concessão de serviços públicos terá exclusividade ou não, se uma autorização de serviços públicos se dará por prazo determinado ou indeterminado, e quais são seus requisitos, dentre tantas outras nuanças ao longo de todo esse processo, no qual interagem formuladores e executores, nos mais diversos níveis da Administração Pública.

Trata-se, portanto, de interagir com a formulação e a implantação da ação pública para municiá-la de modelos jurídicos que irão evitar ou mitigar dificuldades futuras, assim concorrendo para a viabilidade e o sucesso das medidas adotadas.[39]

Com efeito, as duas formas de aplicação são sempre comparativas – avaliam-se vantagens e desvantagens das variáveis de cada ferramenta, em perspectiva dentre as possíveis –, comprometidas com resultados práticos, e seguem a matriz instrumentalista que justifica a metáfora, segundo a qual:

> (i) não há máximas preconcebidas, de modo que, mesmo existindo uma ferramenta que possa ser a mais apta no caso, e a meta seja encontrá-la, as ferramentas são substituíveis, e é possível escolher dentre várias delas para cada tarefa;[40]

---

39. Até porque, como observa Roderick A. MacDonald: "Não há, em outras palavras, um melhor ou mais eficiente instrumento que possa ser postulado sem se levar em conta os valores promovidos ou avançados pelo arcabouço normativo sob consideração" ("The swiss army knife of governance", in Pearl Eliadis, Margaret M. Hill e Michael Howlett, *Designing Government: from Instruments to Governance*, Quebec, McGill-Queen's University Press, 2005, p. 222).

40. Roderick MacDonald, usando a imagem de um canivete suíço, projetado com diversas ferramentas, pondera: "Diante de um trabalho simples, muitas ferramentas (ou talvez muitos modos de usar a mesma ferramenta) podem realizar o trabalho. Não há necessariamente uma melhor ferramenta numa dada situação. Uma variedade de implementos no 'canivete' funcionará algumas melhor que as outras, mas não há uma única ferramenta projetada especificamente para esse uso. Além disso, diferentes usuários podem ter preferências por uma ou outra ferramenta, e essas preferências podem não ser o que o projetista do 'canivete' considera a melhor escolha. Um problema relacionado é que as preferências das pessoas podem cegá--las por uma escolha mais efetiva" ("The swiss army knife of governance", cit., in

(ii) A análise das ferramentas já empregadas deve enfocar nas consequências práticas geradas, por força de seus incentivos, bem como a escolha das ferramentas, e de sua combinação para hipóteses futuras deve buscar antever os incentivos que dado arranjo de ferramentas poderá gerar; e, em qualquer dos casos, para ser bem sucedida,

(iii) a abordagem precisa considerar o contexto de manuseio da *caixa de ferramentas*; especialmente o contexto político e o econômico, que podem ter influência determinante sobre seus resultados.[41]

Em uma remissão ao pragmatismo filosófico que influencia o instrumentalismo destrinchado no primeiro capítulo, portanto, as formas de aplicação do direito administrativo como uma *caixa de ferramentas* devem ser antifundacionalista, consequencialista e contextualista, respectivamente.

Feito esse apanhado geral, dedico-me, agora, a investigar essas duas grandes estratégias de manuseio do direito administrativo, trazendo exemplos que possam traduzir sua utilidade prática e sua forma de emprego.

3.2.1 *A estratégia diagnóstica: a análise da compatibilidade entre ferramentas e finalidades a partir dos incentivos gerados*

A estratégia diagnóstica do direito administrativo como *caixa de ferramentas* dedica-se a analisar os arranjos jurídicos existentes, à luz dos incentivos que produzem para atingir as finalidades pretendidas. Antes de mais nada, trata-se de uma análise da consistência jurídica desses arranjos para cumprirem suas finalidades.[42]

Pearl Eliadis, Margaret M. Hill e Michael Howlett, *Designing Government: from Instruments to Governance*, p. 226).

41. Roderick MacDonald aborda o ponto: "Sendo uma das minhas reivindicações a de que meios não devem ser dissociados dos fins, daí decorre não ser possível entender adequadamente como as escolhas sobre meios são feitas sem fundamentar a questão em contextos e épocas particulares. Ferramentas analíticas e dispositivos conceituais são determinados culturalmente. É simplesmente inapropriado assumir que eles possam ser projetados em alguma forma idealizada no tempo e no espaço. Evidentemente as lições do Direito Comparado e do colonialismo são um testemunho eloquente desse ponto" ("The swiss army knife of governance", cit., in Pearl Eliadis, Margaret M. Hill e Michael Howlett, *Designing Government: from Instruments to Governance*, p. 207).

42. Ao modo do que leciona Carlos Ari Sundfeld na seguinte passagem: "Ao tratar de operações econômicas, o direito administrativo dos negócios modela mecanismos (medidas, instrumentos e organizações estatais). *A questão, para a qual os*

Esse exercício de avaliação do desenho das instituições como se encontram configuradas permite que, a partir daí, seja possível identificar os pontos da arquitetura jurídica que podem ser aprimorados, quando, então, entrará em cena – como veremos adiante – a subsequente e complementar abordagem prognóstica.

Pois bem. Para que o diagnóstico alcance seus objetivos, ele deverá se pautar em dois parâmetros principais que lhe poderão ser muito úteis, quais sejam: (i) a apuração da compatibilidade entre meios e fins; e (ii) a investigação da essência dos instrumentos empregados.

O parâmetro da averiguação da compatibilidade entre meios e fins aproxima-se da ideia que é tipicamente veiculada pelo teste da proporcionalidade e pode ser percebido, a rigor, como um teste pragmatista.[43-44] Ou seja: se a ferramenta escolhida não é adequada para cumprir determinada função e os resultados por ela produzidos negam as finalidades às quais sua escolha e seu emprego remetem, isso conduzirá a um diagnóstico de que o desenho institucional precisa ser reformulado.

Como se disse ao analisar o princípio da eficiência no segundo capítulo, a eficiência como postulado interage com a proporcionalidade,

juristas podem decisivamente contribuir, é a de saber da consistência jurídica dessa modelagem, isto é, o quanto as características de funcionamento desses mecanismos jurídicos permitem ou não que eles realizem os fins a que foram dirigidos" ("Direito público e regulação no Brasil", in Sérgio Guerra (org.), *Regulação no Brasil: uma Visão Multidisciplinar*, Rio de Janeiro, FGV, 2014, p. 102).

43. Como anota Maria Paula Dallari Bucci, relacionando a qualidade das políticas públicas à adequação dos métodos utilizados: "Assim, considerando que uma política pública é um aglutinado de dados e processos, a qualidade, tanto do arranjo em si como dos expedientes de compreensão e análise, está na razão direta da adequação dos métodos utilizados. Em resumo, políticas públicas são arranjos institucionais complexos, expressos em estratégias ou programas de ação governamental, que resultam de processos juridicamente regulados, visando a adequar meios e fins" ("Notas para uma metodologia jurídica de análise de políticas públicas", cit., *Fórum Administrativo – Direito Público – FA* 104, disponível em *http://bid.editoraforum.com.br*, acesso em 2.2.2015).

44. Como argumenta José Vicente Santos de Mendonça: "Se assim for, o princípio da proporcionalidade como um todo é, essencialmente, um teste pragmatista, que serve para analisar as consequências das medidas, legais ou administrativas, tomadas pelo Estado". E, adiante, continua: "Se a verdade de uma proposição decorre da utilidade de suas consequências, então, uma norma cujos resultados neguem seu propósito não ultrapassa o teste pragmatista" (José Vicente Santos de Mendonça, *Direito Constitucional Econômico: a Intervenção do Estado na Economia à Luz da Razão Pública e do Pragmatismo*, Belo Horizonte, Fórum, 2014, pp. 113-114).

a fim de checar a relação de intensidade entre os fins perseguidos pela Administração e os meios empregados para atingi-los. Dessa maneira, ainda que não seja possível exigir a adoção do melhor meio de todos para realizar a finalidade pública identificada, seja pelo legislador, pelo regulador, ou pelo gestor público, simplesmente porque há várias ferramentas e combinações estratégicas concorrentes e viáveis, também não se pode permitir a adoção do meio menos intenso.

À vista disso, a incompatibilidade entre as ferramentas escolhidas para veicular determinada ação administrativa e as finalidades que se pretende efetivar por meio delas constituirá, prontamente, a hipótese de menor intensidade no cumprimento do dever constitucional de eficiência, importando a quebra desse dever.

Nesse sentido, um campo extremamente fértil para a aplicação da abordagem diagnóstica do direito administrativo como *caixa de ferramentas* diz respeito à revisão do estoque regulatório (*regulatory lookback*).[45]

Com efeito, por força da profusão normativa, tanto ordinária quanto regulatória, e do próprio avanço das atividades reguladas, muitas exigências vão se acumulando ao longo do tempo, anacronicamente mantendo-se vigentes sem maior utilidade, mas ainda assim implicando custos a seus destinatários e à máquina pública.[46] Daí a aproximação diagnóstica desses arranjos, a fim de revê-los e remodelá-los, ou revogá-los, conforme sua efetividade e sua eficiência.

Nos Estados Unidos, por exemplo, no período em que Cass Sunstein assumiu a administração do Gabinete de Informações e Assuntos Regulatórios (*Office of Information and Regulatory Affairs*/OIRA), tomou lugar uma grande ação retrospectiva para rever esse estoque regulatório e, de 580 propostas possíveis de reforma, 100 já teriam sido realizadas, gerando uma economia estimada de 10 bilhões de Dólares entre 2012 e 2017, por meio da eliminação de grande burocracia desnecessária.[47]

45. Sobre o tema, cf.: Cass Sunstein, "The regulatory lookback", *Boston University Law Review* 94/579-602, 2014.
46. Segundo Margaret Hill anota, a partir de estudo do Conselho Econômico do Canadá: "(...) a tendência no processo de formulação de políticas públicas é adotar novas regulações acriticamente e manter existindo outras que já perderam sua utilidade" (Conselho Econômico do Canadá 1979:5)" ("Tools as art", in Peral Eliadis, Margaret M. Hill e Michael Howlett, *Designing Government: from Instruments to Governance*, Quebec, McGill-Queen's University Press, 2005, p. 23).
47. Disponível em: *www.whitehouse.gov*, acesso em 16.7.2015.

Como relata Daniel Silva Pereira, o mesmo se passou no México, onde tem sido adotado um programa de guilhotina regulatória para reformar normas, de modo a "reduzir cargas administrativas" e liberar "os recursos do setor econômico, que anteriormente se dedicavam ao cumprimento das regulações, para direcioná-los a elevar a produtividade do País".[48] Estima-se que o programa teria liberado cerca de 1,2% do Produto Interno Bruto/PIB do México no ano de 2009.

Ao que parece, o tema está agora chegando no Brasil, onde a Agência Nacional de Vigilância Sanitária/ANVISA abriu consulta interna para identificação de atos normativos obsoletos ou desnecessários, justamente a fim de promover uma medida de guilhotina regulatória.[49]

Por outro lado, sendo a ferramenta adotada compatível com a finalidade, será ainda possível constatar, a partir dos resultados concretos, se a arquitetura jurídica pode ser aprimorada ou não, aumentando sua eficiência. Além do quê a compatibilidade precisa ser apurada não apenas do ponto de vista da relação direta entre ferramenta escolhida/finalidade a concretizar, mas também sob o ângulo das ações públicas preexistentes para cuidar daquela mesma finalidade, de modo que o emprego da nova

---

48. Daniel Silva Pereira, "Novo Marco Regulatório Portuário, melhora regulatória e análise de impacto", in Leonardo Coelho Ribeiro, Bruno Feigelson e Rafael Véras de Freitas (coords.), *A Nova Regulação da Infraestrutura e da Mineração: Portos, Aeroportos, Ferrovias e Rodovias*, Belo Horizonte, Fórum, 2015, pp. 271-293.

49. Cf. o chamado interno feito pela agência: "A Gerência-Geral de Regulamentação e Boas Práticas Regulatórias (GGREG), por meio da Coordenação de Gestão do Estoque Regulatório (COGES), está conduzindo uma consulta interna para identificar os atos normativos da ANVISA que se encontram obsoletos ou desnecessários. O objetivo desta consulta é obter subsídios para promover na ANVISA uma medida de *guilhotina regulatória*, que pode ser entendida como uma ação estruturada para identificação e revogação de atos normativos obsoletos ou desnecessários. A proposta é que seja publicado um instrumento único revogando o conjunto de atos identificados, economizando recursos e potencializando o impacto da ação. Esta medida permite a racionalização do acervo de atos normativos da Agência, uma vez que serão revogadas as normas obsoletas e desnecessárias e ficarão vigentes aquelas que efetivamente são utilizadas pela ANVISA. A ação busca propiciar uma melhor compreensão do marco legal vigente tanto pela sociedade como pela própria Agência e o Sistema Nacional de Vigilância Sanitária. A iniciativa de identificação e revogação de atos normativos poderá ser executada sempre que necessário, para manter o estoque regulatório da ANVISA atualizado" (disponível em *http://formsus.datasus. gov.br*, acesso em 16.7.2015).

ferramenta seja coerente com a modelagem em operação, demonstrando aptidão para incrementá-la.[50]

Em segundo lugar, ainda que os instrumentos não tenham uma única e estática finalidade, é preciso atentar para sua essência, evitando que sejam empregados em situações nas quais claramente não se encaixam.[51]

À primeira vista pode parecer estranho formular um parâmetro nesses termos, mas a prática tem mostrado o quanto é comum que novas denominações sejam dadas para antigos institutos bem como que ferramentas essencialmente carregadas de certo conteúdo sejam empregadas em situações absolutamente descoladas de seus propósitos essenciais.[52]

Para a primeira hipótese, de confeccionar novas denominações a conteúdos já conhecidos, deve-se atentar porque ela antes atrapalha, gerando incerteza e insegurança jurídica e desperdiçando o conhecimento construído, do que oferece qualquer colaboração. Exatamente como ilustra o caso da Lei 13.019/2014, que cuida do novo Marco Regulatório do Terceiro Setor e interditou a celebração de convênios apenas para as parcerias entre entes federados. A saber: o art. 84 da lei fixa que os convênios, a partir de sua vigência, "ficarão restritos a parcerias firmadas entre os entes federados".[53]

50. Nas palavras de Michael Howlett: "Isto é, *designers* devem garantir que quaisquer novos elementos de *design* sejam *coerentes* no sentido de que são relacionados logicamente aos objetivos e alvos gerais das políticas públicas; que eles sejam *consistentes* de modo que trabalhem em conjunto para apoiar uma meta de política pública; e que tanto meios quanto metas das políticas públicas sejam *congruentes*, ao invés de trabalharem com objetivos opostos" (*Designing Public Policies: Principles and Instruments*, cit., p. 145).

51. Como alerta Paul Posner: "Alguns problemas de atuação e gerenciamento são construídos no início por um descompasso de ferramentas com metas e problemas. Alguns instrumentos se ajustam melhor a determinadas tarefas de política pública do que outros" ("Accountability challenges of third party governance", in Lester M. Salamon, *The Tools of Government: a Guide to the New Governance*, Nova York, Oxford University Press, 2002, p. 533).

52. Lester M. Salamon registra a ocorrência: "Para complicar ainda mais as coisas há o fato de que as ferramentas são muitas vezes erroneamente rotuladas, às vezes deliberadamente" ("The new governance and the tools of public action: an introduction", cit., in Lester M. Salamon (coord.), *The Tools of Government: a Guide to the New Governance*, p. 22).

53. Lei 13.019/2014:
"Art. 84. Salvo nos casos expressamente previstos, não se aplica às relações de fomento e de colaboração regidas por esta Lei o disposto na Lei n. 8.666, de 21 de

Como aqui se vem de dizer, é certo, os institutos, ajustes e relações jurídicas valem muito mais por sua essência do que por sua designação, de modo que os contornos conferidos à parceria celebrada entre uma entidade do Terceiro Setor e o Poder Público é que delimitarão sua natureza jurídica.

Aliás, especialmente neste tema sempre foi praxe denominar ajustes dotados com as características típicas de convênios por outros nomes, como termo de colaboração, protocolo de intenções, termo de cooperação etc. Em matéria de nomes a criatividade do administrador público nunca foi problema. Com isso, aproximando-se o ajuste das características típicas de um convênio, pouco importará o nome adotado: terá o instrumento jurídico a natureza de convênio administrativo, e não de contrato administrativo.

No fim do dia, no entanto, reservar a nomenclatura "convênio" para designar apenas relações de parceria entre dois entes federados acaba representando um desserviço ao conhecimento construído, porque joga incerteza sobre o emprego de uma designação consagrada e amplamente utilizada para instrumentalizar parcerias entre organizações da sociedade civil e a Administração Pública e cria a superficial necessidade de uma nova denominação para esses ajustes, que em nada acrescenta.[54]

Já, para a segunda hipótese, de empregar ferramentas essencialmente carregadas de certo conteúdo para fazer frente a situações descoladas de seus propósitos essenciais, o alerta se faz ainda maior, porque o emprego de um instrumento que não goza de aptidão para cumprir determinada

junho de 1993, e na legislação referente a convênios, que ficarão restritos a parcerias firmadas entre os entes federados.

"Parágrafo único. Os convênios e acordos congêneres vigentes entre as organizações da sociedade civil e a Administração Pública na data de entrada em vigor desta Lei serão executados até o término de seu prazo de vigência, observado o disposto no art. 83."

54. Sobre o tema, cf.: Leonardo Coelho Ribeiro, "O novo Marco Regulatório do Terceiro Setor e a disciplina das parcerias entre organizações da sociedade civil e o Poder Público", *Revista Brasileira de Direito Público/RBDP* 50/95-110, Ano 13, Belo Horizonte, Fórum, julho-setembro/2015. Em sentido próximo, cf.: Alexandre Santos de Aragão, *Curso de Direito Administrativo*, Rio de Janeiro, Forense, 2012, p. 336; e Rafael Carvalho Rezende Oliveira, "O novo Marco Regulatório das Parcerias entre a administração e as organizações da sociedade civil: aspectos relevantes da Lei n. 13.019/2014", *Revista Brasileira de Direito Público/RBDP* 46/9-32, Belo Horizonte, julho-setembro/2014.

finalidade emitirá os incentivos errados aos seus destinatários e poderá importar não só desperdício de recursos públicos escassos, mas também perda de uma oportunidade valiosa para efetivar a finalidade pública pretendida, quebrando o dever de eficiência.

Ora bem, mesmo que respeitados esses dois parâmetros, a aproximação diagnóstica do direito administrativo como *caixa de ferramentas* permitirá também identificar a ocorrência de fugas regulatórias, ou seja, hipóteses nas quais os instrumentos escolhidos sejam aparentemente compatíveis com as finalidades pretendidas, sirvam essencialmente para tanto, mas não estejam, na prática, por razões contextuais políticas, administrativas, econômicas, culturais ou de legitimidade, sendo capazes de efetivar os objetivos perseguidos, tendo em vista os efeitos colaterais gerados por seus arranjos de incentivos.

Trata-se de um movimento natural, na medida em que é de se esperar que os destinatários da ação pública sempre ajam de maneira a se adaptarem aos incentivos gerados, utilitariamente tentando aumentar seus direitos e diminuir seus deveres, com a intenção de ampliarem seu patrimônio jurídico e, com ele, geralmente, o econômico também. Um exemplo vem a calhar.

Desde a inauguração do Marco Regulatório do Setor de Saúde Suplementar, como hoje é conhecido, tem sido notável a mudança do perfil de planos de saúde comercializados no País.

Segundo informações da Agência Nacional de Saúde Suplementar/ ANS, encarregada de regular o setor, nos últimos 10 anos caiu de 50% para cerca de 17% o número de segurados por planos individuais. Em seu lugar ascenderam os chamados planos coletivos.[55] Até aqui, em tese, uma flutuação de mercado normal quanto à qual nada haveria de errado, não fossem as consequências deletérias desse movimento aos objetivos da regulação setorial, que busca promover a defesa do interesse público na assistência suplementar à saúde, regulando as operadoras, inclusive quanto às suas relações com prestadores e consumidores, contribuindo para o desenvolvimento das ações de saúde no País (art. 3º da Lei 9.961/2000).

A saber: os planos coletivos, por dependerem de contratos celebrados entre pessoas jurídicas (sociedades empresárias, ou entidades de classe, mais comumente) e operadoras de plano de assistência à saúde, tendem

---

55. Cf.: *www.ans.gov.br* (acesso em 10.7.2015).

a não abarcar certas parcelas da população que deles justamente mais precisam e mais se utilizam. É o caso das crianças, idosos e doentes.

De outro lado, os planos individuais, nos poucos casos em que ainda oferecidos pelas operadoras, costumam contemplar pacotes de custos e benefícios muito menos vantajosos que os oferecidos pelos planos coletivos.

Tudo isso é resultado direto da combinação de ferramentas para delimitar os contornos do setor que vêm se mostrando praticamente equivocada, levando a uma fuga regulatória. Vejamos a conjunção dos fatores que conduzem à produção desses incentivos inadequados.

Firme no propósito de proteger o segurado, dentre outras disposições, foi legalmente disposto que nos planos individuais as operadoras não poderiam rescindir unilateralmente os contratos celebrados e caberia à ANS fixar o valor de seu reajuste anualmente.

De outro lado, os planos coletivos não encontram essa vedação à rescisão unilateral e seu reajuste se dá sem limites impostos pela Agência, sendo resultado de negociação entre as partes.

A isso se soma, ainda, o dado de que as operadoras não podem ser obrigadas pelo regulador a oferecer planos individuais, como diversas delas, aliás, deixaram de fazer ao longo do tempo.

Em que pese à boa intenção que possa estar presente na postura mais interventiva e rígida no que toca aos planos individuais, o que a realidade testemunha é que as ferramentas escolhidas, conforme dispostas, resultaram justamente no contrário do que se pretendia, desprotegendo quem delas mais precisava de respaldo. Só que a vida real não se paralisa nem se curva à falha do desenho regulatório. Diante de uma mínima chance de adaptação, nem as operadoras deixam de atender aos indivíduos, nem tampouco as pessoas ficam sem plano de saúde. E é aqui que se nota a fuga regulatória, que acontece ao menos de duas formas, no caso.

Na primeira delas, as operadoras fogem do regime de planos individuais para focar apenas nos planos coletivos, que podem ser mais lucrativos.

Na segunda, os indivíduos se veem forçados a buscar atalhos para conseguirem se adequar ao modelo dos planos coletivos, porque é praticamente apenas nesse nicho que existe a oferta de planos de saúde viáveis. Assim o fazem, basicamente, de duas maneiras: (i) por meio dos planos popularmente chamados de "falsos coletivos", compreendidos como os contratos coletivos por adesão compostos por indivíduos sem nenhum vínculo representativo com a entidade contratante do plano de saúde;[56] e (ii) criando pessoas jurídicas compostas por seus familiares para o exclusivo propósito de se tornarem aptas a celebrar um plano coletivo e, assim, segurarem sua saúde.

Segundo dados de 2012 da ANS, esse estado de coisas levou a que os planos coletivos com menos de 30 beneficiários passassem a representar cerca de 85% dos contratos de planos de saúde no País. E por conta disso, novamente a ANS teve que fazer uma regulação corretiva,[57] editando a Resolução Normativa 309/2012, para estabelecer as regras de reajuste dos planos coletivos com menos de 30 beneficiários.

Considerando todo o exposto no exemplo, é possível diagnosticar que a assimetria regulatória[58] dirigida a planos individuais e coletivos no setor de saúde suplementar, por meio da combinação de ferramentas de direito administrativo atual, está produzindo desincentivos ao regime de planos individuais e desguarnecendo seus destinatários, que, provavelmente, são aqueles que mais precisam da tutela regulatória de seus interesses. Não que seja preciso equiparar os dois regimes, mas se deve, a partir desse diagnóstico, redesenhar os modelos, para gerar melhores incentivos que favoreçam a efetivação dos objetivos de interesse público perseguidos no setor. Daí o tema ter entrado no campo de preocupação da ANS, constando de sua agenda regulatória.[59]

Há, ainda, arranjos mais complexos, que precisam ser meticulosamente reavaliados a partir desse tipo de abordagem. Pense-se no regime jurídico dos servidores públicos, em linhas gerais. Da forma de ingresso, passando pelo exercício e chegando à aposentadoria. Há incentivos inadequados para todo lado, e o resultado disso é um serviço custoso, burocrático, lento, ineficiente e descompromissado com os resultados.

56. Por conta disso, a ANS foi levada a editar a Resolução Normativa 195/2009, que determinou a necessidade de vínculo associativo, de classe ou empregatício para adesão a um contrato coletivo; estipulou quem pode ser contratante; proibiu mais de um reajuste por ano (com exceção do reajuste por faixa etária, que pode coincidir com o anual); e fixou novas regras para carência e cobertura parcial temporária (disponível em *www.ans.gov.br*, acesso em 10.7.2015).

57. Como aquela feita em relação aos "falsos coletivos".

58. Floriano de Azevedo Marques Neto conceitua a "assimetria regulatória", usando como exemplo os serviços públicos, como "a admissão, na exploração de serviços públicos, de vários operadores submetidos a graus de incidência regulatória diferençados" ("A nova regulação dos serviços públicos", *Revista de Direito Administrativo/RDA* 228/23, 2002).

59. Disponível em *www.ans.gov.br* (acesso em 10.7.2015).

Os concursos públicos para ingresso são excessivamente descentralizados, fragmentando a competição; não raro, em que pese a serem exigentes, não conseguem aferir e treinar para aquilo que é necessário ao exercício da função administrativa; e os Poderes remuneram cargos equiparáveis de maneira diferente.

Os valores de remuneração são muitas vezes injustificadamente superiores a atividades semelhantes quando exercidas pela iniciativa privada, não se ligam a metas, e em algumas carreiras, como as jurídicas do primeiro escalão, já começam próximos ao teto remuneratório, desestimulando o aprimoramento e a progressão funcional.

Em geral o tempo de serviço vale mais que a competência para alocar os servidores nas funções que devem ser desempenhadas, fazendo com que, aliás, mesmo naqueles casos em que os mais capacitados sejam também os mais experientes, e possam optar por sua alocação, eles o façam não para colaborar mais decisivamente para a efetivação do interesse público, mas pela função que os demandará menos e irá remunerar da mesa forma.

A estabilidade, que tem o propósito de garantir a continuidade do serviço, protegendo-o de influências externas, tem produzido efeitos colaterais perversos, funcionando como um anteparo ao servidor descompromissado, que não quer exercer a função da forma correta, com a intensidade e frequência necessárias, e nela encontra a garantia de que essa postura será tolerada. Uma espécie de fuga regulatória, portanto.

Há previsão de licenças, benefícios premiais e outros que, ainda que com bons propósitos, como o de aperfeiçoamento, dificilmente servem a este fim, na prática.

Em síntese: a combinação das ferramentas de direito administrativo disposta para esse regime jurídico gera incentivos que resultam exatamente no avesso do que se diz pretender realizar. E o que isso tem despertado na população economicamente ativa do País não tem sido o pleito de mudança, mas o interesse individual em aderir a esse sistema. Com urgência, o tema precisa de debate, propostas e reforma, que desbordam dos limites deste estudo.[60]

---

60. A este propósito, vale conferir o seguinte relatório de pesquisa: Fernando de Castro Fontainha *et al.*, *Processos Seletivos para a Contratação de Servidores Públicos: Brasil, o País dos Concursos? Relatório de Pesquisa*, Rio de Janeiro, Direito Rio, 2014.

Pois bem. Especialmente nestes casos de fuga regulatória, o emprego diagnóstico da *caixa de ferramentas* permitirá identificá-los, para que, assim, no momento prognóstico complementar, seja possível remodelar a ação pública na tentativa de coibi-los e fazer com que as condutas dos administrados retomem o curso esperado pela ação pública e os resultados sejam mais bem alcançados.

A abordagem diagnóstica do direito administrativo como *caixa de ferramentas*, portanto, é capaz de analisar a compatibilidade entre ferramentas e finalidades a partir dos incentivos que geram e dos dados de realidade daí decorrentes, mostrando-se poderoso instrumento de crítica e reavaliação dos arranjos estabelecidos, contribuindo com o primeiro passo para que as mudanças necessárias sejam feitas.

O passo seguinte fica a cargo da estratégia prognóstica, elaborada na sequência.

3.2.2 *A estratégia prognóstica: a escolha de ferramentas a partir da previsão de incentivos*

Ao mesmo modo como argumentado pelo pragmatismo filosófico, a abordagem prognóstica do direito administrativo como *caixa de ferramentas* deve se dar em relação à realidade atual, mas sempre projetando o futuro, ainda que dele não se possa ter certeza do que esperar.[61] E essa realidade atual, que servirá de ponto de partida, é justamente o produto resultante da abordagem diagnóstica vista anteriormente, que: (i) mapeia o arranjo jurídico posto; (ii) elenca os incentivos gerados; (iii) constata seus resultados; e, então, (iv) define os pontos que merecem aprimoramento, para melhor realizar a finalidade pretendida.

Dessa maneira, em primeiro lugar, uma boa aplicação prognóstica do direito administrativo como *caixa de ferramentas* dependerá de um antecedente e preciso diagnóstico.[62]

---

61. Arnaldo Sampaio de Moraes Godoy argumenta nesse sentido: "Ampliando-se o raciocínio e os contornos do problema, o pragmatismo admite que não podemos esperar pela prova absoluta de alguma coisa. Nossas decisões seriam apostas em relação ao que o mundo é hoje, e no que imaginamos que o mundo será amanhã (cf. Menand 1997). Somos agentes de nossos destinos (cf. Menand 2001:371)" (*Introdução ao Realismo Jurídico Norte-Americano*, Brasília, ed. do Autor, 2013, p. 30, disponível em www.agu.gov.br, acesso em 14.4.2015).

62. Como observado por Alice Bernardo Voronoff de Medeiros, ao se dedicar às falhas da regulação para então abordar sua otimização: "Não é possível construir

Uma abordagem prognóstica inteiramente racional poderia ser procedimentalizada conforme o curso apontado por Christopher Hood e Helen Margetts:

> Convencionalmente, um formulador *[chooser]* deve adotar uma abordagem bem diferente se a intenção é qualificar a escolha como "racional". Formalmente, ele ou ela deve: (a) especificar o(s) objetivo(s) a ser(em) alcançado(s); (b) identificar todas as formas ou meios possíveis pelos quais o objetivo pode ser alcançado; (c) determinar as prováveis consequências de cada alternativa; e (d) escolher a alternativa que provavelmente alcançará a(s) meta(s) com a maior certeza, na maior medida, ou com o mínimo de esforço.[63]

Essas fases merecem ser detalhadas, para refinar a abordagem.

Com efeito, definidos os objetivos a realizar, como que finalidade pública efetivar ou qual arranjo de mecanismos reformar para aprimorar seus resultados, a estratégia prognóstica toma vez tanto na formulação de ações administrativas inéditas quanto na reformulação de programas já em curso. É por meio dela que se vai escolher e combinar as ferramentas de direito administrativo para resolver os problemas em concreto.

Nesse sentido, o enfoque prognóstico no manejo das ferramentas trabalha para incentivar condutas a partir das alternativas institucionais que o direito administrativo, enquanto *caixa de ferramentas*, disponibiliza. Trata-se, em síntese, de um esforço de prever o que deverá acontecer a partir desses incentivos.

Para isso, é preciso identificar as ferramentas e combinações disponíveis, bem como comparar sua capacidade de gerar os incentivos adequados.

Esse exercício comparativo deverá levar em consideração o conhecimento construído, que poderá dizer qual combinação de ferramentas costuma funcionar bem para determinada situação, ajudando a prever, com base em indícios, o que poderá acontecer caso sejam empregadas e criando, assim, um banco de boas práticas cada vez mais apurado, mas

---

prognósticos adequados se não há diagnóstico preciso" (*Racionalidade e Otimização Regulatórias: um Estudo a Partir das Falhas de Regulação*, dissertação de Mestrado apresentada ao Programa de Pós-Graduação em Direito da Universidade do Estado do Rio de Janeiro/UERJ, 2012, p. 15).

63. Christopher C. Hood e Helen Z. Margetts, *The Tools of Government in the Digital Age*, cit., p. 146.

nunca imutável. Afinal, a complexidade da tarefa e as inúmeras variáveis circunstanciais que se farão presentes caso a caso impedem que a questão seja tratada segundo uma abordagem matemática que, automaticamente, receite uma estratégia "A" para um tipo de demanda "B".[64]

Esse passo a passo, no entanto, raramente é respeitado na prática. Até mesmo por força da enormidade de combinações de ferramentas e alternativas possíveis, o que torna a tarefa, mais que hercúlea, inviável.

Ainda assim, sua observância parcial, notável diante do estudo comparado de algumas alternativas possíveis e da coleta de parâmetros em outras experiências assemelhadas, pode colaborar para tornar o manejo desses instrumentos mais racional e eficiente.[65]

É que como a Política e o contexto, de maneira geral, importam e influenciam a escolha das ferramentas, o planejamento e a execução da ação pública não são, e nem podem ser, herméticos.

De toda forma, mesmo em caso de ausência de requisitos que se mostrem ideais para conceber a melhor medida possível, o esforço prog-

64. Hans Th. A. Bressers e Laurence J. O'Toole Jr. assim anotam a propósito da seleção de instrumentos: "Essas diretrizes são bastante gerais, e claramente não servem como um livro de receitas para os desafios complexos e difíceis da escolha de instrumentos para governar. Por outro lado, elas oferecem algumas direções e podem alertar aos tomadores de decisão para um número de perigos que têm sido característicos na instrumentalização em muitos casos empíricos. Eles também indicam algumas direções para melhorar as perspectivas da escolha dos instrumentos que são tanto realistas quanto matizadas o suficiente para endereçar as circunstâncias complexas que operam no mundo da governança em rede. Instrumentos podem, afinal, alterar o padrão, e é crítico considerar cuidadosa e exatamente quais características de instrumentos podem fazê-lo. Uma categorização das características dos instrumentos desenvolvidos a partir do contexto dos processos em andamento deverá ajudar nesse tipo de análise" ("Instrument selection and implementation in a networked context", in Pearl Eliadis, Margaret M. Hill e Michael Howlett, *Designing Government: from Instruments to Governance*, Quebec, McGill-Queen's University Press, 2005, pp. 132-153).

65. Nas palavras de Christopher Hood e Helen Margetts: "Na realidade, é de conhecimento comum que a escolha normalmente fica muito aquém desse padrão procedimental. Talvez se possa dizer que uma escolha que ao menos considere seriamente algumas alternativas seja *mais* racional que uma escolha derivada de um instrumento sem nem ao menos a possibilidade de que existam outros modos de realizar o trabalho. Mas escolher entre os instrumentos governamentais não pode ser um processo completamente racional, mesmo em teoria" (*The Tools of Government in the Digital Age*, cit., p. 147).

nóstico poderá apontar critérios úteis ao propósito de racionalizar a ação pública diante das possibilidades dadas pela realidade (*second best*).[66]

A comparação de políticas públicas setoriais de saúde, educação e segurança, por exemplo, pode fazer com que se encontrem estratégias mais eficazes de efetivar direitos fundamentais do que o enfoque na exclusiva busca, pura e simples, de acesso e gozo individual a direitos, que tem causado judicialização excessiva e dificuldade sistêmica no Brasil.[67] Como argumentei no Capítulo 1, a instrumentalidade deste tipo

66. A teoria do segundo melhor (*second best theory*) é uma teoria de origem econômica que recebe explicação técnica específica sob este ponto de vista. No entanto, também é comum referir-se a ela em outros meios para hipóteses nas quais todas as variáveis de um cenário ideal não se façam presentes, e, portanto, assumir isso como premissa e identificar as variáveis envolvidas possa levar a melhores resultados, buscando-se soluções subótimas, assim consideradas as melhores dentre as possíveis. A propósito do desenho de instituições à luz dessa teoria, Bruce Talbot Coram observa: "O que o modelo dinâmico sugere é que pode ser o caso de que o atributo mais desejável de uma instituição seja a estabilidade. Ou seja, em vez de procurar a otimização para alguns conjuntos de condições estáticas, pode ser melhor projetar instituições com resultados que tanto convergem para algum equilíbrio desejável ou permanecem em alguma proximidade de um equilíbrio desejável quando as condições são perturbadas. Tais instituições são mais suscetíveis de proteger contra situações subótimas [*suboptimalities*] que de outra forma podem resultar de mudanças inevitáveis nas circunstâncias" ("Second best theories and the implications for institutional design", in Robert E. Goodin, *The Theory of Institutional Design*, Cambridge University Press, 1996, p. 101).

Sobre a teoria econômica, cf.: Kelvin Lancaster e Richard G. Lipsey, "The general theory of second best", *The Review of Economics Studies* 24/11-32, n. 1, Londres, 1957.

67. Maria Paula Dallari Bucci anota: "Uma outra diretriz consiste em estudar, pelo prisma jurídico, as políticas públicas de implementação do direito à saúde, à educação, à assistência social, à segurança pública, e outras, por meio de comparações entre a institucionalização de cada uma delas e análise das estratégias jurídicas de conformação e implementação, identificando modelos de intervenção, com base na observação das experiências concretas. Assim como se fala em uma economia da educação, economia da cultura, falar-se-ia num direito da educação, direito da saúde, direito da cultura, e assim por diante. A tônica não recairia mais sobre o direito subjetivo, o acesso ao direito – ter oportunidade de se educar ou não, ter acesso aos benefícios da assistência à saúde ou não –, mas ao modo de organização das estruturas jurídicas, internas ao Estado ou mediadas por ele (no sentido de sujeitas, com maior ou menor intensidade, à sua órbita jurídica), que fazem eficaz o exercício do direito" ("Notas para uma metodologia jurídica de análise de políticas públicas", cit., *Fórum Administrativo – Direito Público – FA* 104, disponível em *http://bid.editoraforum. com.br*, acesso em 2.2.2015).

de abordagem demonstra maior capacidade para cumprir as finalidades pretendidas do que uma abordagem substancial que dele se descuide.

Por saber, essa forma de análise institucional tem o potencial de entender a quais espécies de estímulos as pessoas respondem melhor, e, com isso, orientar a formulação de arranjos jurídicos futuros a partir daí. Como anotam Anne Schneider e Helen Ingram:

> A análise comparativa das dimensões comportamentais das ferramentas será instrumental ao desenvolvimento de teorias de participação de políticas públicas e na compreensão de por que populações-alvo reagem de determinada maneira às iniciativas das políticas públicas.
>
> Há muita discussão e debate sobre quando as pessoas respondem principalmente ao interesse próprio, quando incentivos positivos são mais efetivos que incentivos negativos, sobre a regra de altruísmo, normas e crenças nas tomadas de decisão. Muito pode ser aprendido por estudos comparativos nos quais políticas públicas baseadas em incentivos positivos, por exemplo, são comparadas com aquelas baseadas em sanções, e onde campanhas informativas ou aquelas onde ferramentas simbólicas e exortatórias são empregadas. Mantendo-se constante a arena das políticas públicas, a análise comparativa renderia informação útil e interessante sobre a efetividade das ferramentas alternativas em circunstâncias particulares. Estudos experimentais de cooperação e defecção poderiam ser ampliados para explicitar mais a estrutura da política pública e comparar os efeitos de combinações alternativas de suas ferramentas, dentre os diferentes tipos de estruturas institucionais, produzindo vários tipos de participação em políticas públicas (*e.g.*, Orbell, Van de Kraft e Dawes 1988).[68]

Um bom exemplo para ilustrar a aplicação prognóstica de ferramentas de direito administrativo pode ser visto no campo do poder sancionador de entidades públicas e na arrecadação das multas administrativamente aplicadas a título de sanção.

Como é de conhecimento convencional, é cabível que a Administração Pública, por meio de uma manifestação imperativa que lhe é típica, aplique sanções aos administrados devido ao descumprimento de obrigações legais, regulatórias ou contratuais.

Como as sanções não encontram fim em si mesmas, esse poder sancionador tem a função de transparecer um arranjo de incentivos negativos,

---

[68]. Anne Schneider e Helen Ingram, "Behavioral assumptions of policy tools", cit., *The Journal of Politics* 52/525-526.

por meio da sinalização de penalidades em caso de descumprimento de comandos previamente estabelecidos. Exatamente como se passa no caso da regulação do petróleo. No cumprimento da função de promover a regulação e a fiscalização das atividades econômicas integrantes da indústria do petróleo, balanceando os interesses em fricção no setor, a Agência Nacional do Petróleo/ANP tem à sua disposição um poder sancionador para aplicar sanções administrativas e pecuniárias previstas em lei, regulamento ou contrato.

Até então, nada errado a respeito. Afinal, a previsão potencial de sanção é uma das ferramentas possíveis para incentivar condutas a finalidades preestabelecidas. Segundo sua lógica, espera-se que alguém não incorra em determinada conduta, sob pena de ser punido por isso.

Para funcionar bem, no entanto, esse arranjo de incentivos precisa ser analisado sob uma perspectiva contextual.

Acontece que, como o arranjo institucional brasileiro afirma a inafastabilidade da tutela jurisdicional, não é raro que os efeitos da sanção administrativa, enquanto meio para manter seu destinatário alinhado a certo objetivo de interesse público, se esvaiam diante de sua revisão pelo Poder Judiciário.

É que o arranjo institucional conformado pela não definitividade da decisão administrativa, somada à morosidade da prestação jurisdicional, faz com que aplicar sanções dificilmente efetive a finalidade de interesse público esperada.

A esse respeito há notícia de que nos anos de 2011 e 2012, por exemplo, das multas aplicadas ao respectivo setor regulado, a Agência Nacional de Transportes Aquaviários/ANTAQ recebeu 34%, a Agência Nacional de Aviação Civil/ANAC recebeu 45,1%, a Agência Nacional de Saúde Suplementar/ANS recebeu 2,4% e a Agência Nacional de Telecomunicações/ANATEL recebeu 6,5%.[69]

O Tribunal de Contas da União/TCU confirma esse cenário. Em levantamento realizado entre os anos de 2008 e 2011 para avaliar o resultado da arrecadação de multas aplicadas por 17 órgãos e entidades de regulação e fiscalização da Administração Pública Federal, das mais de 997 mil multas aplicadas nos 4 anos, que somaram aproximadamente 29 bilhões de Reais, foi possível arrecadar apenas 1,7 bilhão. Uma proporção de 5,7%.[70]

---

69. Disponível em *www.gazetadopovo.com.br* (acesso em 20.7.2015).
70. Disponível em *www.tcu.gov.br* (acesso em 20.7.2015).

Sem os recursos provenientes dessas penalidades: (i) os incentivos gerados pelo arranjo jurídico não conseguem cumprir sua função de melhorar a qualidade das atividades reguladas, finalidade última da sanção; (ii) é possível que os agentes regulados que cumprem suas obrigações, e, portanto, não foram penalizados, sejam colocados em posição concorrencial de desvantagem em relação àqueles que não cumpriram as obrigações e nem tampouco arcaram com as correspondentes penalidades daí decorrentes; e (iii) a própria atividade fiscalizatória das agências e demais entidades de fiscalização fica comprometida, diante da carência de recursos para seu custeio. Em síntese: instala-se um ciclo vicioso e ineficiente, que desperdiça recursos, pode distorcer o mercado e não produz resultados práticos satisfatórios.

Diante dessas razões institucionais e pragmáticas, o campo de exercício de poder sancionador por entidades públicas também recebe os influxos do movimento de mudança de paradigmas do direito administrativo, que faz com que a imperatividade da ação administrativa ceda espaço a uma atuação mais consensual, concertada entre o público e o privado, quando comprovadamente se revele mais eficiente para cumprir as finalidades pretendidas.

Nesse contexto, uma ferramenta de direito administrativo que apresenta vantagens comparativas significativas à aplicação da sanção pura e simples, e pode melhorar os resultados práticos pretendidos, encontra-se nos chamados *acordos substitutivos*.

Os acordos substitutivos são instrumentos de composição celebrados em lugar da aplicação de uma sanção para, prospectivamente, suprir a falta cometida por outros meios consensuais que não o cumprimento de uma pena – o que pode se dar mediante, por exemplo, a exigência de novos investimentos relacionados com o motivo da infração praticada.[71] Trata-se de ferramenta disponibilizada a essas entidades por meio do

---

71. Sobre o tema, cf.: Diogo de Figueiredo Moreira Neto, "Novos institutos consensuais da ação administrativa", *Revista de Direito Administrativo/RDA* 231, Rio de Janeiro, janeiro-março/2003; Floriano de Azevedo Marques Neto e Tatiana Matiello Cymbalista, "Os acordos substitutivos do procedimento sancionatório e da sanção", *Revista Brasileira de Direito Público/RBDP* 31, Ano 8, Belo Horizonte, outubro-dezembro/2010; Carlos Ari Sundfeld e Jacintho Arruda Câmara, "Acordos substitutivos nas sanções regulatórias", *Revista de Direito Público da Economia/ RDPE* 34, Ano 9, Belo Horizonte, abril-junho/2011; e Juliana Bonacorsi de Palma, *Sanção e Acordo na Administração Pública*, São Paulo, Malheiros Editores, 2015.

art. 5º, IV, e § 6º, da Lei 7.347/1985, bem como, por vezes, em diversas disposições setoriais específicas.

Com isso substitui-se o arranjo de incentivos negativos, característico das sanções, que se voltam à origem do conflito no passado, por um arranjo de incentivos positivos e apontado ao futuro, já que o agente regulado também tem interesse em investir em sua atividade para aprimorá-la, evitar novos descumprimentos e, possivelmente, obter maior lucro.[72]

Assim, em que pese a esses acordos substitutivos já serem utilizados atualmente, a adoção dessa ferramenta pode ser significativamente intensificada, já que, diante do sistema de incentivos postos pelo arranjo institucional atual, ela tende a produzir resultados práticos muito mais benéficos para o interesse público perseguido em concreto do que a aplicação imperativa de sanções que se revelam inefetivas. Tudo isso mediante um acompanhamento contínuo do bom funcionamento desse arranjo de incentivos.

Desse modo, a autoridade competente deverá, diante de um caso concreto: (i) apontar o objetivo a ser alcançado por meio da reprimenda ao ato infracional; (ii) identificar as ferramentas por meio das quais esse objetivo pode ser alcançado, estando dentre elas a aplicação de sanção ou a celebração de um acordo substitutivo; (iii) determinar as prováveis consequências de cada alternativa, ao modo como exemplificado ante-

72. Marcos Juruena Villela Souto discorre a esse respeito no âmbito da regulação: "A partir de uma decisão regulatória, a agência reguladora, sopesando custos e benefícios, fixa um entendimento acerca do que deve ser a correta conduta ou o resultado eficiente, não apenas das partes conflitantes, mas de todo o segmento regulado. Portanto, a decisão regulatória judicante é voltada para o futuro e não para o passado; ela é voltada para todo o segmento regulado e não apenas para aquelas partes em conflito, e, assim, deve ponderar sobre o impacto que aquela decisão vai gerar não só sobre as partes, mas sobre todo o segmento regulado. Em função dessa ponderação é que a decisão regulatória pode optar por substituir uma eventual penalização de uma das partes pela utilização de mecanismos que atendam ao princípio da proporcionalidade, buscando outras técnicas, que não necessariamente a mais grave, de sanção (de multa, intervenção ou liquidação judicial ou extrajudicial), mas pela via de acordos substitutivos (termos de compromisso e termos de ajuste de conduta, por exemplo). Sempre existe a possibilidade de a sanção, fruto da regulação, ser substituída por uma medida que, na ponderação de custos e benefícios, na visão prospectiva que deve ter o regulador (voltado para o futuro impacto da decisão no mercado e não para o passado, da origem do conflito), vai representar a tradução técnica da melhor solução para o mercado e não apenas para o conflito" (*Direito Administrativo em Debate*, Rio de Janeiro, Lumen Juris, 2004, pp. 196-197).

riormente; e (iv) escolher a alternativa que provavelmente alcançará o objetivo com a maior certeza, na maior medida ou com o mínimo de esforço.

Afinal, o que se deve ter aqui, por meio da estratégia prognóstica do direito administrativo como *caixa de ferramentas*, é um retroaprendizado empírico, que assimila e incorpora as medidas bem sucedidas, descarta aquelas tentativas que se mostraram inaptas a realizar os objetivos pretendidos e se mantém aberto a novidades em potencial.

Ao conhecimento construído, que precisa permanecer flexivelmente mutável, é preciso acrescer inovações experimentais, que possam ser testadas e controladas, para, então, disseminá-las.

Essa disseminação, por sua vez, deverá ocorrer preferencialmente de modo incremental, adicionando pequenas mudanças em sequência que, no conjunto, permitem correr menor risco de errar, além de tenderem a produzir resultados mais expressivos do que reformulações profundas feitas de uma só tacada.[73] Exatamente como aconselham os métodos do experimentalismo, incrementalismo e minimalismo institucional, que complementam a abordagem da *caixa de ferramentas* e são agora apresentados.

3.3 O avanço das estratégias diagnóstica e prognóstica por experimentalismo, incrementalismo e minimalismo institucional

As estratégias diagnóstica e prognóstica de direito administrativo, enquanto *caixa de ferramentas*, funcionam em um processo intercalado e contínuo, que poderá ser mais bem sucedido se tais estratégias avançarem

---

73. Amparada na obra de Charles Lindblom, Maria Paula Dallari Bucci argumenta neste sentido: "A ideia de ação estratégica é desenvolvida por Charles Lindblom em *Still Muddling Through*, de 1958, em que formula a abordagem conhecida como incrementalismo. Lindblom propõe uma estruturação da análise do processo de decisão governamental que culmina na noção de análise estratégica, assimilada às ferramentas de trabalho do administrador público e privado. Lindblom refuta a acusação de conservadorismo daqueles que criticavam a impossibilidade de alterações estruturais significativas no cenário incremental, afirmando que 'uma sequência rápida de pequenas mudanças pode produzir uma alteração drástica do *status quo* mais rápida que uma alteração maior brusca'" ("Notas para uma metodologia jurídica de análise de políticas públicas", cit., *Fórum Administrativo – Direito Público – FA* 104, disponível em *http://bid.editoraforum.com.br*, acesso em 2.2.2015).

pautadas no experimentalismo, no incrementalismo e no minimalismo institucional.

O experimentalismo institucional consiste em um sistema fundado na valoração da experiência dentro de determinada prática científica.

Dessa maneira, assim como um cientista faria experiências para comprovar suas teses, arranjos jurídicos experimentais seriam adotados para testar o sucesso e a efetividade da ação pública pretendida. O experimentalismo é, assim, entre outras coisas, uma prática de descoberta, análise e aprendizagem.

O experimentalismo pode ser reconduzido a estudos como o de Roberto Mangabeira Unger e Charles Sabel, que, inspirados no trabalho de John Dewey,[74] propõem que as políticas públicas sejam revisadas à luz da experiência prática.[75]

Nesse modelo o Estado define objetivos e coordena diversas entidades que, de forma descentralizada, operarão em regimes colaborativos e participativos, capazes de aproveitar o aprendizado institucional obtido contextualmente. Trata-se, pois, de uma visão na qual as instituições são dinâmicas, e não estáticas, uma vez que os arranjos institucionais são experimentados e revisados continuamente. Desse modo, o experimentalismo baseia-se em um aprendizado contextual, o qual fornece um insumo (*input*) para a remodelagem das políticas pelo governo.[76]

74. Charles Sabel e William H. Simon reconhecem que a expressão é tomada da Filosofia Política de Dewey (cf.: Charles Sabel e William H. Simon, "Minimalism and experimentalism in the Administrative State", *Columbia Public Law & Legal Theory Working Papers, Paper* 9187, 2011, p. 26).

75. Comentando a importância da expansão do método experimentalista para além das fronteiras do campo científico, ao campo dos estudos sociais, Roberto Mangabeira Unger afirma: "(...) entendemos como as coisas funcionam ao descobrir sob que condições, em que direções e dentro de que limites elas podem mudar. A inclusão de fenômenos reais em um campo maior de oportunidades não aproveitadas não é, para a ciência, uma conjectura metafísica: é um pressuposto operativo indispensável. O que vale para a ciência natural vale com grande força para toda a gama de estudos sociais e históricos. Juízos de possibilidade contrafática, em grande medida implícitos, informam nossa percepção acerca de sequências reais de mudança histórica e de forças reais na vida em sociedade" (*O Direito e o Futuro da Democracia*, trad. de Caio Farah Rodriguez e Marcio Soares Grandchamp, São Paulo, Boitempo Editorial, 2004, p. 11).

76. Nesse sentido, cf.: John Dewey, *The Public and its Problems: an Essay in Political Inquiry*, University Park, Pennsylvania State University, 2012, pp. 56-57.

Segundo David Trubek, o experimentalismo institucional demanda a adoção de arranjos jurídicos experimentais em um setor específico da economia que possuam ao mesmo tempo estabilidade e flexibilidade. A estabilidade significa que, salvo a ocorrência de acontecimentos novos, o modelo que esteja fornecendo resultados positivos irá se manter.[77] Por outro lado, a flexibilidade assegura que, à medida que a execução da política forneça o *feedback* necessário, seja possível a fácil revisão dos arranjos estabelecidos.

Para procedimentalizar a abordagem, Charles F. Sabel e William H. Simon esquematizam o experimentalismo em quatro elementos básicos: (i) metas estruturais (*framework goals*) e parâmetros provisoriamente estabelecidos para verificar seu sucesso; (ii) outorga de ampla discricionariedade às unidades locais para perseguir seus fins de modo próprio; (iii) como condição dessa autonomia, tais unidades locais devem reportar regularmente seu desempenho e participar de uma revisão por pares, na qual os resultados são comparados com o de outras unidades que usam meios distintos para os mesmos fins; e (iv) metas, parâmetros e procedimentos de tomada de decisão devem ser periodicamente alterados de acordo com a resposta obtida no processo de revisão. Esse desenho institucional seria, então, o mais capaz de estimular a descentralização e o aprendizado na execução de ações públicas.[78]

O processo de experimentalismo institucional envolve, dessa forma, uma redefinição dos arranjos jurídicos e uma reorganização das ferramentas jurídicas para favorecer a experimentação de ações, no sentido de

77. Segundo David M. Trubek: "O comprometimento com a experimentação cria a necessidade de arranjos flexíveis, especializados e facilmente revisáveis. Tais arranjos são necessários no nível procedimental e substantivo. Arranjos procedimentais são necessários para gerenciar o tipo de colaboração público-privada exigida para identificar novos mercados, produtos e processos. Arranjos substantivos são necessários para garantir o tipo de regime regulatório especializado que melhor se compatibiliza para evocar o investimento privado e garantir que ele sirva ao interesse público. Considerando que o principal ponto desse exercício é tentar novas ideias e buscar novos caminhos, parece que procedimentos necessitam permitir o máximo de flexibilidade e arranjos substantivos devem ser fácil e rapidamente revisáveis" ("Developmental States and the legal order: towards a new political economy of development and Law", *University of Wisconsin Law School, Paper* 1075, fevereiro/2009, p. 20).

78. Charles Sabel e William H. Simon, "Minimalism and experimentalism in the Administrative State", cit., *Columbia Public Law & Legal Theory Working Papers, Paper* 9187, p. 27.

que elas sejam constantemente analisadas, de modo a se sujeitar a uma imediata e *flexível* revisão à luz das consequências observadas.[79]

Em síntese, isso implica um modelo político e regulador caracterizado pela flexibilidade e contingência. Seria, pois, uma mudança no modelo de comando e controle típico de modelos burocrático-administrativos, em favor de abordagens menos rígidas e menos prescritivas. Mais precisamente, o experimentalismo coloca ênfase considerável na adaptação e promoção da diversidade de arranjos, dando importância à provisoriedade e à revisibilidade desses arranjos e definindo soluções de acordo com a curva de aprendizado político.[80]

A importância do emprego do método experimentalista às estratégias do direito administrativo enquanto *caixa de ferramentas* está no fato de que ele permite avaliar se os incentivos postos em prática por meio de determinado arranjo institucional geraram, ou não, os efeitos que a aproximação prognóstica da *caixa de ferramentas* se propôs a produzir antes de a ação entrar em prática.

Por isso, experimentar ajuda a diagnosticar eventuais erros no arranjo jurídico proposto, devido ao uso equivocado de uma ferramenta que não se encaixou bem ao contexto ou à finalidade almejada. Além disso, permite valorar as consequências associadas a determinada ferramenta empregada, de modo a verificar sua adequação à finalidade perseguida.[81]

É bom que se diga: o Estado não se dá ao luxo quando promove experimentos. Justo o contrário. Trata-se de viabilizar a boa formatação das ações públicas, evitando que a ação geral e "definitiva" do Estado seja, ela própria, um grande experimento sem parâmetros prévios, que, desse modo, põe tudo em teste, esboçando grande potencial de riscos e prejuízos.

79. Em sentido próximo, cf.: Rafael Augusto Ferreira Zanatta, *Direito, Desenvolvimento e Experimentalismo Democrático: um Estudo sobre os Papéis do Direito nas Políticas Públicas de Capital Semente no Brasil*, dissertação de Mestrado apresentada USP, São Paulo, 2014, p. 71.
80. Neste sentido, cf.: Pedro Mercado Pacheco, "Experimentalismo democrático, nuevas formas de regulación y legitimación del Derecho", *Anales de la Cátedra Francisco Suárez* 46/37-68 (p. 45), 2012.
81. Ressalte-se que, nesse sentido, o experimentalismo aproxima-se muito do denominado consequencialismo jurídico. Sobre consequencialismo jurídico, v.: Diego Werneck Arguelhes, *Argumentos Consequencialistas e Estado de Direito: Subsídios para uma Compatibilização*, disponível em *www.conpedi.org.br* (acesso em 14.7.2015).

Em que pese aos possíveis benefícios de uma abordagem experimentalista, melhor ainda seria associá-la a métodos de incrementalismo e minimalismo, evitando, dessa maneira, rupturas abruptas e possibilitando, com as adequações pertinentes, replicar experimentos bem sucedidos a outras hipóteses e esferas.

Aparentemente inspirado na mecânica social gradual de Karl Popper,[82] o incrementalismo consiste em um método de ação social proposto por Charles Lindblom que:

82. Segundo Karl Popper há dois mecanismos diferentes de mecânica social racional. O primeiro diz respeito à mecânica social utópica, e é oponível ao segundo, referido por mecânica social gradual, do qual se aproximaria a proposta de incrementalismo de Charles Lindblom. Nas palavras de Karl Popper: "Pode ser assim descrita a consideração utópica: qualquer ação racional deve ter certo alvo. (...). Tais princípios, aplicados ao reino da atividade política, exigem que determinemos nosso alvo político definitivo, ou o Estado Ideal, antes de empreender qualquer ação prática. (...). O político que adota esse método *[mecânica social gradual]* pode ter, ou não, um projeto de sociedade em mente, pode esperar, ou não, que a Humanidade realize um dia um Estado Ideal e alcance a felicidade e a perfeição sobre a terra. Mas será consciente de que essa perfeição, se puder ser atingível, está muito distante, e de que cada geração de homens, os contemporâneos também, portanto, tem uma reivindicação. (...). A mecânica gradual, em consequência, adotará o método de pesquisar e combater os maiores e mais prementes males da sociedade, em vez de buscar seu bem maior definitivo e combater por ele. Esta diferença está longe de ser meramente verbal. De fato, é da maior importância. É a diferença entre um método razoável de aperfeiçoar o quinhão do homem e um método que, se realmente experimentado, pode facilmente levar a um intolerável acréscimo de sofrimento humano. É a diferença entre um método que pode ser aplicado a qualquer momento e outro cuja defesa pode facilmente tornar-se um meio de transferir continuamente a ação para data posterior, em que as condições sejam mais favoráveis. E é também a diferença entre o único método de aperfeiçoar as coisas que até agora obteve êxito em qualquer tempo e lugar (inclusive na Rússia, como veremos) e um outro que, onde quer que tenha sido tentado, só tem levado ao uso da violência em lugar da razão, se não ao próprio abandono desta e, de qualquer modo, ao de seu projeto original. Em favor deste método, pode o mecânico social gradual proclamar que uma luta sistemática contra o sofrimento, a injustiça e a guerra tem mais possibilidades de ser sustentada pela aprovação e consenso de um grande número de pessoas do que a luta pelo estabelecimento de algum ideal. (...). A vida social é tão complicada que poucos homens, ou nenhum, poderão julgar um projeto de mecânica social em grande escala ou, se ele é praticável, ou se resultará num verdadeiro melhoramento, ou que espécie de sofrimento pode envolver, ou quais serão os meios para sua realização. Em oposição a isto, os projetos da mecânica gradual são relativamente simples. São projetos de instituições determinadas, de seguro de saúde e desemprego, por exemplo, ou de cortes de arbitramento, ou de um orçamento contra a depressão, ou de reforma educacional. Se não andarem bem, o dano não é

(...) aceita a realidade existente como uma alternativa e compara as prováveis vantagens e desvantagens das alternativas intimamente relacionadas mediante pequenos ajustamentos da situação vigente ou faz ajustamentos maiores sobre cujas consequências aproximadamente tanto é conhecido como das consequências da realidade existente, ou ambos.[83]

Segundo o incrementalismo, portanto, um sábio administrador deve selecionar cursos de ação de forma incremental, atuando por meio de pequenas e sucessivas mudanças, de modo a evitar que sejam produzidas consequências inesperadas e indesejáveis, já que "se ele prossegue através de uma sucessão de mudanças incrementais, ele evita graves erros".[84]

No lugar de transformações abruptas, nesse método, uma vez que os decisores se encontram limitados pela falta de informações, eles devem se mover bem devagar, para reduzir suas chances de erro e permitir que ações corretivas possam ser tomadas.[85] Essa abordagem refere-se a mudanças pequenas e não planejadas – na maioria das vezes –, as quais, paulatinamente, vão sendo implementadas.[86]

Por ser uma perspectiva mais realista, o incrementalismo prioriza um âmbito de atuação em micropolítica, onde são buscadas soluções para questões imediatas e pontuais. Daí Charles Lindblom afirmar que "a política pública não se faz de uma vez por todas; se faz e refaz sem cessar. A elaboração de políticas públicas é um processo de aproximações

muito grande, nem um reajustamento muito difícil. São menos arriscados e, por essa razão, menos sujeitos a controvérsia" (*A Sociedade Aberta e seus Inimigos*, vol. 1, Belo Horizonte, Itatiaia, 1974, pp. 172-175).

83. Robert Dahl e Charles E. Lindblom, *Política, Economia e Bem-Estar Social*, Rio de Janeiro, Lidador, 1971, pp. 83-84.

84. Charles E. Lindblom, "The science of 'muddling through'", *Public Administration Review* 19/86, n. 2, *Spring*/1959.

85. A abordagem pode ser reconduzida ao pragmatismo, como registra Arnaldo Sampaio de Moraes Godoy: "Experiência, para o pragmatismo, seria o resultado do que surge da intervenção do organismo humano em relação ao meio ambiente. Crenças, valores, intuições, costumes, preconceitos, os elementos que informam a cultura, refletem nossa interação com o meio em que vivemos (cf. Menand 1997). A pedagogia do pragmatismo (definida nos textos de Dewey) indica-nos que aprendemos fazendo (*learning by doing*). Radica aí a obsessão de Dewey com o cozinhar como método de aprendizagem (cf. Menand 2001:323)" (*Introdução ao Realismo Jurídico Norte-Americano*, cit., p. 30, disponível em *www.agu.gov.br*, acesso em 14.4.2015).

86. Charles E. Lindblom, "The science of 'muddling through'", cit., *Public Administration Review* 19/84.

sucessivas a alguns objetivos desejados, que também vão mudando à luz de novas considerações".[87]

Dessa maneira, se o método incremental aponta a preferência pela mudança gradual e localizada, isso não quer dizer que mudanças maiores e mais rápidas sejam condenadas. Seja diante de casos em que a abordagem incremental não alcançará os fins necessários ou de certas circunstâncias que favoreçam medidas mais robustas, será possível realizar mudanças maiores e mais rápidas, como esclarecem Robert Dahl e Charles Lindblom:

> Nos casos em que pequenos incrementos claramente não atingirão os fins colimados, as consequências dos grandes não são plenamente conhecidas, e a realidade existente é claramente indesejável, o incrementalismo talvez seja obrigado a ceder lugar ao risco calculado.[88] (...). Não se deve confundir o incrementalismo com a simples aceitação da ideia de que a mudança gradual é sempre preferível à rápida. Quanto maior o grau de conhecimentos científicos existentes sobre um fim instrumental e contanto que o indivíduo tenha razoável confiança em suas preferências, maior o incremento de mudança que se pode racionalmente conseguir.[89]

Pois bem. Os métodos do experimentalismo e do incrementalismo encontram alguns exemplos pertinentes ao direito administrativo, especialmente em matéria de contratações públicas, como se pode notar nos casos da modalidade licitatória de pregão e no surgimento do Regime Diferenciado de Contratações Públicas/RDC.

Primeiramente, o pregão foi inserido no ordenamento jurídico pela Lei 9.472/1997, Marco Regulatório do Setor de Telecomunicações, para servir como uma modalidade licitatória exclusivamente utilizável pela Agência Nacional de Telecomunicações/ANATEL. Ante o sucesso no âmbito daquela agência, a modalidade foi expandida para toda a Adminis-

---

87. Idem, p. 86.
88. *Riscos calculados* são aqueles que necessariamente se terá de correr, já que todas as alternativas, inclusive a manutenção do arranjo vigente, importarão riscos, e a realidade existente é indesejável, na medida em que possa acarretar risco mais grave do que abandoná-la para adotar um risco calculado alternativo. Sobre o tema, cf.: Robert Dahl e Charles Lindblom, *Política, Economia e Bem-Estar Social*, cit., pp. 86-87.
89. Robert Dahl e Charles Lindblom, *Política, Economia e Bem-Estar Social*, cit., pp. 84-85.

tração Pública Federal por meio da Medida Provisória 2.026/2000 e, por fim, restou estendida ao âmbito nacional quando da conversão daquela medida provisória na Lei 10.520/2002.[90] Outro bom exemplo dessa prática pode ser notado no RDC. Diagnosticando que o sistema geral de contratações públicas, capitaneado pela Lei 8.666/1993, não seria capaz de viabilizar, a tempo e contento, todas as contratações necessárias à realização da Copa do Mundo de Futebol de 2014 e das Olimpíadas de 2016, que aconteceriam no Brasil, o Governo identificou as contratações que precisava fazer para viabilizar os eventos e cumprir as responsabilidades assumidas com seus organizadores.

Para atender a esse propósito foi editada a Lei 12.462/2011, que é, justamente, a generalização de boas práticas pontualmente experimentadas em microssistemas jurídicos licitatórios, como o de contratações da PETROBRAS, origem das contratações integradas, e as licitações feitas por organismos financeiros internacionais, ou com recursos provenientes desses organismos, que se valem do sigilo de orçamento nas contratações realizadas e da inversão das fases de habilitação e julgamento (como também ocorre no pregão).

Trata-se, em suma, de um bom exemplo de interação das abordagens diagnóstica e prognóstica do direito administrativo enquanto *caixa de ferramentas*, que inova na ordem jurídica com um propósito pré--identificado, valendo-se de experimentos localmente realizados e bem sucedidos, antes de sua disseminação para um regime de contratações mais geral, como o RDC. E, ainda que possa ser criticável do ponto de vista da técnica legislativa empregada – que por vezes avança mediante as chamadas caudas legislativas[91] –, neste caso também cumprindo uma expansão incremental sobre o sistema de contratações públicas como um todo, na medida em que novas hipóteses que permitem a adoção do RDC vão sendo a ele acrescidas aos poucos, ao invés de se alterar a Lei 8.666/1993 de uma só vez, o que provavelmente geraria insegurança e paralisia.

90. Explicando essa trajetória da Lei do Pregão, cf.: André Rosilho, *Licitação no Brasil*, São Paulo, Malheiros Editores, 2013, p. 185.
91. Por *caudas legislativas* entenda-se a inserção de dispositivos que muitas vezes contêm matérias estranhas ao conteúdo da lei na qual estão inseridos, servindo especificamente para atrair o regime jurídico disposto em outro instrumento normativo.

Por sua vez, o minimalismo, de forma semelhante ao incrementalismo, preconiza que eventuais modificações em políticas públicas devem ser feitas de forma localizada e gradativa.[92-93]

Destarte, experimentar e incrementar permite inovar sem causar insegurança jurídica e paralisia, como tanto ocorre no Brasil, e os exemplos não faltariam ao tema. Cite-se o recentemente ocorrido na reforma regulatória das ferrovias, onde se tentou implantar um modelo horizontal de ferrovias (*open access*) abruptamente, que desverticalizaria o setor e seria extremamente centrado na VALEC, implicando uma mudança radical em relação à experiência histórica nacional, e ele sequer saiu do papel.[94]

Ressalte-se, entretanto, que para o sucesso de qualquer das abordagens aqui pretendidas é importante dispor de sistemas ou estratégias de monitoramento que produzam informação útil, de modo a verificar se os resultados proporcionados pelas diferentes estratégias adotadas são maiores que os custos para sua criação e operação.

Com isso, coloca-se em relevo a necessidade de processos de investigação e institucionalização das funções de monitoramento e avaliação como parte integrante e indissociável da própria função de planejamento governamental.

A elaboração de uma estratégia de monitoramento em nosso País, entretanto, precisa avançar rumo a uma análise preocupada com a verificação da implementação e da eficácia da ação governamental, e não

---

92. Nesse sentido, José Francisco Garcia afirma, a respeito do direito constitucional: "Uma segunda dimensão, que também pode ser encarada de uma forma minimalista, ou seja, com a mesma atitude modesta e realista acima, está relacionado com a mudança constitucional. Nesta dimensão entendemos o minimalismo como incrementalismo, gradualismo. Ambos são formas de minimalismo; ambos são baseados na ideia da evolução constitucional sobre transformações radicais. Ambos gostam de decisões modestas e limitadas" ("Minimalismo e incrementalismo constitucional", *Revista Chilena de Derecho* 41/27, n. 1, Santiago, abril/2014).

93. O termo está associado a Cass Sunstein e sua leitura de como se deve dar a prestação jurisdicional. Aqui, no entanto, diz respeito à formulação da ação pública de modo eficiente e localizado (cf.: Cass R. Sunstein, *One Case at a Time: Judicial Minimalism on the Supreme Court*, Massachusetts, Harvard University Press, 2001).

94. Sobre o tema, cf.: Leonardo Coelho Ribeiro, "Reformando marcos regulatórios de infraestrutura: o novo modelo das ferrovias", in Leonardo Coelho Ribeiro, Bruno Feigelson e Rafael Véras de Freitas (orgs.), *A Nova Regulação da Infraestrutura e da Mineração: Portos, Aeroportos, Ferrovias e Rodovias*, Belo Horizonte, Fórum, 2015; e Leonardo Coelho Ribeiro, "A regulação do operador ferroviário independente", *Revista de Direito Público da Economia/RDPE* 47, 2014.

apenas pautada na mera apuração do cumprimento de obrigações formais e na prestação de contas.[95]

No limite, as dificuldades para aprimorar a ação pública seguirão existindo, mas a associação das estratégias de direito administrativo como *caixa de ferramentas* à adoção do experimentalismo, do incrementalismo e do minimalismo institucional oferece um arsenal argumentativo e analítico valioso, capaz de colaborar decisivamente para esse aprimoramento.[96-97]

3.4 Conclusão

Situadas diante dos contornos da Política e da Gestão Pública – que já assimilaram a lógica da *caixa de ferramentas* na escolha de meios para endereçar as finalidades que se quer alcançar, de modo a racionalizar esse processo –, as estratégias do direito administrativo como *caixa de ferramentas* revelam a aptidão de colaborar com o aprimoramento dos arranjos institucionais vigentes e a formulação de novos arranjos.[98]

Dessa maneira, sem abandonar a lógica jurídica tradicional, muitas vezes reduzida apenas a uma avaliação de legalidade/ilegalidade das ques-

---

95. Como afirma Charles Sabel, para haver aprendizado sobre políticas públicas deve ser dado protagonismo à estruturação de práticas de monitoramento ("Learning by monitoring: the institutions of economic development", in Neil J. Smelser e Richard Swedberg (eds.), *The Handbook of Economic Sociology*, Princeton University Press, 1994, pp. 137-165).

96. Michael Howlett, *Designing Public Policies: Principles and Instruments*, cit., p. 146.

97. Segundo Robert E. Goodin: "Na medida em que estamos contando com métodos de tentativa e erro, processos de aprender fazendo para aperfeiçoar nossos arranjos institucionais, devemos abraçar como um princípio central do projeto um desejo de variabilidade em nossos arranjos institucionais. Devemos incentivar a experimentação com estruturas diferentes em lugares diferentes; e devemos, além disso, incentivar a reflexão sobre as lições, se for o caso disso. O federalismo é por vezes defendido precisamente neste terreno, como um 'laboratório social', em que diferentes abordagens estão autorizadas a surgir em diferentes jurisdições" ("Institutions and their design", cit., in Robert E. Goodin, *The Theory of Institutional Design*, p. 42).

98. Como nota Arthur B. Ringeling, o Direito toma parte desse processo na medida em que: "(...). As escolhas de instrumentos são o resultado de ideologia política, diferentes visões de governo e tradições jurídicas. Os instrumentos devem caber no cenário político-administrativo do País em particular" ("Instruments in four: the elements of policy design", cit., in Pearl Eliadis, Margaret M. Hill e Michael Howlett, *Designing Government: from Instruments to Governance*, p. 201).

tões concretas que se põem, assimilar o direito administrativo como *caixa de ferramentas* importa também perceber seu papel-chave na consistência dos arranjos jurídicos para instrumentalizar os objetivos esperados, à luz dos incentivos que são capazes de produzir.

Nesse propósito, a abordagem do direito administrativo enquanto *caixa de ferramentas*, além de transparecer como funciona o manejo de institutos pelos operadores do Direito na prática, cumpre o desafio de compreender juridicamente uma ação governamental e interagir para seu aprimoramento,[99] o que faz por meio de duas estratégias principais, resumidas nas aproximações diagnóstica e prognóstica que complementarmente se sucedem, e visam a favorecer não só a eficiência pela eficiência, mas os objetivos finalísticos que medidas mais eficientes permitem melhor alcançar.

A estratégia diagnóstica se faz presente para avaliar combinações de ferramentas que se encontram em operação, avaliando sua compatibilidade com as finalidades a que se voltam, a partir dos resultados efetivamente gerados por seus incentivos.

Jogando luzes sobre relações inadequadas entre ferramentas e objetivos, ou mesmo fugas regulatórias em curso, ainda que diante de ferramentas teoricamente habilitadas mas descreditadas por seus efeitos práticos no caso concreto, a estratégia diagnóstica tem o mérito de produzir, simultaneamente, análises críticas e pautas de ação a partir daí.

Identificados os objetivos, de seu lado, a estratégia prognóstica deve nortear a escolha das ferramentas dentre as alternativas disponíveis, orientando-se pela projeção dos incentivos que provavelmente poderão produzir em concreto.

99. Como colocado por Maria Paula Dallari Bucci: "O desafio reside em estabelecer uma metodologia apropriada para o trabalho jurídico, que permita descrever e compreender, segundo as categorias do Direito, uma ação governamental determinada e analisar juridicamente o seu processo de formação e implementação. O material analítico construído com base nesse método deverá permitir que se façam, de modo juridicamente estruturado, comparações e críticas aos modos de ação governamental. O método será particularmente útil como ferramenta para o desenvolvimento da chamada arquitetura institucional, a partir da construção de um acervo de modelos de ação, identificando-se estruturas e funções de cada um, suas instituições, organizações e dinâmicas" ("Notas para uma metodologia jurídica de análise de políticas públicas", cit., *Fórum Administrativo – Direito Público – FA* 104, disponível em http://bid.editoraforum.com.br, acesso em 2.2.2015).

Para tanto, e sempre que a premência comportar, experimentalismo, incrementalismo e minimalismo institucional se apresentam como métodos de avanço seguro e consistente, testando arranjos jurídicos em ensaios monitorados e colhendo informações de seus resultados antes de replicá-los, incrementando ações em curso gradativamente e atacando as questões existentes preferencialmente de forma localizada.

Por meio de tudo isso, a abordagem do direito administrativo como *caixa de ferramentas* confirma sua instrumentalidade e seu compromisso com a realidade, mantém-se aberta a inovações e aproxima teoria e prática no manejo do direito administrativo.

Capítulo 4
ANTECIPANDO CRÍTICAS À ABORDAGEM DO DIREITO ADMINISTRATIVO COMO "CAIXA DE FERRAMENTAS" E ENSAIANDO RESPOSTAS

> *Ser iconoclasta e cético é ter compromissos com a realidade jurídica e colocar em xeque ideias correntes.* (Carlos Ari Sundfeld)

4.1 Críticas à abordagem do direito administrativo como "caixa de ferramentas": 4.1.1 Influência política e escolha de ferramentas – 4.1.2 "Public choice": a escolha das ferramentas sob a ótica de interesses próprios particulares dos agentes públicos – 4.1.3 A "caixa de ferramentas" como produto da economicização excessiva do Direito e da submissão à Gestão Pública – 4.1.4 A realidade complexa e a impossibilidade de prever os incentivos dos arranjos de ferramentas. 4.2 Ensaiando respostas às críticas e identificando caminhos de construção da abordagem do direito administrativo como "caixa de ferramentas": 4.2.1 Questão preliminar: não existem cenários puros, nem garantia de sucesso – 4.2.2 O excessivo pessimismo no ser humano: nem só de influência política e "public choice" se vive – 4.2.3 A inexistência de economicização excessiva ou submissão absoluta à Gestão Pública pelo Direito – 4.2.4 O favorecimento ao controle da utilização indevida de ferramentas – 4.2.5 A possibilidade de corrigir fugas regulatórias. 4.3 Conclusão.

Como se vem de reiteradamente destacar, a visão do direito administrativo enquanto *caixa de ferramentas* proclama a importância de se desenhar, escolher, empregar e testar essas ferramentas na persecução dos interesses coletivamente perseguidos, aprimorando a Gestão Pública e seu controle a partir de juízos de adequação e do acompanhamento, projeção e avaliação de resultados.[1]

1. Compartilhando de uma visão próxima, Diogo R. Coutinho afirma que a abordagem da *caixa de ferramentas* preconiza que o Direito poderia ser metaforicamente

Segundo essa abordagem, deve ser feita uma aplicação instrumental do direito administrativo com o propósito orientativo de encontrar, à luz da realidade, a eficiência de meios para melhor realização de fins substantivamente definidos[2] e, assim, colaborar para racionalizar o emprego de suas estratégias e institutos, em prol da melhora da Gestão Pública.

Assim, permite-se que o Direito seja compreendido tal como é utilizado por seus operadores, a partir dos incentivos que gera e dos resultados daí decorrentes.

Com efeito, se o Direito é praticamente empregado como ferramenta, ao invés de ignorar este fato por ocasião de seu estudo, o melhor a fazer é justamente tomá-lo como premissa, de modo a aproximar teoria e prática, em busca de resultados mais proveitosos.

Todavia, em que pese ao fato de a abordagem do direito administrativo como *caixa de ferramentas* apresentar muitas vantagens e aprofundar a interdisciplinaridade entre o Direito, a Economia, a ciência política e a ciência da Administração, ela não é isenta de críticas, ainda que nem tampouco as receba em definitivo, por demonstrar que podem ser incorporadas ou contornadas. Por conta disso, identificá-las pode ser útil a uma reflexão quanto ao aprimoramento desse tipo de aproximação.

As principais críticas à estratégia da *caixa de ferramentas* podem ser sinteticamente sumarizadas nas seguintes assertivas: (i) a influência política sobre a escolha das ferramentas comprometeria a abordagem; (ii) a escolha das ferramentas se daria sob a ótica de interesses próprios particulares; (iii) a abordagem da *caixa de ferramentas* resultaria em uma economicização excessiva do Direito e em sua submissão à gestão; e (iv) a complexidade da realidade impossibilitaria a previsão correta de incentivos.

Dedicarei os tópicos seguintes ao retrato sintético dessas críticas.

descrito como uma *"caixa de ferramentas"*, que executa tarefas-meio conectadas a certos fins de forma mais ou menos efetiva, sendo o grau de efetividade, em parte, dependente da adequação dos meios escolhidos ("O Direito no desenvolvimento econômico", *Revista Brasileira de Direito Público/RBDP* 38/31-34, Ano 10, Belo Horizonte, julho-setembro/ 2012).
2. Nesse mesmo sentido, esclarecendo que a visão da *caixa de ferramentas* permite ver o Direito como uma caixa completa de instrumentos regulamentares que são projetados para atingir um objetivo predeterminado da maneira mais eficiente e eficaz possível: Elizabeth Fisher, "Unpacking the toolbox: or why the public/private divide is important in EC environmental law", *Public Law and Legal Theory. Working Paper 35*, agosto/2001.

4.1 Críticas à abordagem do direito administrativo como "caixa de ferramentas"

4.1.1 Influência política e escolha de ferramentas

A primeira crítica oponível à visão do direito administrativo como uma *caixa de ferramentas* concentra-se, em especial, na influência que a Política imprime sobre a escolha e o manejo das ferramentas, diante da falta de autonomia como condição para o exercício técnico e politicamente neutro das funções públicas. Em suma: para os partidários dessa crítica a Política influenciaria sobremaneira na escolha das ferramentas, esvaziando a utilidade prática da abordagem.

A escolha das ferramentas para atingir determinada finalidade não se daria de maneira técnica e isenta, de modo a identificar quais dos modelos demonstram maior aptidão para produzir os melhores resultados. Ela se daria – isso, sim – de forma comprometida com a realização dos interesses políticos em jogo.[3]

Com efeito, em que pese ao fato de a escolha da ferramenta – ou arranjo de ferramentas – mais eficiente poder ser vista como apolítica, preservando-se apenas o conteúdo técnico das decisões, seu processo de definição e seleção seria permeado por questões de ordem política. Não por outra razão, Arthur B. Ringeling afirma que "governos existem para realizar objetivos políticos, e as ferramentas que eles empregam naturalmente variam conforme os objetivos perseguidos".[4]

---

3. Nesse sentido a afirmação de Christopher C. Hood e Helen Z. Margetts de que: "É aplicando essas ferramentas que o governo faz a ligação entre desejo e realização. É preciso dizer que essa ligação é frequentemente problemática e altamente politizada. Selecionar a ferramenta correta para o trabalho se torna mais uma questão de fé e política do que certeza. De fato, não é incomum constatar que a escolha dos 'instrumentos' atraia muito mais um debate político do que sobre os fins almejados" (*The Tools of Government in the Digital Age*, Nova York, Palgrave MacMillan, 2007, p. 13).

4. Nas palavras do autor: "Governos existem para realizar objetivos políticos, e as ferramentas que eles empregam naturalmente variam conforme os objetivos perseguidos. Contudo, existem diferentes tipos de Estados. Alguns governos são mais ativistas que os outros. Outros preferem assumir um papel mais modesto no desenvolvimento da sociedade. Dada a variedade de ambições governamentais, as caixas de ferramentas também devem ser variadas" (Arthur B. Ringeling, "European experience with tools of government", in Lester M. Salamon, *The Tools of Government: a Guide to the New Governance*, Nova York, Oxford University Press, 2002, p. 585).

De fato, as críticas à influência política sobre a ação do Estado não são novas, como se pode notar, aliás, em matéria regulatória, à luz da teoria da captura, segundo a qual, uma vez capturada, a regulação não se voltaria à obtenção de objetivos públicos, mas à criação de benefícios em favor de interesses específicos.[5]

Embora em sua origem essa teoria se refira somente à captura, no sentido do atrelamento das funções do ente regulador aos interesses dos regulados, na atualidade a doutrina também a tem estendido para o risco de captura por parte do poder político.[6-7]

Visto isso, as forças políticas procurariam fazer prevalecer seus próprios interesses no jogo de mercado, enviesando as ações administrativas e potencializando a possibilidade de um desvirtuamento dos fins aos quais se destinam.[8]

De maneira geral, é por meio da aplicação de seus instrumentos que o governo faz a ligação entre objetivo e ação, e a interface entre Economia e Política é frequentemente problemática e altamente politizada.[9]

Assim, na medida em que a atuação cede a tais interesses políticos, distancia-se do propósito de privilegiar o bem comum.

Pelo exposto, é possível afirmar que a presente crítica se concentra no fato de que a abordagem da *caixa de ferramentas*, tanto no momento

---

5. Como esclarece Andreia Cristina Bagatin, "ser capturado antes significa não constatar e nem se dar conta da efetiva subordinação da agência a interesses alheios àquele interesse público primário que a ela é cometido" (*Captura das Agências Reguladoras Independentes*, São Paulo, Saraiva, 2013, p. 20).

6. Floriano de Azevedo Marques Neto, "A nova regulação estatal e as agências independentes", in Carlos Ari Sundfeld (coord.), *Direito Administrativo Econômico*, 1ª ed., 3ª tir., São Paulo, Malheiros Editores, 2006, p. 90.

7. Andreia Cristina Bagatin, *Captura das Agências Reguladoras Independentes*, cit., p. 138.

8. Marcelo Bemerguy, *O Controle Externo das Agências Reguladoras*, IX Congreso Internacional del CLAD sobre la Reforma del Estado y de la Administración Pública, Madri/Espanha, 2-5.11.2004 (disponível em *http://unpan1.un.org*, acesso em 26.5.2015).

9. Para Christopher C. Hood e Helen Z. Margetts "a ideia simplista, mas sedutora, de se estar 'dirigindo, não remando', e de que a 'Política' se trata de um 'quadro amplo', com objetivos gerais ou metas principais, e que a 'entrega' ou implantação dessas metas é uma tarefa relativamente não política para tecnocratas ou gerentes (v. Osborne e Gaebler 1992), é usualmente o exatamente oposto da verdade. Comumente, a Política real apenas começa quando se tem a escolha de meios e implementos" (*The Tools of Government in the Digital Age*, cit., p. 149).

de desenho e combinação das ferramentas quanto no de seu manejo, seria contaminada por interesses políticos, que a desvirtuariam da finalidade pública. E isso comprometeria sua utilidade.

4.1.2 "Public choice": a escolha das ferramentas sob a ótica de interesses próprios particulares dos agentes públicos

Outra crítica que pode ser reconduzida à visão do Direito como uma *caixa de ferramentas* e, apesar de ter ligação com a anterior, merece tratamento específico é a de que, como os atores políticos só agem para maximizar seus benefícios próprios, o desenho e a escolha das ferramentas não fugiriam dessa máxima, seguindo pelo mesmo caminho. O interesse político anteriormente abordado é aqui travestido pelo interesse do próprio agente político, que se valeria de sua posição para estabelecer políticas públicas favoráveis a seus interesses particulares.

A referida crítica pode ser explicada pela teoria das escolhas públicas (*public choice theory*), segundo a qual o agente político seria um "maximizador de suas próprias utilidades".[10] Os políticos, enquanto homens econômicos,[11] como quaisquer outros, seriam seres racionais e autointeressados, dotados de capacidades intelectuais que lhes permitiriam buscar as melhores soluções para os seus interesses.[12]

Nessa linha, todo homem deve ser considerado um agente econômico, que, como tal, irá direcionar seu comportamento de modo a maximizar seus próprios benefícios.

---

10. S. Peltzman, "A teoria econômica da regulação depois de uma década de desregulação", in Paulo Mattos (coord.), *Regulação Econômica e Democracia: o Debate Norte-Americano*, São Paulo, Editora 34, 2004, p. 81.

11. O *homem econômico*, como formulado pelos economistas neoclássicos, é uma construção ideal, um conceito que descreve um agente "perfeitamente racional e onisciente que, ao tomar uma decisão, conhece todas as alternativas, de forma que pode escolher com precisão e assim maximizar os resultados de sua decisão. Ele conhece todos os meios que, em cada situação de fato, o levam a atingir seus objetivos" (Eduardo C. Fonseca, "Comportamento individual: alternativas ao homem econômico", *Revista Novos Estudos* 1989, São Paulo, CEBRAP, p. 160).

12. Sobre o tema, cf.: James M. Buchanan, "Politics without romance: a sketch of positive public choice theory and its normative implications", in James M. Buchanan e Robert D. Tollinson, *The Theory of Public Choice*, vol. II, Ann Arbor, The University of Michigan Press, 1984.

Ocorre que, aplicadas essas premissas ao campo das organizações burocráticas estatais, a teoria pressupõe que os agentes políticos produziriam suas ações de forma *consciente* e *voluntária* no intuito de potencializar o ganho de recursos próprios. O processo político é, assim, concebido como "um processo dinâmico em que cada agente político persegue o seu próprio interesse".[13] Trata-se, pois, de empreender uma análise econômica e racional do comportamento de políticos e burocratas.

A teoria da *public choice* argumenta, assim, que é necessário entender a Política como um processo de trocas. Portanto, os agentes dessas trocas – os políticos e burocratas – devem ser analisados como detentores de um comportamento utilitário semelhante ao que teriam se atuassem na esfera econômica.

A incorporação dessa premissa comportamental – de que haveria uma atuação autointeressada – como explicativa do processo político leva a argumentar pela impossibilidade de se esperar que a escolha dos agentes públicos se identifique com a busca do bem comum.[14] E com a abordagem da *caixa de ferramentas*, segundo a qual instrumentos são projetados para atingir um objetivo predeterminado da forma mais eficiente e eficaz, não seria diferente, diante de sua incompatibilidade com uma leitura da realidade na qual os agentes políticos buscam a realização exclusiva de seus próprios interesses.

4.1.3 A "caixa de ferramentas" como produto da economicização excessiva do Direito e da submissão à Gestão Pública

Uma terceira crítica à abordagem da *caixa de ferramentas* volta-se à formulação de que ela embutiria uma economicização excessiva do Direito e uma submissão à Gestão Pública, na medida em que o desenho e a escolha das ferramentas deverão se dar à luz do que funciona sob esta ótica gerencial.

Desenvolvendo o argumento, em que pese ao fato de a Economia poder propiciar ao Direito o necessário instrumental metodológico delimitador e orientador de políticas públicas, ao Direito caberia estipular

---

13. Nesse sentido: Adam Przeworski, "Reforma do Estado, responsabilidade política e intervenção econômica", *Revista Brasileira de Ciências Sociais* 11/4, n. 32, São Paulo, outubro/1996.

14. Cf. James M. Buchanan, *Toward a Theory of the Rent-Seeking Society*, Texas, University Press, 1985.

CRÍTICAS À ESSA ABORDAGEM

o justo sem descuidar do custo social. E esse descuido poderia especialmente ocorrer em virtude de abordagens econômicas como a presente.

Um dos grandes críticos que seguem neste rumo é Ronald Dworkin, para quem abordagens econômicas em sede de políticas públicas retirariam do legislador a faculdade de eleger disposições segundo critérios de bem-estar social, o qual nem sempre é atingido por decisões econômicas. Em suas palavras:

> Existe um perigo latente nesta forma de atuação. O legislador não quer que as pessoas gastem dinheiro ou tempo demasiado para tratar de calcular as consequências econômicas de alguma atividade, porque isso sim reduziria o bem-estar da comunidade. (...). O bem-estar da comunidade é realizado ao máximo ao serem desempenhadas atividades cujo transcurso ordinário, de acordo com a informação imediatamente disponível, melhora esse bem-estar, e não ao forçar as pessoas a examinarem as consequências econômicas de cada ato individual em cada circunstância.[15]

De sua parte, Jürgen Habermas assevera que a aplicação de uma lógica econômica ao estabelecimento de políticas públicas deslegitimaria e atentaria contra a democracia, havendo uma substituição do cidadão, representado pelo seu parlamentar, por um tecnocrata, em desfavorecimento, muitas vezes, do consenso comunicativo.[16]

E, por fim, críticas à abordagem econômica do Direito também podem ser encontradas em John Rawls, que se empenha em afastar a possibilidade de quantificar direitos. Para o autor, devem ser aplicados princípios de justiça social, como liberdade e igualdade, a fim de "especificar os direitos e deveres básicos e determinar a forma apropriada de uma repartição justa da riqueza, posto que os direitos básicos do cidadão não seriam suscetíveis de cálculo de interesses próprios da negociação política".[17]

Não bastasse isso, a presente crítica ao excesso de aplicação da Economia aos domínios que antes pertenciam ao Direito pode ser es-

---

15. Ronald Dworkin, *El Imperio de la Justicia*, trad. para o Espanhol de Cláudia Ferrari, Barcelona, Gedisa, 2012, p. 202.

16. Jürgen Habermas, *A Crise de Legitimação no Capitalismo Tardio*, São Paulo, Tempo Universitário, 1973, pp. 113-114.

17. John Rawls, *Uma Teoria da Justiça*, 3ª ed., trad. de Jussara Simões, São Paulo, Martins Fontes, 2008, p. 29.

tendida à própria ampliação do espaço da Gestão Pública. Isso porque, seguindo a lógica dessa leitura, o Direito, na prática, se tornaria refém do gestor público, a quem caberá definir os modelos a serem adotados. Desse modo, as decisões sobre a escolha de qual ferramenta empregar seriam invariavelmente tomadas não por razões jurídicas, mas de gestão e racionalidade gerencial.

4.1.4 A realidade complexa e a impossibilidade de prever os incentivos dos arranjos de ferramentas

A quarta e última crítica relacionada à estratégia da *caixa de ferramentas* seria a de que ela não teria como assimilar toda a complexidade inerente aos fatos e anseios sociais, o que impediria prever os incentivos que os modelos institucionais desenhados estariam aptos a produzir. Além do quê a própria complexidade decorrente da combinação de ferramentas e de sua interação com os fatos caso a caso também comprometeria essa prognose.[18-19]

Nesta toada, ao empregarem dada ferramenta os agentes públicos não considerariam a possibilidade de que sua escolha acarretasse efeitos colaterais quase, ou igualmente, tão indesejáveis quanto os próprios problemas que se pretende solucionar, especialmente porque, quanto mais

18. Guy B. Peters registra esse processo de combinação de ferramentas, que leva à complexidade: "Um dos pontos importantes argumentado em muitos dos artigos neste volume é que os tomadores de decisões, e analistas, devem considerar misturas de instrumentos ao invés de um instrumento único, solitário, na concepção de programas. A maior parte do nosso pensamento sobre a seleção de instrumentos tem sido centrada na ideia de que devemos pensar sobre como escolher o melhor instrumento para atingir o objetivo em questão. Na realidade, a maioria dos esforços na execução de um programa envolve vários instrumentos e, na verdade, combinar os seus efeitos com outras políticas públicas e outros instrumentos a fim de atingir os seus fins" ("Conclusion: the future of instruments research", in Pearl Eliadis, Margaret M. Hill e Michael Howlett, *Designing Government: from Instruments to Governance*, Quebec, McGill-Queen's University Press, 2005, p. 357).

19. Reconhecendo a complexidade dos arranjos das ações administrativas estabelecidas, Michael Howlett afirma: "O processo de *design* é complexo, muitas vezes orquestrado internamente entre os burocratas e os grupos-alvo e, geralmente, muito menos acessível ao escrutínio público do que muitos outros tipos de deliberações políticas, mas isso não deve ser autorizado a ficar no caminho de sua maior elaboração e refinamento" (*Designing Public Policies: Principles and Instruments*, Routledge Press, 2011, p. 146).

ativo o governo se torna (e quanto mais complexos os problemas sociais que surgem se apresentam), mais manifestações de tais dilemas poderão se desenvolver.[20]

Diante desse quadro, haveria reduzida utilidade na abordagem da *caixa de ferramentas*, que seria simplista perante a riqueza da realidade, frustrando seus propósitos.

Além disso, na medida em que, ao mesmo tempo, estariam sendo empregadas múltiplas e, às vezes, contraditórias ferramentas combinadamente, produzindo efeitos variados, não seria possível precisar os efeitos produzidos por cada uma delas, de modo a identificar aquelas que devem ter sua utilização mantida e aquelas que necessitam de revisão.[21]

Esse fenômeno tem sido denominado pela doutrina especializada de "sucessão de políticas públicas".[22] Isto é, à medida que o governo

20. Christopher C. Hood e Helen Z. Margetts, *The Tools of Government in the Digital Age*, cit., p. 135.
21. Nesse sentido, Michael Howlett afirma: "Dada a complexidade da formulação de políticas, não é surpreendente que muitos nobres esforços de governos e cidadãos para criar um mundo melhor e mais seguro fracassaram na concepção de políticas pobres. No entanto, embora não se tenha alcançado uma otimização dos resultados, isso levou a uma maior valorização das dificuldades encontradas ao se projetar políticas públicas, bem como da tentativa de corrigir as lacunas surgidas, um processo que, embora lentamente, melhorou o nosso conhecimento dos princípios e elementos da natureza dos instrumentos de política e seus contextos de governança e de concepção das políticas" (*Designing Public Policies: Principles and Instruments*, cit., p. 146).
22. Nesse sentido, afirmam Christopher C. Hood e Helen Z. Margetts: "O modo que um governo muda sua abordagem sobre políticas públicas ao longo do tempo, mudando de um instrumento ao outro, tem sido denominado por Guy Peters e Brian Hogwood (1980) como 'sucessão de política pública', para distinguir da entrada do governo em um território completamente novo ou, contrariamente, a saída total de um governo de algum campo ou atividade. Peters e Hogwood argumentaram plausivelmente que, se as atividades governamentais abraçam mais e mais aspectos da vida social, existiria menos território virgem para o governo se mover. Com o 'fim da fronteira', por assim dizer, a 'política espacial' do governo fica repleta de agências e programas. Consequentemente, argumentam Peters e Hogwood, o governo está continuamente preocupado com a sucessão de política pública. Seja tentando reagir aos dilemas criados por efeitos colaterais indesejados ou imprevistos que surjam do uso dos instrumentos governamentais em uma política espacial cada vez mais lotada (Offe 1975:88-89; Wildavsky 1980). Seja procurando novos pacotes de instrumentos para aplicar em áreas onde o conjunto de instrumentos originalmente escolhido não parece responder ao propósito. Peters e Hogwood parecem ter subestimado a medida em que nova tecnologia e desenvolvimento social criam novos territórios

muda sua forma de abordagem dos temas ao longo do tempo, passando sucessivamente de um instrumento ou arranjo de instrumentos para outro sem, contudo, abandonar qualquer um deles completamente, ele passa a ter que interagir com diferentes resultados e efeitos colaterais indesejados ou imprevistos decorrentes da utilização dos mais diversos instrumentos de governo em um espaço político cada vez mais lotado pelas variadas abordagens.[23]

Segundo a crítica, a aplicação de todos esses pacotes de instrumentos em uma multiplicidade de ações públicas tornaria impossível precisar se os resultados alcançados decorreram de uma combinação ou mistura dos diferentes instrumentos empregados, bem como de um ou outro incentivo produzido pelas ferramentas.

4.2 Ensaiando respostas às críticas e identificando caminhos de construção da abordagem do direito administrativo como "caixa de ferramentas"

As críticas apresentadas são certamente construtivas, porquanto importantes para a reflexão voltada ao aperfeiçoamento da abordagem da *caixa de ferramentas*. Entretanto, em defesa dessa abordagem, é possível testar algumas réplicas que a seu favor testemunham, comprovando sua utilidade.

Nos itens que se seguem farei algumas ponderações ensaiando respostas a essas críticas, a fim de apontar caminhos possíveis para confirmar

---

virgens para o governo lidar (em casos tais como a Internet, Biotecnologia ou novas doenças como AIDS e 'doença-da-vaca-louca'). Mas, em outro sentido, sua noção de 'sucessão de política pública' aponta para a complexidade do conceito da inovação na esfera das ferramentas governamentais. Como já foi salientado, a maior parte dos instrumentos genéricos usados pelo governo tem uma grande ancestralidade e novos instrumentos da mesma ordem como nodalidade, tesouro e organização, não são suscetíveis de aparecer. A *"caixa de ferramentas"* básica – as ferramentas da OTAN e suas combinações – pretende ser exaustiva. Porém, como já vimos, é num sentido verdadeiro que com tantos 'chapéus' não há nada novo sob o céu e há um vasto espaço para a inovação no uso dos instrumentos governamentais. Desde que haja um mecanismo para gerar variantes – mutações ou inovações –, processos complexos evolucionários podem operar na base de uma população relativamente fixa de tipos básicos" (Christopher C. Hood e Helen Z. Margetts, *The Tools of Government in the Digital Age*, cit., pp. 135-136).

23. Christopher C. Hood e Helen Z. Margetts, *The Tools of Government in the Digital Age*, cit., p. 135.

seu valor e avançar na abordagem instrumental do direito administrativo caracterizada na metáfora da *caixa de ferramentas*, aqui desenvolvida.

4.2.1 Questão preliminar: não existem cenários puros, nem garantia de sucesso

Não existem cenários puros, nem garantia de sucesso. Essa é uma afirmação que precisa ser apresentada preliminarmente, porque tangencia, em maior ou menor grau, a resposta a todas as críticas anteriormente expostas.

A abordagem da *caixa de ferramentas* não assume como premissas nem que os cenários são puros, e as ferramentas são escolhidas e empregadas em ambientes assépticos e neutros, nem que com elas seja garantido o total e absoluto sucesso da ação administrativa.

Pelo contrário, a premissa da qual se parte para construir a abordagem do direito administrativo como *caixa de ferramentas* é, no que toca ao ponto, a de que as ferramentas devem ser escolhidas e empregadas à luz da realidade prática, das experiências e dos experimentos, considerando a Política, a Gestão Pública e as circunstâncias contextuais, sem se fechar às mudanças que se façam necessárias. Até porque as próprias ferramentas não se encontram em estado puro, e raramente são empregadas de maneira isolada ou, mesmo, para cuidar de uma finalidade que já não venha sendo contemplada por meio de ações públicas anteriores.[24]

Ora, se a complexidade e o conhecimento acumulado vêm justamente da realidade e do estoque de experiência e novas propostas em teste, estão embutidas na abordagem da *caixa de ferramentas* a assimilação da complexidade bem como o ceticismo, em boa e adequada dose, ine-

---

24. Como observa Arthur B. Ringeling: "Na prática, instrumentos nunca podem ser encontrados em uma forma pura. Então, mesmo se tivermos conhecimento sobre as características dos instrumentos de política pública, seu estado atual é influenciado pelo fato de que eles sempre vêm misturados. Essa mistura de políticas públicas é resultado do fato de que, para os instrumentos econômicos, há necessidade de que se tenha legislação de um tipo ou de outro. A questão da legalidade é elaborada abaixo, mas aqui deve ficar claro que os governos não podem distribuir subsídios ou vender direitos de emissão sem uma base legal. O *design* de um instrumento é afetado por uma mistura de instrumentos e pela tomada de decisão político-administrativa associada a essa mistura" ("Instruments in four: the elements of policy design", in Pearl Eliadis, Margaret M. Hill e Michael Howlett, *Designing Government: from Instruments to Governance*, Quebec, McGill-Queen's University Press, 2005, p. 192).

rente a uma proposta que assimila, critica, implica e se retroalimenta da realidade, entre movimentos diagnósticos e prognósticos entremeados.[25]

No mais, aqui também não se trata de um método milagroso, que garante o sucesso dos arranjos produzidos ou aprimorados através de sua lente. Trata-se – isso, sim – de uma abordagem que pode enriquecer os elementos à disposição daqueles que interagem com a ação pública de maneira geral, bem como de uma forma de aprimorar a ação pública e engajar as preocupações teóricas com os desafios e resultados práticos.

Isso porque, à medida que se acumule massa crítica – a partir de experiências consagradas e avaliadas empiricamente –, bem como sejam realizados novos experimentos promissores, vai diminuindo o vale entre a teoria e a prática, permitindo compreender melhor os cenários complexos (*não puros, portanto*), de modo a aumentar a probabilidade de sucesso dos modelos jurídicos de formulação, combinação e manejo de ferramentas.

Portanto, mesmo diante das críticas especuladas, abordar o direito administrativo enquanto uma *caixa de ferramentas* é proposta promissora, e que vale o esforço, porque tem muito mais a oferecer do que a prejudicar.

4.2.2 O excessivo pessimismo no ser humano: nem só de influência política e "public choice" se vive

A abordagem empreendida pela teoria das escolhas públicas, segundo a qual o homem é um ser econômico voltado à realização de seus próprios interesses, é um argumento do qual aqui não se discorda inteiramente. De fato, a escolha de instrumentos jurídicos é afetada pela existência de interesses políticos latentes que a impulsionam em um ou outro sentido.

Ademais, não se pode olvidar que a atividade de elaboração de políticas públicas, em geral, tem natureza eminentemente política, e, pois, como tal, é destituída de neutralidade. Isso porque até mesmo as escolhas ditas técnicas, por exemplo, pressupõem não só mais de uma alternativa

---

25. O ceticismo científico é o método de questionar o conhecimento. Como sintetiza Carlos Ari Sundfeld: "Ser iconoclasta e cético é ter compromissos com a realidade jurídica e colocar em xeque ideias correntes" (*Direito Administrativo para Céticos*, 2ª ed., São Paulo, Malheiros Editores, 2014, p. 167). Para fazer o processo avançar, portanto, é preciso tê-lo por perto como bússola.

CRÍTICAS À ESSA ABORDAGEM 175

viável, muitas vezes, mas também a própria escolha dos objetivos a atingir, selecionando prioridades.

Visto isso, a realização da ação pública não poderia depender apenas de uma escolha racional por parte do agente, tendo em vista o grande número de combinações de alternativas possíveis de instrumentos governamentais. Uma vez que o governo não pode examinar todas as alternativas à disposição na maior parte dos casos, na prática, a escolha da ferramenta mais adequada para o trabalho acaba tomando em conta também fatores como "intuição, experiência, tradição, fé e serendipidade",[26] segundo anotam Christopher Hood e Helen Margetts.[27]

Mas, como dito, nem só de influência política e *public choice* se vive.

Como se pode extrair de Cass Sunstein, existe um limite à influência que esse tipo de argumento pode exercer sobre o processo de elaboração da ação pública. Isso porque o processo político não pode ser visto como exclusivamente voltado à realização de interesses políticos ou de interesses próprios, sendo necessário que o mesmo atenda, ainda que minimamente, ao interesse público, sob pena de o agente político pôr em risco sua própria posição de poder.[28]

Desta maneira, é preciso reconhecer que a realização de barganhas entre grupos de interesses é inevitável em qualquer democracia, uma vez que inerentes à manutenção do próprio *status quo* ou à pretensão de mudança pelos novos grupos entrantes. Mas nem por isso o processo democrático e a legitimidade da ação pública perdem seu mérito por inteiro.[29]

Seguindo essa linha, Michael Howlett explica que "na maioria das sociedades, por exemplo, os políticos não fazem tudo o que podem

---

26. *Serendipidade* é o encontro casual do que não se procurava, como por inúmeras vezes acontece na ciência.
27. Christopher C. Hood e Helen Z. Margetts, *The Tools of Government in the Digital Age*, cit., pp. 147-148.
28. Na visão do autor, o republicanismo de base liberal conviveria com os interesses egoísticos dos agentes políticos e com discussões de interesse da coletividade, de forma mesclada (cf.: Cass R. Sunstein, *After the Rights Revolution: Reconceiving the Regulatory State*, United States, Harvard University Press, 1993).
29. Susan Rose Ackerman, "Análise econômica progressista do Direito e o novo direito administrativo", in Paulo Mattos (coord.), *Regulação Econômica e Democracia: o Debate Norte-Americano*, São Paulo, Editora 34, 2004, p. 250.

para o bem público, mas também não podem ignorar a opinião popular e sentimentos públicos e mesmo assim manter sua legitimidade e credibilidade".[30]

Em acréscimo, o argumento trazido pela *public choice*, de um agente público sempre agindo motivado por seu autointeresse, tem sido temperado por meio de aproximações firmes em que a motivação do agente público não é essencialmente relevante e a tentativa de usar o autointeresse do agente para explicar seu comportamento seria irrealista.[31-32]

Em primeiro lugar porque influências de ordem moral e normativa também atuariam sobre o agente para controlar suas motivações egoísticas e, com isso, fazer diferença para a ação.[33]

Em segundo lugar porque, em que pese ao fato de a escolha das finalidades ser eminentemente política, a escolha institucional, isto é, dos instrumentos a serem empregados nesse processo, aproxima-se também de uma escolha técnica.[34] "O campo da ação humana no desenho voluntário e intencional das instituições seria quase nulo", como desenvolve Paulo Trigo Pereira.[35]

Mas não é só isso. O grau da distorção do processo político é determinado por diversas outras características que lhe são inerentes, inclu-

30. Michael Howlett, *Designing Public Policies: Principles and Instruments*, cit., p. 30.
31. Peter J. Hill, "Public choice: a review", *Faith & Economics* 34/1-10, 1999.
32. Segundo Michael J. Trebilcock *et al.*: "A suposição de que os políticos procuram maximizar a probabilidade de sua reeleição não exclui a possibilidade de que eles iriam usar o poder adquirido por algum motivo altruísta, como pode ser visto por outros. Talvez para alguns a satisfação esteja na própria vitória; para outros a satisfação pode estar na oportunidade de fazer coisas que irão engendrar prestígio pessoal por agradar os outros ou a autoestima por viver de acordo com os ditames da própria consciência. Porque o sucesso eleitoral é a condição indispensável para atingir qualquer uma ou todas essas coisas, a assunção de maximização de voto por políticos feita neste estudo pode ser encarada como normativamente neutra" (Michael J. Trebilcock, Douglas G. Hartle, J. Robert S. Prichard e Donald N. Dewees, *The Choice of Governing Instrument*, 1982, p. 19).
33. Geoffrey Brennan e Alan Hamlin, *Revisionist Public Choice Theory*, Politics – School of Social Sciences, University of Manchester, disponível em *www.socialsciences.manchester.ac.uk*, acesso em 14.7.2015).
34. Nesse sentido: Neil Komesar, *Imperfect Alternatives: Choosing Institutions in Law, Economics, and Public Policy*, University of Chicago Press, 1997, p. 60.
35. Paulo Trigo Pereira, "A teoria da escolha pública (*public choice*): uma abordagem neoliberal?", *Análise Social* xxxii (141)/432, 1997 (2o).

sive fatores institucionais, e não apenas por motivações individuais dos agentes envolvidos.[36-37]

Seguindo a mesma linha de pensamento, Lester M. Salamon aduz que "o novo modelo de governança está concentrado na estruturação dos relacionamentos subjacentes à elaboração de políticas públicas, especificamente, visualizando as opções de ferramentas como escolhas políticas e não apenas técnicas, no melhor sentido do termo. Isso porque elas envolvem decisões sobre valores".

Dessa forma, por mais que esse momento antecedente de definição de interesses e ferramentas seja suscetível a uma influência política, segue sendo necessário buscar a melhor forma de empregá-las na prática, já que, mesmo que uma ferramenta possa ser empregada de mais de uma forma para atingir dada finalidade, algumas delas funcionarão melhor do que outras.

Daí por que se revela importante e útil a aplicação da abordagem da *caixa de ferramentas* aqui desenvolvida, no intuito de identificar a vocação própria de cada instituto jurídico e dos incentivos que eles são capazes de produzir e, com isso, definir melhores modelos institucionais de ação administrativa no caso concreto.

Como formulado anteriormente, é preciso, pois, buscar o ponto ótimo entre a técnica, a eficiência e a viabilidade política.

Dessa maneira, os argumentos da influência política e de *public choice* até podem vir a reduzir o âmbito de atuação das estratégias da *caixa de ferramentas*. Todavia, ainda assim a abordagem da *caixa de ferramentas*

---

36. Nesse sentido: Neil Komesar, *Imperfect Alternatives: Choosing Institutions in Law, Economics, and Public Policy*, cit., p. 60.
37. Com efeito, segundo Paulo Trigo Pereira: "Condições institucionais como a busca por votos levariam os políticos, basicamente, a motivações egoístas, como, por exemplo, a maximização de seus votos. Isso, entretanto, segundo o autor, não desmerece a atuação do agente, por duas razões: em primeiro lugar, um político (ou um partido) que queira efetivamente implementar a sua noção de 'bem comum' terá, antes de mais nada, de ser eleito, e, portanto, deverá maximizar os votos com esse fim. Por outro lado, não há necessariamente contradição entre servir o interesse comum e maximizar votos. De fato, o objetivo egoísta da maximização de votos está a servir à vontade da maioria (ou da maior minoria) numa forma semelhante à 'mão invisível' de Adam Smith, onde o objetivo egoísta de maximização de lucros leva (em mercados competitivos) ao bem-estar coletivo" ("A teoria da escolha pública (*public choice*): uma abordagem neoliberal?", cit., *Análise Social* xxxii (141)/436).

segue sendo proveitosa, porque vale a pena o empenho para incrementar a qualidade das ferramentas bem como destacar a importância de sua formulação e de suas combinações práticas à luz dos incentivos gerados, em prol de uma melhor e mais eficiente modelagem institucional, que possa potencializar a probabilidade de sucesso dos arranjos jurídicos na realização das finalidades a que se voltam.

4.2.3 A inexistência de economicização excessiva ou submissão absoluta à Gestão Pública pelo Direito

A abordagem do direito administrativo como uma *caixa de ferramentas* não importa economicização excessiva, nem tampouco situa o Direito em posição de refém da Gestão Pública.

Com efeito, essa crítica parece cessar diante da circunstância de que em nossa sociedade a eficiência é um dado posto, na medida em que a multiplicidade de interesses a efetivar e a escassez de recursos disponíveis para tanto levam a que sua observância seja condição para que se faça mais e melhor. Não se trata mais, portanto, de uma preocupação exclusiva da Economia.

Da mesma forma, favorecer o incremento da Gestão Pública deve ser um objetivo instrumentalizado pelo Direito, diante de sua capacidade para indicar caminhos que facilitem o alcance dos objetivos perseguidos (*como pode*), e não operar exclusivamente em forma de obstáculo, negando seguimento à ação pública (*pode/não pode*).

Como argumentado no Capítulo 2, vale lembrar que a percepção inicial de que o Direito se preocuparia unicamente com a justiça, e a Economia com a eficiência e a distribuição de bens, cedeu espaço diante de esforços acadêmicos mais interessados em compartilhar métodos e argumentos para aprimorar seus instrumentos, sem que isso importe a caracterização de qualquer tipo de subserviência entre eles.

Como a Economia fornece uma teoria comportamental que ajuda a entender e prever, em alguma medida, a reação das pessoas e dos agentes econômicos frente aos arranjos jurídicos e, principalmente, aos incentivos por eles gerados, mesmo a justiça, enquanto ideal perseguido pelo Direito, pode ter sua realização aperfeiçoada se levadas em consideração variáveis econômicas que permitam e auxiliem o Direito a fazer mais com os recursos disponíveis bem como permitam compreender as estratégias alternativas que se pode adotar, diante das prováveis consequências delas esperáveis.[38]

Exatamente como se propõe a fazer a abordagem do direito administrativo enquanto uma *caixa de ferramentas*, ao se valer da análise de incentivos para guiar a engenharia dinâmica de melhores arranjos jurídicos a fim de realizarem objetivos predefinidos.

Conferindo-se importância ao desenho institucional da Administração Pública e das ações públicas, à luz das ferramentas utilizadas e de sua compatibilidade com a finalidade a que se voltam, abordar o direito administrativo como uma *caixa de ferramentas* fornece parâmetros à escolha e à avaliação da manutenção das ferramentas, para que funcionem de forma pragmática e racional, pautadas pelos incentivos que geram e direcionadas à efetivação dos interesses públicos perseguidos.

A utilização de métodos econômicos para a seleção das ferramentas de direito administrativo, portanto, é fruto do reconhecimento de que a adoção de instrumentos da ciência econômica no processo de formulação e implantação da ação administrativa permite identificar as alternativas à disposição para, a partir delas, racionalmente escolher aquelas capazes de gerar melhores incentivos em prol da realização do objetivo enfocado.

De forma diferente não se passa com a Gestão Pública, já que o Direito com ela colabora para desenhar modelos de ação mais adequados, de modo que por meio deles seja também possível cumprir melhor seus objetivos de efetivar direitos de forma eficiente. Ou seja: efetivar mais direitos, e em mais intenso grau.

No mais, sempre será preservado o trabalho do jurista de valorar modelos éticos e de justiça, conferindo elementos jurídicos à análise econômica e informando as decisões de Gestão Pública.

Em conclusão: (i) os argumentos econômicos auxiliam na descrição dos possíveis efeitos das ferramentas selecionadas sobre as condutas

---

38. A teoria comportamental fornecida pela Economia que ora interessa pode ser sintetizada nas três premissas da Escola de Chicago, quais sejam: (i) os indivíduos são maximizadores racionais de suas satisfações em comportamentos fora do mercado bem como no mercado; (ii) os indivíduos respondem aos incentivos de preços no comportamento de mercado e fora do mercado; (iii) regras e ações jurídicas podem ser avaliadas com base na eficiência, pelo quê as decisões judiciais devem promover a eficiência. A respeito, cf.: Nicholas Mercuro e Steven Medema, *Economics and the Law: from Posner to Postmodernism and Beyond*, Nova Jersey, Princeton University Press, 2006, p. 57.

de seus destinatários, de modo que o operador do Direito tanto possa visualizar os reflexos oriundos das condutas praticadas quanto prever as condutas que se espera ver praticadas por força dos incentivos gerados pelos instrumentos selecionados; e (ii) a atenção às boas práticas ligadas ao gerenciamento da ação pública convergem para a meta de favorecer a efetivação de direitos fundamentais por meio de arranjos institucionais, da qual o Direito deve inequivocamente compartilhar.

4.2.4 O favorecimento ao controle da utilização indevida de ferramentas

Encarar o direito administrativo como uma *caixa de ferramentas* é capaz de mitigar a crítica dos cenários impuros e complexos bem como das influências políticas e particulares que possam pender sobre as ferramentas, na medida em que a abordagem permite identificar parâmetros e resultados de sua ação prática, controlando e corrigindo os casos de incentivos inadequados; de desvios e utilizações indevidas que empunhem instrumentos desfocados das finalidades de interesse público para as quais são vocacionados; bem como sinalizando as escolhas feitas dentre as possibilidades disponíveis.

Diagnosticamente, a estratégia da *caixa de ferramentas* tem potencial para demonstrar os erros de arranjo jurídico, devido ao uso de ferramentas que não se ajustam bem ao contexto e à finalidade pretendida, para, a partir daí, tomar decisões bem informadas e aprimorar a combinação de ferramentas e o sistema de incentivos.

Com efeito, adotando-se a lógica do direito administrativo como *caixa de ferramentas*, a ação administrativa pode passar a ser mais eficiente e efetiva, eis que, a um só tempo, a mesma (i) fornece elementos para uma escolha adequada das ferramentas a serem empregadas e (ii) permite analisar eficazmente as consequências desejáveis e indesejáveis do emprego dessas ferramentas escolhidas.

Ou seja: essa abordagem permite apurar, criticamente, a capacidade das ferramentas empregadas de alcançarem os objetivos predeterminados, o que favorece a implementação de um modelo de Administração Pública gerencial, voltada para resultados.[39]

---

39. Sobre Administração Pública gerencial e o foco nos resultados, cf.: Diogo de Figueiredo Moreira Neto, *Administração Pública Gerencial*, disponível em *www.camara.rj.gov.br* (acesso em 12.7.2015).

CRÍTICAS À ESSA ABORDAGEM

Prognosticamente, é ainda possível aprimorar o próprio controle externo da ação administrativa, pois, ao se analisar possibilidades de arranjos jurídicos e formular ações públicas que escolham motivadamente as ferramentas a serem empregadas dentre eles, é possível aumentar a racionalidade das decisões tomadas no contexto estabelecido, ficando esses parâmetros de referência para que os órgãos de controle avaliem a adequação das decisões dos gestores públicos.[40]

Assim, as estratégias do direito administrativo como *caixa de ferramentas* permitem seguir por um caminho de construtiva melhora da ação pública, tanto favorecendo o controle dos equívocos diagnosticados nos arranjos institucionais quanto fornecendo elementos, por meio de uma abordagem prognóstica mais racional, para que o controle externo e posterior das ações administrativas possa ser exercido com parâmetros contemporâneos às decisões tomadas sob seu escrutínio, aproximando-se de um controle de resultado e eficiência, portanto.

4.2.5 A possibilidade de corrigir fugas regulatórias

Além das vantagens até aqui expostas, a abordagem da *caixa de ferramentas* permite, ainda, identificar comportamentos praticados pelos destinatários da ação administrativa diferentes daqueles pretendidos quando de sua formulação, constituindo aquilo que aqui se veio denominar por *fuga regulatória*.

Como desenvolvido anteriormente, é de se esperar que os destinatários de uma ação administrativa tentem aumentar seu patrimônio jurídico aumentando seus direitos e reduzindo seus deveres. Para isso, o provável é que eles irão se adequar ao sistema de incentivos gerado pela arquitetura jurídica que os influencia da forma que lhes parecer mais vantajosa possível.

Ocorre que, ao proceder a uma abordagem diagnóstica, a percepção do direito administrativo como *caixa de ferramentas* facilita a identificação de eventuais desvios de conduta praticados pelos destinatários da política estabelecida. Assim, é possível diagnosticar essas fugas, já esperadas por acontecer em menor ou maior grau.

Ressalte-se, entretanto, que, para que seja possível dar continuidade a esse processo, é preciso aperfeiçoar os pontos de fuga encontrados à luz do modelo posto, reformulando-os a partir da estratégia prognóstica.

40. Christopher C. Hood e Helen Z. Margetts, *The Tools of Government in the Digital Age*, cit., p. 147.

Desse modo, se os incentivos não levarem ao esperado, e naturalmente surgirem fugas regulatórias, é preciso haver flexibilidade à ação e à gestão, para se readequarem à realidade constatada.

Daí a necessidade de monitorar a ação administrativa e seus resultados, de modo a evitar que destinatários do arranjo de incentivos em geral (particulares, empresas, servidores etc.) encontrem rotas de desvio dos sistemas de incentivos arquitetados, abrindo caminho para uma atuação que favorece o interesse próprio mas atende, em menor intensidade do que seria possível, à finalidade pública perseguida.

Vale registrar, ademais, que não somente os particulares realizam fugas regulatórias, mas também a própria Administração Pública, enquanto destinatária de arranjos institucionais, foge deles para buscar mais vantagens e menos obrigações em suas atividades.

Um exemplo claro, e já constatado pela literatura especializada do tema, pode ser notado no chamado "movimento de fuga para o direito privado", ao qual Maria João Estorninho se refere. Por meio dele o Estado desvencilha-se, na dinâmica negocial, das vinculações impostas pelo regime de direito público, recorrendo a modelos contratuais privados e à criação de entidades jurídicas de direito privado.[41]

Desse modo, a fuga ao direito privado ocorre não só pelo recurso a instrumentos de ação próprios do direito comum, como também através de uma atuação estatal despida de suas prerrogativas para atuar em posição de igualdade com os particulares, através da utilização de balizas interpretativas de direito privado. Tudo em busca de maiores vantagens gerenciais encontradas fora do sistema de incentivos típico dos regimes públicos.

Em passo seguinte, é inclusive possível dizer que, na verdade, há mais que uma fuga para o direito privado no caso da Administração Pública.

Aqui se trata é de uma fuga cruzada, na medida em que entidades de direito público integrantes da Administração Pública recorrem a institu-

---

41. De acordo com Maria João Estorninho, as fugas para o direito privado são "aquelas situações nas quais a Administração Pública adota as formas de organização e/ou as formas de atuação jurídica privadas, para com isso se furtar ao regime de direito público a que normalmente está sujeita" (*A Fuga para o Direito Privado: Contributo para o Estudo da Actividade de Direito Privado da Administração Pública*, Coimbra, Livraria Almedina, 2009, p. 17).

tos de direito privado como também, na contramão, entidades privadas da Administração Pública buscam aumentar seu cartel de prerrogativas recorrendo àquilo que as beneficia do regime jurídico das entidades de direito público.

A jurisprudência do STF, aliás, comprova o fenômeno com tranquilidade, relatando casos nos quais estatais como a Empresa Brasileira de Correios e Telégrafos e a INFRAERO, embora sua natureza privada de empresas estatais, recorrentemente buscam se beneficiar de prerrogativas típicas do regime jurídico de direito público, como a impenhorabilidade de seu patrimônio e a execução de seus débitos por meio do regime de precatórios judiciais.

Diante disso, abordar o direito administrativo como *caixa de ferramentas* permite diagnosticar essas fugas e, a partir daí, selecionar a combinação de ferramentas que se mostre habilitada a corrigir os sistemas de incentivos para corrigir o curso de ação dos destinatários da ação pública, alinhando-os ao interesse público em questão no caso.

4.3 Conclusão

A identificação das potenciais críticas à abordagem do direito administrativo como *caixa de ferramentas* e o ensaio de respostas ponderando a seu respeito, ora rejeitando, ora assimilando as considerações que se colocam, antes que uma defesa da tese aqui desenvolvida, é muito mais a reafirmação de um compromisso com a realidade jurídica e seu aprimoramento.

A incidência de interesses políticos e pessoais dos agentes de poder, a interface com a Economia e a ciência da Administração e a própria complexidade das ferramentas, da realidade e da interação de ambas precisam ser registradas para que sirvam de alertas auxiliares na busca de melhores modelos jurídicos. Sem premissas realistas a proposta se esvairia entre os dedos.

Sempre, no entanto, mantendo-se firme no sentido de que essas mesmas críticas devem ser consideravelmente temperadas, e não vão ao extremo de comprometer a percepção e a operação do direito administrativo como *caixa de ferramentas* e os resultados que meritoriamente pode produzir.

É preciso ter a metáfora em mente, perceber e praticar o direito administrativo segundo seus contornos e seguir adiante levando em consideração as críticas, no que confirmáveis, de modo a, gradualmente, compreender a lógica e os incentivos subjacentes aos arranjos jurídicos e seu manejo pelos diversos agentes que com ele interagem, a fim de aperfeiçoar tais esquemas jurídicos, contribuindo para uma Gestão Pública de mais qualidade e modelos mais capazes de alinhar interesses individuais e objetivos coletivos.

Em suma: a utilidade de se abordar o direito administrativo enquanto uma *caixa de ferramentas* segue adiante apesar das críticas, oferecendo interessante arsenal de argumentos, ideias e estratégias para se aproximar de problemas concretos que podem encontrar rotas de solução mais afortunadas.

SÍNTESE CONCLUSIVA

1. Associada a quantidade de órgãos e entidades existentes com a quantidade de meios à disposição da Administração para conformar os interesses públicos prioritários, empregar esses mecanismos para desenhar bons modelos tendentes a realizar o interesse público passou a ser questão central ao aprimoramento da Gestão Pública.

2. O Estado de nosso tempo não deveria ser mais aquele pretenso provedor universal que tenta cuidar, de forma unitária, rígida e direta, de praticamente tudo da vida cotidiana, assim acreditando bastar-se a si próprio.

3. O Estado atual é multifacetado. Atua, paralelamente, de forma direta, indireta e associativa com a iniciativa privada, e tem tantas ferramentas à sua disposição para veicular seus programas, políticas e ações, que não precisa mais se reinventar e perder em grandes formulações. Nem ser social, nem absenteísta, ou assumir qualquer outro grande rótulo que o valha.

4. O desafio pós-moderno do Estado é ser eficiente sem abrir mão das conquistas democrático-constitucionais contabilizadas. E ser eficiente implica conhecer e gerir melhor os instrumentos disponíveis, para assim otimizar seu emprego e, em uma análise prática, produzir resultados concretos.

5. Para superar esse desafio, é preciso repensar a forma de encarar e manejar o direito administrativo. O descompromisso na organização estrutural da Administração Pública e o exercício da função administrativa empunhando institutos de maneira desatenta e, por vezes, exclusivamente intuitiva quanto à sua capacidade de cumprir as finalidades que se pretende efetivar não têm mais espaço hábil para seguir adiante.

6. A guinada em favor da eficiência do Estado e da melhoria de sua gestão passa, necessariamente, pela compreensão de que o direito administrativo, por força de seu desenvolvimento contínuo, dedicação a interesses múltiplos, caráter acumulativo, cultural, concreto e cotidiano, se transformou na compilação de uma grande diversidade de institutos e formas de organização com vocações próprias, que juntos integram uma verdadeira *caixa de ferramentas* voltada à instrumentalização de interesses públicos caso a caso.

7. Com efeito, ferramentas são instrumentos vocacionados a certas finalidades. E apreender o direito administrativo como uma caixa delas é jogar luzes sobre a importância de se desenhar, escolher, combinar, empregar e testar essas ferramentas na persecução dessas finalidades, aprimorando a Gestão Pública e seu controle, a partir de juízos de adequação, experiência, e do acompanhamento e avaliação de resultados.

8. Sendo assim, há considerável utilidade prática em compreender e desenvolver, metaforicamente, o direito administrativo como uma *caixa de ferramentas*, no atual estado da arte em que se encontra, a fim de percebê-lo como uma tecnologia social, que deve cumprir função prática e dinâmica, voltada a solucionar impasses e cumprir objetivos concretos.

9. A proposta caminha na direção da construção de ideias e modelos jurídicos mais úteis e comprometidos com a realidade e seu contexto de aplicação, colaborando para a conciliação entre teoria e prática, na medida em que: (i) reforça a relação de meios e fins que deve orientar a ação administrativa; (ii) não assume categorias apriorísticas e estáticas, adotando em seu lugar uma abordagem constantemente crítica e flexível que, partindo do desenho das ferramentas, da forma como utilizadas e da experiência acumulada, possa definir estratégias de ação e medir resultados e consequências daí provenientes; (iii) possibilita o diagnóstico de como de fato funciona certa ferramenta, ou combinação de ferramentas, apurando suas vantagens e desvantagens, para, então, formular, manter ou reformular o arranjo jurídico e a ação administrativa; e (iv) permite experimentar novas ferramentas, de preferência pontualmente, para avaliar a capacidade de sucesso em seus propósitos e, se assim confirmado, expandir sua incidência.

10. Desse modo, a abordagem da *caixa de ferramentas* é uma metáfora que privilegia o instrumentalismo legal enquanto estratégia de Direito, de modo que as ferramentas de direito administrativo melhor sirvam aos fins democraticamente definidos na Constituição ou pelas maiorias ocasionais, à luz da teoria dos direitos fundamentais.

SÍNTESE CONCLUSIVA

11. Partindo dessa visão instrumental, o que se tem é um processo de diagnose e prognose, que deve ser contínuo e complementar, em prol do aperfeiçoamento do desenho e da combinação das instituições jurídicas para que cumpram suas funções.

12. Em suma: a estratégia da *caixa de ferramentas* busca uma aplicação instrumental do direito administrativo com o propósito orientativo de encontrar, à luz da realidade, a eficiência de meios para melhor realização de fins substantivamente definidos. E assim o faz superando a visão estática do direito administrativo como Estado, para pôr em seu lugar uma visão dinâmica, do direito administrativo dessacralizado, visto como ferramenta social, enquanto conjunto dinâmico de arranjos jurídicos que geram incentivos endereçados às finalidades por realizar.

13. A certificação de que a percepção do direito administrativo enquanto uma *caixa de ferramentas* começa a tomar corpo faz com que se dedicar a entender e operacionalizar essas ferramentas se torne útil e proveitoso à otimização da Gestão Pública e à efetivação dos interesses públicos que instrumentaliza.

14. Neste contexto, os aportes trazidos pelos estudos de Direito e Economia são fundamentais para auxiliar na compreensão. A abordagem econômica dos arranjos institucionais, pondo foco nos incentivos por eles gerados, tem por mérito principal incrementar a tomada de decisões jurídicas, à luz dos incentivos que as escolhas adotadas deverão produzir, e ao operador do Direito em geral permite entender melhor a lógica embutida nos comandos normativos, institutos e cláusulas contratuais.

15. Situado na interseção entre o Direito e a Economia, o enfoque do direito administrativo enquanto uma *caixa de ferramentas* é responsável por revelar os ganhos que a consideração de diretrizes econômicas, como uma das variáveis do plano jurídico, pode lhe trazer, auxiliando e otimizando suas tarefas e repercutindo em melhores resultados.

16. A seleção das ferramentas de direito administrativo deve ser resultado de um processo de formulação da ação administrativa que identifique as alternativas à disposição para, a partir delas, racionalmente comparar e escolher aquelas capazes de gerar os melhores incentivos em prol da realização do objetivo enfocado.

17. Como as ferramentas de direito administrativo são mecanismos que incentivam condutas a finalidades predefinidas, o norte da ação administrativa, portanto, deve estar nos incentivos que essas ferramentas são capazes de produzir.

18. Essa lógica há de permear a ação administrativa como um todo, o que importa dizer que os incentivos funcionam como critério balizador, a um só tempo, (i) da escolha das ferramentas na formulação da ação administrativa e (ii) do desenho e da manutenção das instituições.

19. A lógica das instituições revela destacada utilidade ao Direito ao conferir uma leitura das regras e seus mecanismos de cumprimento enquanto instrumentos de restrição ou geração de oportunidades aos agentes, estruturando os incentivos para as relações travadas na sociedade.

20. Instituições são as regras do jogo em uma sociedade. Elas importam porque os incentivos importam. E, no caso da ação pública, os incentivos são gerados pela escolha, modelagem, combinação e manuseio das ferramentas de direito administrativo.

21. Desse modo, as ferramentas de direito administrativo integram parte significativa, e concreta, dessas regras do jogo, na medida em que efetivamente interferem na vida dos cidadãos, criando incentivos para orientar condutas, seja restringindo-as ou expandindo-as, por meio de oportunidades, de modo que é possível sintetizar: instituições importam porque os incentivos importam. E as ferramentas de direito administrativo importam porque geram tais incentivos.

22. Situadas diante dos contornos da Política e da Gestão Pública – que já assimilaram a lógica da *caixa de ferramentas* na escolha de meios para endereçar as finalidades que se quer alcançar, de modo a racionalizar esse processo –, as estratégias do direito administrativo como *caixa de ferramentas* revelam a capacidade de colaborar com o aprimoramento dos arranjos institucionais vigentes e a formulação de novos arranjos.

23. Dessa maneira, sem abandonar a lógica jurídica tradicional, muitas vezes reduzida apenas a uma avaliação de legalidade/ilegalidade das questões concretas que se põem, assimilar o direito administrativo como *caixa de ferramentas* importa também perceber seu papel-chave na consistência dos arranjos jurídicos para instrumentalizar os objetivos esperados, à luz dos incentivos que são capazes de produzir.

24. Nesse propósito, a abordagem do direito administrativo enquanto *caixa de ferramentas*, além de fazer transparecer como funciona o manejo de institutos pelos operadores do Direito na prática, cumpre o desafio de compreender juridicamente uma ação governamental e interagir para seu aprimoramento, o que faz por meio de duas estratégias principais, resumidas nas aproximações diagnóstica e prognóstica que complementarmente se sucedem, e visam a favorecer não só a eficiência pela eficiência, mas os objetivos finalísticos que medidas mais eficientes permitem melhor alcançar.

25. A estratégia diagnóstica faz-se presente para avaliar combinações de ferramentas que se encontram em operação, avaliando sua compatibilidade com as finalidades a que se voltam, a partir dos resultados efetivamente gerados por seus incentivos.

26. Jogando luzes sobre relações inadequadas entre ferramentas e objetivos, ou mesmo fugas regulatórias em curso, ainda que diante de ferramentas teoricamente habilitadas, mas desacreditadas por seus efeitos práticos no caso concreto, a estratégia diagnóstica tem o mérito de produzir, simultaneamente, análises críticas e pautas de ação a partir daí.

27. Identificados os objetivos, de seu lado, a estratégia prognóstica deve nortear a escolha das ferramentas dentre as alternativas disponíveis, orientando-se pela projeção dos incentivos que provavelmente poderão produzir em concreto.

28. Para tanto, e sempre que a premência comportar, experimentalismo, incrementalismo e minimalismo institucional apresentam-se como métodos de avanço seguro e consistente, testando arranjos jurídicos em ensaios monitorados e colhendo informações de seus resultados antes de replicá-los, incrementando ações em curso gradativamente e atacando as questões existentes preferencialmente de forma localizada.

29. Por meio de tudo isso, a abordagem do direito administrativo como *caixa de ferramentas* confirma sua instrumentalidade e seu compromisso com a realidade, mantém-se aberta a inovações e aproxima teoria e prática no manejo do direito administrativo.

30. Em que pese à metáfora apresentar muitas vantagens e aprofundar a interdisciplinaridade entre o Direito, a Economia, a ciência política e a ciência da Administração, a abordagem do direito administrativo enquanto *caixa de ferramentas* não é isenta de críticas, ainda que nem tampouco as receba em definitivo, por demonstrar que podem ser incorporadas ou contornadas.

31. A identificação das potenciais críticas à abordagem do direito administrativo como *caixa de ferramentas* e o ensaio de respostas ponderando a seu respeito, ora rejeitando, ora assimilando as questões que se colocam, antes que uma defesa da tese aqui desenvolvida, são muito mais a reafirmação de um compromisso com a realidade jurídica e seu aprimoramento.

32. A incidência de interesses políticos e pessoais dos agentes de poder, a interface com a Economia e a ciência da Administração e a própria complexidade das ferramentas, da realidade e da interação de ambas precisam ser registradas, para que sirvam de alertas auxiliares na busca de melhores modelos jurídicos. Sem premissas realistas a proposta se esvairia entre os dedos.

33. Sempre, no entanto, mantendo-se firme no sentido de que essas mesmas críticas devem ser consideravelmente temperadas, e não vão ao extremo de comprometer a percepção e a operação do direito administrativo como *caixa de ferramentas* e os resultados que meritoriamente pode produzir.

34. É preciso ter a metáfora em foco, perceber e praticar o direito administrativo segundo seus contornos e seguir adiante levando em consideração as críticas, no que confirmáveis, de modo a, gradualmente, compreender a lógica e os incentivos subjacentes aos arranjos jurídicos e seu manejo pelos diversos agentes que com ele interagem, a fim de aperfeiçoar tais esquemas jurídicos, contribuindo para uma Gestão Pública de mais qualidade e modelos mais capazes de alinhar interesses individuais e objetivos coletivos.

35. Em suma: a utilidade de se abordar o direito administrativo enquanto uma *caixa de ferramentas* segue adiante apesar das críticas, oferecendo interessante arsenal de argumentos, ideias e estratégias para se aproximar de problemas concretos que podem encontrar caminhos de solução mais afortunados.

O direito administrativo deve estar sempre em busca de caminhos para resolver melhor os problemas da vida. Assumir seu caráter tecnológico e instrumental, traduzido na metáfora da *caixa de ferramentas*, que incorpora a importância das instituições e dos incentivos, é uma proposta que se lança nesse sentido.

BIBLIOGRAFIA

ABRAMOVAY, Ricardo. *Entre Deus e o Diabo: Mercados e Interação Humana nas Ciências Sociais*. Disponível em *www.scielo.br* (acesso em 10.2.2015).

ACEMOGLU, Daron, e ROBINSON, James. *Why Nations Fail: the Origins of Power, Prosperity, and Poverty*. Nova York, Crown Publishers, 2012.

ACKERMAN, Susan Rose. "Análise econômica progressista do Direito e o novo direito administrativo". In: MATTOS, Paulo (coord.). *Regulação Econômica e Democracia*. São Paulo, Editora 34, 2004.

ACKERMAN, Susan Rose, e LINDSETH, Peter L. *Comparative Administrative Law*. Massachusetts, Edward Elgar Publishing, 2010.

AMARAL, Diogo Freitas do. *Curso de Direito Administrativo*. 3ª ed., vol. 1. 2014.

ARAGÃO, Alexandre Santos de. *Agências Reguladoras e a Evolução do Direito Administrativo Econômico*. Rio de Janeiro, Forense, 2005.

_____. *Curso de Direito Administrativo*. Rio de Janeiro, Forense, 2012.

_____. "O princípio da eficiência". *Revista Brasileira de Direito Público/ RBDP* 4. Ano 2. Belo Horizonte, janeiro-março/2004.

ARAGÃO, Alexandre Santos de, e MARQUES NETO, Floriano de Azevedo (coords.). *Direito Administrativo e seus Novos Paradigmas*. Belo Horizonte, Fórum, 2008.

ARENDT, Hannah. *A Condição Humana*. 10ª ed., trad. de Roberto Raposo, "Pósfácio" de Celso Lafer. Rio de Janeiro, Forense Universitária, 2007.

ARGUELHES, Diego Werneck. *Argumentos Consequencialistas e Estado de Direito: Subsídios para uma Compatibilização*. Disponível em *www.conpedi.org.br* (acesso em 14.7.2015).

ARIELY, Dan. *Predictably Irrational: the Hidden Forces that Shape our Decisions*. United States, HarperCollins, 2008.

AVELÃS NUNES, António José, e COUTINHO, Jacinto Nelson de Miranda (orgs.). *Diálogos Constitucionais: Brasil/Portugal*. Rio de Janeiro, Renovar, 2004.

ÁVILA, Humberto. "Moralidade, razoabilidade e eficiência na atividade administrativa". *Revista Brasileira de Direito Público/RBDP* 1. Ano 1. Belo Horizonte, abril-junho/2003.

BAGATIN, Andreia Cristina. *Captura das Agências Reguladoras Independentes*. São Paulo, Saraiva, 2013.

BALBINOTTO NETO, Giácomo, BATTESINI, Eduardo, e TIMM, Luciano Benetti. "O movimento de Direito e Economia no Brasil". In: COOTER, Robert, e ULEN, Thomas. *Direito & Economia*. 5ª ed. Porto Alegre, Bookman, 2010.

BANCO MUNDIAL. *Worldwide Governance Indicator Project*. Disponível em: http://info.worldbank.org (acesso em 8.4.2015).

BAPTISTA, Patrícia Ferreira. *Transformações do Direito Administrativo*. Rio de Janeiro, Renovar, 2003.

BARRAL, Welber. "Direito e desenvolvimento: um modelo de análise". In: BARRAL, Welber (org.). *Direito e Desenvolvimento: Análise Jurídica Brasileira sob a Ótica do Desenvolvimento*. São Paulo, Singular, 2005.

_____ (org.). *Direito e Desenvolvimento: Análise Jurídica Brasileira sob a Ótica do Desenvolvimento*. São Paulo, Singular, 2005.

BARROSO, Luís Roberto. *A Dignidade da Pessoa Humana no Direito Constitucional Contemporâneo*. Belo Horizonte, Fórum, 2012.

_____. "Constituição, democracia e supremacia judicial: Direito e Política no Brasil contemporâneo". *RFD – Revista da Faculdade de Direito – UERJ* 2. N. 21. Janeiro-junho/2012.

_____. *Jurisdição Constitucional: a Tênue Fronteira entre o Direito e a Política*. Disponível em www.migalhas.com.br (acesso em 3.7.2015).

_____. "Neoconstitucionalismo e constitucionalização do Direito: o triunfo tardio do direito constitucional no Brasil". In: OLIVEIRA, Farlei Martins Riccio de, OLIVEIRA, Maria Lúcia de Paula, e QUARESMA, Regina (orgs.). *Neoconstitucionalismo*. Rio de Janeiro, Forense, 2009.

_____. *No Mundo Ideal, Direito é Imune à Política; no Real, Não*. Disponível em www.conjur.com.br (acesso em 3.7.2015)

BATTESINI, Eduardo, BALBINOTTO NETO, Giácomo, e TIMM, Luciano Benetti. "O movimento de Direito e Economia no Brasil". In: COOTER, Robert, e ULEN, Thomas. *Direito & Economia*. 5ª ed. Porto Alegre, Bookman, 2010.

BEMELMANS-VIDEC, Marie-Louise, RIST, Ray C., e VEDUNG, Evert Oskar. *Carrots, Sticks and Sermons*. 2003.

BEMERGUY, Marcelo. *O Controle Externo das Agências Reguladoras*. IX Congreso Internacional del CLAD sobre la Reforma del Estado y de la Administración Pública. Madri/Espanha, 2-5.11.2004 (disponível em http://unpan1.un.org, acesso em 26.5.2015).

BENTHAM, Jeremy. *An Introduction to the Principles of Morals and Legislation* (1781). Batoche Books Kitchener, 2000.

BINENBOJM, Gustavo. "Da supremacia do interesse público ao dever de proporcionalidade: um novo paradigma para o direito administrativo". In: SARMENTO, Daniel (org.). *Interesses Públicos "Versus" Interesses Privados: Desconstruindo o Princípio da Supremacia do Interesse Público*. Rio de Janeiro, Lumen Juris, 2005.

_____. "Prefácio". In: ERLING, Marlos Lopes Godinho. *Regulação do Sistema Financeiro Nacional*. São Paulo, Almedina Brasil, 2015.

_____. "Prefácio". In: RAGAZZO, Carlos Emmanuel Joppert. *Regulação Jurídica, Racionalidade Econômica e Saneamento Básico*. Rio de Janeiro, Renovar, 2011.

BINENBOJM, Gustavo, e CYRINO, André Rodrigues. "Parâmetros para a revisão judicial de diagnósticos e prognósticos regulatórios em matéria econômica". In: BINENBOJM, Gustavo, SARMENTO, Daniel, e SOUZA NETO, Cláudio Pereira (coords.). *Vinte Anos da Constituição Federal de 1988*. Rio de Janeiro, Lumen Juris, 2008.

BINENBOJM, Gustavo, SARMENTO, Daniel, e SOUZA NETO, Cláudio Pereira (coords.). *Vinte Anos da Constituição Federal de 1988*. Rio de Janeiro, Lumen Juris, 2008.

BOBBIO, Norberto. *Dalla Struttura alla Funzione: Nuovi Studi di Teoria del Diritto*. Milão, Edizioni di Comunità, 1977.

BRENNAN, Geoffrey, e HAMLIN, Alan. *Revisionist Public Choice Theory*. Politics – School of Social Sciences, University of Manchester.

BRESSERS, Hans TH. A., e O'TOOLE JR., Laurence J. "Instrument selection and implementation in a networked context". In: ELIADIS, Pearl, HILL, Margaret M., e HOWLETT, Michael. *Designing Government: from Instruments to Governance*. Quebec, McGill-Queen's University Press, 2005.

BUBB, Ryan, e PILDES, Richard H. "How behavioral economics trims its sails and why". *Harvard Law Review* 127. 2013.

BUCCI, Maria Paula Dallari. "Notas para uma metodologia jurídica de análise de políticas públicas". *Fórum Administrativo – Direito Público – FA* 104. Ano 9. Belo Horizonte, outubro/2009 (disponível em *http://bid.editoraforum.com.br*, acesso em 2.2.2015).

BUCHANAN, James M. "Politics without romance: a sketch of positive public choice theory and its normative implications". In: BUCHANAN, James M., e TOLLINSON, Robert D. *The Theory of Public Choice*. vol. II. Ann Arbor, The University of Michigan Press, 1984.

_____. *Toward a Theory of the Rent-Seeking Society*. Texas, University Press, 1985.

BUCHANAN, James M., e TOLLINSON, Robert D. *The Theory of Public Choice*. vol. II. Ann Arbor, The University of Michigan Press, 1984.

CABRAL DE MONCADA, Luis S. *Direito Económico*. 5ª ed. Coimbra, Coimbra Editora, 2007.

CAETANO, Marcello. *Manual de Direito Administrativo*. 10ª ed. Coimbra, Livraria Almedina, 2010.

CALABRESI, Guido. "Some thoughts on risk distribution and the law of torts". 70 *Yale Law Journal* 499. 1961.

_____. "Thoughts on the future of Economics". *Journal of Legal Education* 33. 1983.

CÂMARA, Jacintho Arruda, e SUNDFELD, Carlos Ari. "Acordos substitutivos nas sanções regulatórias". *Revista de Direito Público da Economia/RDPE* 34. Ano 9. Belo Horizonte, abril-junho/2011.

CASSESE, Sabino. "As transformações do direito administrativo do século XIX ao XXI". *Interesse Público/IP* 24. Ano 6. Belo Horizonte, março-abril/2004.

CASTELLS, Manuel. *A Sociedade em Rede*. 6ª ed., vol. 1 da trilogia *A Era da Informação: Economia, Sociedade e Cultura*, trad. de Roneide Venância Majer. São Paulo, Paz e Terra, 2002.

CASTRO, Alexandre Santos Rodrigues de. *Economia: Aspectos Psicológicos, Teoria da Escolha Racional*. Dissertação de Mestrado defendida em 2014 no Instituto de Economia da Universidade Estadual de Campinas (disponível em *www.bibliotecadigital.unicamp.br*, acesso em 10.5.2015).

COASE, Ronald. "The problem of social cost". 3 *Journal of Law & Economics* 1. 1960.

COMMONS, John R. "Institutional economic". *The American Economic Review* 21/648-657. 1931.

COOTER, Robert, e ULEN, Thomas. *Direito & Economia*. 5ª ed. Porto Alegre, Bookman, 2010.

CORAM, Bruce Tabot. "Second best theories and the implications for institutional design". In: GOODIN, Robert E. *The Theory of Institutional Design*. Cambridge University Press, 1996.

COUTINHO, Jacinto Nelson de Miranda, e AVELÃS NUNES, António José (orgs.). *Diálogos Constitucionais: Brasil/Portugal*. Rio de Janeiro, Renovar, 2004.

COUTINHO, Diogo R. "O Direito nas políticas públicas". In: FARIA, Carlos Aurélio Pimenta de, e MARQUES, Eduardo (orgs.). *A Política Pública como Campo Disciplinar*. São Paulo, UNESP, 2013 (disponível em *http://www.cebrap.org.br*, acesso em 17.2.2015).

_____. "O Direito no desenvolvimento econômico". *Revista Eletrônica de Direito Administrativo Econômico/REDAE* 28. Salvador, Instituto Brasileiro de Direito Público, novembro-dezembro-janeiro/2011-2012 (disponível em *www.direitodoestado.com*, acesso em 28.1.2015); *Revista Brasileira de Direito Público/RBDP* 38/31-34. Ano 10. Belo Horizonte, julho-setembro/2012.

CYMBALISTA, Tatiana Matiello, e MARQUES NETO, Floriano de Azevedo. "Os acordos substitutivos do procedimento sancionatório e da sanção". *Revista Brasileira de Direito Público/RBDP* 31. Ano 8. Belo Horizonte, outubro-dezembro/2010.

CYRINO, André Rodrigues, e BINENBOJM, Gustavo. "Parâmetros para a revisão judicial de diagnósticos e prognósticos regulatórios em matéria econômica". In: BINENBOJM, Gustavo, SARMENTO, Daniel, e SOUZA

NETO, Cláudio Pereira (coords.). *Vinte Anos da Constituição Federal de 1988*. Rio de Janeiro, Lumen Juris, 2008.

DAHL, Robert, e LINDBLOM, Charles. *Política, Economia e Bem-Estar Social*. Rio de Janeiro, Lidador, 1971.

DAVIS, Kevin, FISHER, Angelina, KINGSBURY, Benedict, e MERRY, Sally Engle. *Governance by Indicators*. Oxford, OUP, 2012.

DELGADO, Richard. "Rodrigo's ninth chronicle: race, legal instrumentalism, and the rule of Law". *University of Pensylvania Law Review* 2. Dezembro/1994.

DEWEES, Donald N., HARTLE, Douglas G., PRICHARD, J. Robert S., e TREBILCOCK, Michael J. *The Choice of Governing Instrument*. 1982.

DEWEY, John. *The Essential Dewey: Pragmatism, Education, Democracy*. vol. 1. Indianapolis, Indiana University Press, 1998.

_____. *The Public and its Problems: an Essay in Political Inquiry*. University Park, Pennsylvania State University, 2012.

DIMITROPOULOS, Georgios. "Global administrative law as 'enabling law': how to monitor and evaluate indicator-based performance of global actors". *European Public Law Organisation, IRPA Working Paper. GAL Series* 07/2012.

DRUCKER, Peter F. *Administrando em Tempos de Grandes Mudanças*. 5ª ed. São Paulo, Pioneira, 1998.

DWORKIN, Ronald. *El Imperio de la Justicia*. Trad. para o Espanhol de Cláudia Ferrari. Barcelona, Gedisa, 2012.

ELIADIS, Pearl, HILL, Margaret M., e HOWLETT, Michael. *Designing Government: from Instruments to Governance*. Quebec, McGill-Queen's University Press, 2005.

ENTERRÍA, Eduardo García de, e FERNÁNDEZ, Tomás-Ramón. *Curso de Derecho Administrativo*. 8ª ed. 1997.

ERLING, Marlos Lopes Godinho. *Regulação do Sistema Financeiro Nacional*. São Paulo, Almedina Brasil, 2015.

ESCOLA, Hector Jorge. *El Interés Público como Fundamento del Derecho Administrativo*. Buenos Aires, Depalma, 1989.

ESTORNINHO, Maria João. *A Fuga para o Direito Privado: Contributo para o Estudo da Actividade de Direito Privado da Administração Pública*. Coimbra, Livraria Almedina, 2009.

ESTY, Daniel C. "Good governance at the supranational scale: globalizing administrative law". *The Yale Law Journal* 115/1.490. 2006.

FARIA, Carlos Aurélio Pimenta de, e MARQUES, Eduardo (orgs.). *A Política Pública como Campo Disciplinar*. São Paulo, UNESP, 2013 (disponível em *http://www.cebrap.org.br*, acesso em 17.2.2015).

FEIGELSON, Bruno, FREITAS, Rafael Véras de, e RIBEIRO, Leonardo Coelho (coords.). *A Nova Regulação da Infraestrutura e da Mineração: Portos, Aeroportos, Ferrovias e Rodovias*. Belo Horizonte, Fórum, 2015.

FERNÁNDEZ, Tomás-Ramón, e ENTERRÍA, Eduardo García de. *Curso de Derecho Administrativo*. 8ª ed. 1997.

FERRAZ JR., Tércio Sampaio. *Introdução ao Estudo do Direito: Técnica, Decisão, Dominação*. São Paulo, Atlas, 2010.

FERREIRA, Daniel Brantes. *Ensino Jurídico e Teoria do Direito nos EUA: a Dupla Faceta do Realismo Jurídico Norte-Americano*. Curitiba, Juruá, 2012.

FIGUEIREDO, Felipe Guerra de. *Nova Economia Institucional e o Setor Sucroenergético Brasileiro: Análise das Medidas Intervencionistas no Setor sob a Ótica da Teoria da Agência Positiva*. Dissertação de Mestrado apresentada ao Programa de Pós-Graduação em Economia da Universidade Federal do Rio de Janeiro/UFRJ. Rio de Janeiro, 2013.

FISHER, Angelina, DAVIS, Kevin, KINGSBURY, Benedict, e MERRY, Sally Engle. *Governance by Indicators*. Oxford, OUP, 2012.

FISHER, Elizabeth. "Unpacking the toolbox: or why the public/private divide is important in EC environmental law". *Public Law and Legal Theory*. Working Paper 35. Agosto/2001.

FONSECA, Eduardo G. "Comportamento individual: alternativas ao homem econômico". *Revista Novos Estudos* 1989. São Paulo, CEBRAP.

FONTAINHA, Fernando de Castro, *et al. Processos Seletivos para a Contratação de Servidores Públicos: Brasil, o País dos Concursos? Relatório de Pesquisa*. Rio de Janeiro, Direito Rio, 2014.

FREEMAN, Jody. "Extending public law norms through privatization". *Harvard Law Review* 116. 2002-2003.

FREITAS, Rafael Véras de, e MOREIRA NETO, Diogo de Figueiredo. *A Nova Regulação Portuária*. Belo Horizonte, Fórum, 2014.

FREITAS, Rafael Véras de, FEIGELSON, Bruno, e RIBEIRO, Leonardo Coelho (coords.). *A Nova Regulação da Infraestrutura e da Mineração: Portos, Aeroportos, Ferrovias e Rodovias*. Belo Horizonte, Fórum, 2015.

FURUBOTN, Eiriki G., e RICHTER, Rudolf. *Institutions and Economic Theory: the Contribution of the New Institutional Economics*. 2ª ed. The University of Michigan Press, 2005.

GALANTER, Marc, e TRUBEK, David M. "Scholars in self-estrangement: some reflections on the crisis in Law and development studies in United States". *Wisconsin Law Review* 4/1.062-1.102. 1974 (trad. disponível em *www.direito gv.com.br*, acesso em 4.2.2015).

GARCIA, José Francisco. "Minimalismo e incrementalismo constitucional". *Revista Chilena de Derecho* 41. N. 1. Santiago, abril/2014.

GINJO, Milena de Mayo. *Descosturando para Construir: Contribuições para a Elaboração de Novas Perspectivas para o Ensino Jurídico no Brasil*. Trabalho de Conclusão de Curso apresentado à Faculdade de Direito de Ribeirão Preto da USP. São Paulo, 2013.

GINSBURG, Tom. "Written Constitutions and the administrative State: on the constitutional character of administrative law". In: ACKERMAN, Susan Rose, e LINDSETH, Peter L. *Comparative Administrative Law*. Massachusetts, Edward Elgar Publishing, 2010.

GODOY, Arnaldo Sampaio de Moraes. *Introdução ao Realismo Jurídico Norte--Americano*. Brasília, ed. do Autor, 2013 (disponível em www.agu.gov.br, acesso em 14.4.2015).

_____. *O Realismo Jurídico em Oliver Wendell Holmes Jr.* Disponível em www.agu.gov.br (acesso em 20.7.2015).

GOODIN, Robert E. "Institutions and their design'. In: GOODIN, Robert E. *The Theory of Institutional Design*. Cambridge University Press, 1996.

_____. *The Theory of Institutional Design*. Cambridge University Press, 1996.

GREY, Thomas C. "The new formalism". *Stanford Law School Working Paper* 4. 9.6.1999.

GUERRA, Sérgio (org.). *Regulação no Brasil: uma Visão Multidisciplinar*. Rio de Janeiro, FGV, 2014.

HABERMAS, Jürgen. *A Crise de Legitimação no Capitalismo Tardio*. São Paulo, Tempo Universitário, 1973.

_____. *Tecnologia e Ciência como "Ideologia"*. Lisboa, Edições 70, 2009.

HAMILTON, Walton H. "Institution". *Encyclopaedia of the Social Sciences*. vol. 8. Nova York, MacMillan, 1932 (pp. 84-89).

HAMLIN, Alan, e BRENNAN, Geoffrey. *Revisionist Public Choice Theory*. Politics – School of Social Sciences, University of Manchester.

HARTLE, Douglas G., DEWEES, Donald N., PRICHARD, J. Robert S., e TREBILCOCK, Michael J. *The Choice of Governing Instrument*. 1982.

HAWKINS, Brian. "The life of the Law: what Holmes meant". *Whittier Law Review* 2012.

HIERRO, Liborio L. *Justicia, Igualdad y Eficiencia*. Madri, Centro de Estudios Políticos y Constitucionales, 2002.

HILL, Margaret M. "Tools as art". In: ELIADIS, Pearl, HILL, Margaret M., e HOWLETT, Michael. *Designing Government: from Instruments to Governance*. Quebec, McGill-Queen's University Press, 2005.

HILL, Margaret M., ELIADIS, Pearl, e HOWLETT, Michael. *Designing Government: from Instruments to Governance*. Quebec, McGill-Queen's University Press, 2005.

HILL, Peter J. "Public choice: a review". *Faith & Economics* 34/1-10. 1999.

HODGSON, Geoffrey. "The approach of institutional economics". *Journal of Economic Literature* 36/166-192. Março/1998.

HOLANDA, Marianna Assunção Figueiredo. *Quem São os Humanos dos Direitos? Sobre a Criminalização do Infanticídio Indígena*. 2008.

HOLMES JR., Oliver Wendell. *The Common Law*. Disponível em *http://www.gutenberg.org* (acesso em 14.4.2015).

_____. *The Path of the Law* (1ª ed. 1897). The Floating Press, 2009.

HOOD, Christopher C. *The Tools of Government*. Londres, MacMillan, 1983.

HOOD, Christopher C., e MARGETTS, Helen Z. *The Tools of Government in the Digital Age*. Nova York, Palgrave MacMillan, 2007.

HOWLETT, Michael. *Designing Public Policies: Principles and Instruments*. Routledge Press, 2011.

HOWLETT, Michael, ELIADIS, Pearl, e HILL, Margaret M. *Designing Government: from Instruments to Governance*. Quebec, McGill-Queen's University Press, 2005.

INGRAM, Helen, e SCHNEIDER, Anne. "Behavioral assumptions of policy tools". *The Journal of Politics* 52. *Issue* 2. 1990.

JOHNSON, Mark, e LAKOFF, George. *Metaphors We Live By*. Londres, The University of Chicago Press, 2003.

KAHNEMAN, Daniel. *Thinking, Fast and Slow*. Nova York, Farrar, Straus and Giroux, 2011.

KAHNEMAN, Daniel, e TVERSKY, Amos. *Choices, Values and Frames*. Cambridge University Press, 2000.

KINGSBURY, Benedict, DAVIS, Kevin, FISHER, Angelina, e MERRY, Sally Engle. *Governance by Indicators*. Oxford, OUP, 2012.

KOMESAR, Neil. *Imperfect Alternatives: Choosing Institutions in Law, Economics, and Public Policy*. University of Chicago Press, 1997.

LAKOFF, George, e JOHNSON, Mark. *Metaphors We Live By*. Londres, The University of Chicago Press, 2003.

LANCASTER, Kelvin, e LIPSEY, Richard G. "The general theory of second best". *The Review of Economics Studies* 24. N. 1. Londres, 1957.

LEAL, Fernando. "Propostas para uma abordagem teórico-metodológica do dever constitucional de eficiência". *Revista Brasileira de Direito Público/RBDP* 14. Ano 4. Belo Horizonte, julho-setembro/2006.

LEITER, Brian. "Legal formalism and legal realism: what is the issue?". *Legal Theory* 16. N. 2. University of Chicago, *Public Law Working Paper* 320, 2010.

LIN, Tom C. W. "A behavioral framework for securities risk". *Seattle University Law Review* 325. 2011.

LINDBLOM, Charles E. "The science of 'muddling through'". *Public Administration Review* 19. N. 2. *Spring*/1959.

LINDBLOM, Charles E., e DAHL, Robert. *Política, Economia e Bem-Estar Social*. Rio de Janeiro, Lidador, 1971.

LINDER, Stephen H., e PETERS, Guy. "The study of policy instruments: four schools of thought". In: VAN NISPEN, Frans K. M., e PETERS, Guy. *Public Policy Instruments: Evaluating the Tools of Public Administration*. Cheltenham, Edward Elgar, 1998.

LINDSETH, Peter L., e ACKERMAN, Susan Rose. *Comparative Administrative Law*. Massachusetts, Edward Elgar Publishing, 2010.

LLEWELLYN, Karl N. "A realistic jurisprudence – The next step". *Columbia Law Review* 30. N. 4. 1930.

_____. *The Common Law Tradition*. 1960.

MacDONALD, Roderick A. "The swiss army knife of governance". In: ELIADIS, Pearl, HILL, Margaret M., e HOWLETT, Michael. *Designing Government: from Instruments to Governance*. Quebec, McGill-Queen's University Press, 2005.

MAJONE, Giandomenico. "As transformações do Estado Regulador". *Revista de Direito Administrativo/RDA* 262/11-43. Rio de Janeiro, janeiro-abril/2013.

MARGETTS, Helen Z., e HOOD, Christopher C. *The Tools of Government in the Digital Age*. Nova York, Palgrave MacMillan, 2007.

MARQUES, Eduardo, e FARIA, Carlos Aurélio Pimenta de (orgs.). *A Política Pública como Campo Disciplinar*. São Paulo, UNESP, 2013 (disponível em *http://www.cebrap.org.br*, acesso em 17.2.2015).

MARQUES NETO, Floriano de Azevedo. "A nova regulação dos serviços públicos". *Revista de Direito Administrativo/RDA* 228. 2002.

_____. "A nova regulação estatal e as agências independentes". In: SUNDFELD, Carlos Ari (coord.). *Direito Administrativo Econômico*. 1ª ed., 3ª tir. São Paulo, Malheiros Editores, 2006.

_____. "Limites à abrangência e à intensidade da regulação estatal". *Revista de Direito Público da Economia/RDPE* 1. Ano 1. Belo Horizonte, janeiro-março/2003.

MARQUES NETO, Floriano de Azevedo, e ARAGÃO, Alexandre Santos de (coords.). *Direito Administrativo e seus Novos Paradigmas*. Belo Horizonte, Fórum, 2008.

MARQUES NETO, Floriano de Azevedo, e CYMBALISTA, Tatiana Matiello. "Os acordos substitutivos do procedimento sancionatório e da sanção". *Revista Brasileira de Direito Público/RBDP* 31. Ano 8. Belo Horizonte, outubro-dezembro/2010.

MARRARA, Thiago. "As fontes do direito administrativo e o princípio da legalidade". *Revista Digital de Direito Administrativo* 1/23-51. N. 1. Ribeirão Preto, 2014.

MARTINEZ, Ana Paula. "Análise de custo-benefício na adoção de políticas públicas e desafios impostos ao seu formulador". *Revista de Direito Administrativo/RDA* 251. 2009.

MATTOS, Paulo (coord.). *Regulação Econômica e Democracia: o Debate Norte-Americano*. São Paulo, Editora 34, 2004.

MAURER, Hartmut. *Derecho Administrativo Alemán*. Trad. do original alemão *Allgemeines Verwaltungsrecht* (16ª ed. Munique, C. H. Beck, 2006). México, Universidad Nacional Autónoma de México, 2012.

MAYER, Otto. *Deutsches Verwaltungsrecht*. Berlim, 1924, II. *Apud*: CASSESE, Sabino. "As transformações do direito administrativo do século XIX ao XXI". *Interesse Público/IP* 24. Ano 6. Belo Horizonte, março-abril/2004.

MEDEIROS, Alice Bernardo Voronoff de. *Racionalidade e Otimização Regulatórias: um Estudo a Partir das Falhas de Regulação*. Dissertação de Mestrado apresentada ao Programa de Pós-Graduação em Direito da Universidade do Estado do Rio de Janeiro/UERJ, 2012.

MEDEMA, Steven, e MERCURO, Nicholas. *Economics and the Law: from Posner to Postmodernism and Beyond*. Nova Jersey, Princeton University Press, 2006.

MEIRELLES, Hely Lopes. *Direito Administrativo Brasileiro*. 42ª ed. São Paulo, Malheiros Editores, 2016.

MENAND, Louis. *The Metaphysical Club: a Story of Ideas in America*. Nova York, Farrar, Straus e Giroux, 2001.

MENDONÇA, José Vicente Santos de. *Direito Constitucional Econômico: a Intervenção do Estado na Economia à Luz da Razão Pública e do Pragmatismo*. Belo Horizonte, Fórum, 2014.

_____. "Risco, miopia regulatória e super-regulação: lições não intuitivas de Santa Maria". *Gazeta do Povo* (disponível em *http://www.gazetadopovo.com.br/opiniao*, acesso em 16.2.2015).

MERCURO, Nicholas, e MEDEMA, Steven. *Economics and the Law: from Posner to Postmodernism and Beyond*. Nova Jersey, Princeton University Press, 2006.

MERRY, Sally Engle, DAVIS, Kevin, FISHER, Angelina, e KINGSBURY, Benedict. *Governance by Indicators*. Oxford, OUP, 2012.

MONSTEQUIEU, Charles de Secondat. *O Espírito das Leis*. São Paulo, Martins Fontes, 1996.

MORAES, Antônio Carlos Flores de. *Legalidade, Eficiência e Controle da Administração Pública*. Belo Horizonte, Fórum, 2007.

MOREIRA, Egon Bockmann. *Portos e seus Regimes Jurídicos – A Lei n. 12.815/2013 e seus Desafios*. Belo Horizonte, Fórum, 2014.

MOREIRA NETO, Diogo de Figueiredo. *Administração Pública Gerencial*. Disponível em *www.camara.rj.gov.br* (acesso em 12.7.2015).

_____. *Curso de Direito Administrativo*. 16ª ed. Rio de Janeiro, Forense, 2014.

_____. "Novos institutos consensuais da ação administrativa". *Revista de Direito Administrativo/RDA* 231. Rio de Janeiro, janeiro-março/2003.

_____. *Quatro Paradigmas do Direito Administrativo Pós-Moderno: Legitimidade, Finalidade, Eficiência e Resultados*. Belo Horizonte, Fórum, 2008.

MOREIRA NETO, Diogo de Figueiredo, e FREITAS, Rafael Véras de. *A Nova Regulação Portuária*. Belo Horizonte, Fórum, 2014.

NEVES, Marcelo. *Transconstitucionalismo*. São Paulo, WMF Martins Fontes, 2009.

NORTH, Douglass. *Institutions, Institutional Change and Economic Performance*. Cambridge University Press, 1990.

NUSDEO, Fábio. *Curso de Economia: uma Introdução ao Direito Econômico*. 6ª ed. São Paulo, Ed. RT, 2010.

_____. "Desenvolvimento econômico – Um retrospecto e algumas perspectivas". In: SALOMÃO FILHO, Calixto (coord.). *Regulação e Desenvolvimento*. São Paulo, Malheiros Editores, 2002.

OGUS, Anthony. *Regulation: Legal Form and Economic Theory*. Oxford, Hart Publishing, 2004.

OLIVEIRA, Farlei Martins Riccio de, OLIVEIRA, Maria Lúcia de Paula, e QUARESMA, Regina (orgs.). *Neoconstitucionalismo*. Rio de Janeiro, Forense, 2009.

OLIVEIRA, Maria Lúcia de Paula, OLIVEIRA, Farlei Martins Riccio de, e QUARESMA, Regina (orgs.). *Neoconstitucionalismo*. Rio de Janeiro, Forense, 2009.

OLIVEIRA, Rafael Carvalho Rezende. "O novo Marco Regulatório das Parcerias entre a Administração e as organizações da sociedade civil: aspectos relevantes da Lei n. 13.019/2014". *Revista Brasileira de Direito Público/RBDP* 46. Belo Horizonte, julho-setembro/2014.

OTERO, Paulo. *Manual de Direito Administrativo*. Coimbra, Livraria Almedina, 2013.

PACHECO, Pedro Mercado. "Experimentalismo democrático, nuevas formas de regulación y legitimación del Derecho". *Anales de la Cátedra Francisco Suárez* 46/37-68. 2012.

PALMA, Juliana Bonacorsi de. *Sanção e Acordo na Administração Pública*. São Paulo, Malheiros Editores, 2015.

PELTZMAN, S. "A teoria econômica da regulação depois de uma década de desregulação". In: MATTOS, Paulo (coord.). *Regulação Econômica e Democracia: o Debate Norte-Americano*. São Paulo, Editora 34, 2004.

PEREIRA, Daniel Silva. "Novo Marco Regulatório Portuário, melhora regulatória e análise de impacto". In: FEIGELSON, Bruno, FREITAS, Rafael

Véras de, e RIBEIRO, Leonardo Coelho (coords.). *A Nova Regulação da Infraestrutura e da Mineração: Portos, Aeroportos, Ferrovias e Rodovias*. Belo Horizonte, Fórum, 2015.

PEREIRA, Paulo Trigo. "A teoria da escolha pública (*public choice*): uma abordagem neoliberal?". *Análise Social* xxxii (141). 1997 (2º).

PETERS, B. Guy. "Conclusion: the future of instruments research". In: ELIADIS, Pearl, HILL, Margaret M., e HOWLETT, Michael. *Designing Government: from Instruments to Governance*. Quebec, McGill-Queen's University Press, 2005.

_____. "The politics of tool choice". In: SALAMON, Lester M. (coord.). *The Tools of Government: a Guide to the New Governance*. Nova York, Oxford University Press, 2002.

PETERS, B. Guy, e VAN NISPEN, Frans K. M. *Public Policy Instruments: Evaluating the Tools of Public Administration*. Cheltenham, Edward Elgar, 1998.

PETTIT, Philip. "Institutional design and rational choice". In: GOODIN, Robert E. *The Theory of Institutional Design*. Cambridge University Press, 1996.

PILDES, Richard H., e BUBB, Ryan. "How behavioral economics trims its sails and why". *Harvard Law Review* 127. 2013.

PINHEIRO, Armando Castelar, e SADDI, Jairo. *Direito, Economia e Mercados*. Rio de Janeiro, Elsevier, 2005.

POCHMANN, Márcio. *Desenvolvimento e Perspectivas Novas para o Brasil*. São Paulo, Cortez, 2010.

POGREBINSCHI, Thamy. *Pragmatismo: Teoria Social e Prática*. Rio de Janeiro, Relume Dumará, 2005.

POPPER, Karl. *A Sociedade Aberta e seus Inimigos*. vol. 1. Belo Horizonte: Itatiaia, 1974.

POSNER, Paul. "Accountability challenges of third party governance". In: SALAMON, Lester M. (coord.). *The Tools of Government: a Guide to the New Governance*. Nova York, Oxford University Press, 2002.

POSNER, Richard A. *Economic Analysis of Law*. Little, Brown and Co., 1973.

POUND, Roscoe. *An Introduction to Philosophy of Law*. New Brunswick e Londres, Transaction, 1998.

_____. "Mechanical jurisprudence". *Columbia Law Review* 8. Rev. 605. 1908.

PRADO, Mariana Mota, e TREBILCOCK, Michael J. Path. "Dependence, development, and the dynamics of institutional reform". *Legal Studies Research Series* 09-04. *University of Toronto Law Journal*. 2009 (disponível em http://papers.ssrn.com, acesso em 4.2.2015).

PRICHARD, J. Robert S., DEWEES, Donald N., HARTLE, Douglas G., e TREBILCOCK, Michael J. *The Choice of Governing Instrument*. 1982.

PRZEWORSKI, Adam. "Reforma do Estado, responsabilidade política e intervenção econômica". *Revista Brasileira de Ciências Sociais* 11. N. 32. São Paulo, outubro/1996.

QUARESMA, Regina, OLIVEIRA, Farlei Martins Riccio de, e OLIVEIRA, Maria Lúcia de Paula (orgs.). *Neoconstitucionalismo*. Rio de Janeiro, Forense, 2009.

RAGAZZO, Carlos Emmanuel Joppert. *Regulação Jurídica, Racionalidade Econômica e Saneamento Básico*. Rio de Janeiro, Renovar, 2011.

RAWLS, John. *Uma Teoria da Justiça*. 3ª ed., trad. de Jussara Simões. São Paulo, Martins Fontes, 2008.

RIBEIRO, Joaquim de Sousa. "O contrato, hoje: funções e valores". In: AVELÃS NUNES, António José, e COUTINHO, Jacinto Nelson de Miranda (orgs.). *Diálogos Constitucionais: Brasil/Portugal*. Rio de Janeiro, Renovar, 2004.

RIBEIRO, Leonardo Coelho. "A regulação do operador ferroviário independente". *Revista de Direito Público da Economia/RDPE* 47. 2014.

_____. "O novo Marco Regulatório do Terceiro Setor e a disciplina das parcerias entre organizações da sociedade civil e o Poder Público". *Revista Brasileira de Direito Público/RBDP* 50/95-110. Ano 13. Belo Horizonte, Fórum, julho-setembro/2015.

_____. "Reformando marcos regulatórios de infraestrutura: o novo modelo das ferrovias". In: FEIGELSON, Bruno, FREITAS, Rafael Véras de, e RIBEIRO, Leonardo Coelho (orgs.). *A Nova Regulação da Infraestrutura e da Mineração: Portos, Aeroportos, Ferrovias e Rodovias*. Belo Horizonte, Fórum, 2015.

RIBEIRO, Leonardo Coelho, FEIGELSON, Bruno, e FREITAS, Rafael Véras de (coords.). *A Nova Regulação da Infraestrutura e da Mineração: Portos, Aeroportos, Ferrovias e Rodovias*. Belo Horizonte, Fórum, 2015.

RICHTER, Rudolf, e FURUBOTN, Eiriki G. *Institutions and Economic Theory: the Contribution of the New Institutional Economics*. 2ª ed. The University of Michigan Press, 2005.

RINGELING, Arthur B. "European experience with tools of government". In: SALAMON, Lester M. (coord.). *The Tools of Government: a Guide to the New Governance*. Nova York, Oxford University Press, 2002.

_____. "Instruments in four: the elements of policy design". In: ELIADIS, Pearl, HILL, Margaret M., e HOWLETT, Michael. *Designing Government: from Instruments to Governance*. Quebec, McGill-Queen's University Press, 2005.

RIST, Ray C., BEMELMANS-VIDEC, Marie-Louise, e VEDUNG, Evert Oskar. *Carrots, Sticks and Sermons*. 2003.

RIVERO, Jean. *Droit Administratif*. 13ª ed. 1990.

ROBINSON, James, e ACEMOGLU, Daron. *Why Nations Fail: the Origins of Power, Prosperity, and Poverty*. Nova York, Crown Publishers, 2012.

ROSILHO, André. *Licitação no Brasil*. São Paulo, Malheiros Editores, 2013.

SABEL, Charles. "Learning by monitoring: the institutions of economic development". In: SMELSER, Neil J., e SWEDBERG, Richard (eds.). *The Handbook of Economic Sociology*. Princeton University Press, 1994.

SABEL, Charles, e SIMON, William H. "Minimalism and experimentalism in the Administrative State". *Columbia Public Law & Legal Theory Working Papers*. Paper 9187. 2011.

SADDI, Jairo, e PINHEIRO, Armando Castelar. *Direito, Economia e Mercados*. Rio de Janeiro, Elsevier, 2005.

SALAMA, Bruno Meyerhof. "O que é Direito e Economia". In: TIMM, Luciano Benetti (org.). *Direito & Economia*. Porto Alegre, Livraria do Advogado, 2008.

SALAMON, Lester M. "The new governance and the tools of public action: an introduction". In: SALAMON, Lester M. (coord.). *The Tools of Government: a Guide to the New Governance*. Nova York, Oxford University Press, 2002.

_____. "The tools approach and the new governance: conclusions and implications". In: SALAMON, Lester M. (coord.). *The Tools of Government: a Guide to the New Governance*. Nova York, Oxford University Press, 2002.

_____ (coord.). *The Tools of Government: a Guide to the New Governance*. Nova York, Oxford University Press, 2002.

SALOMÃO FILHO, Calixto (coord.). *Regulação e Desenvolvimento*. São Paulo, Malheiros Editores, 2002.

SANDEL, Michael. *O que o Dinheiro Não Compra: os Limites Morais do Mercado*. São Paulo, Civilização Brasileira, 2012.

SARMENTO, Daniel, BINENBOJM, Gustavo, e SOUZA NETO, Cláudio Pereira (coords.). *Vinte Anos da Constituição Federal de 1988*. Rio de Janeiro, Lumen Juris, 2008.

SARMENTO, Daniel (org.). *Interesses Públicos "Versus" Interesses Privados: Desconstruindo o Princípio da Supremacia do Interesse Público*. Rio de Janeiro, Lumen Juris, 2005.

SCHAPIRO, Mário Gomes. "Repensando a relação entre Estado, Direito e Desenvolvimento: os limites do paradigma *rule of Law* no ambiente financeiro e a prevalência do BNDES no panorama brasileiro". *Artigos Direito GV Working Papers* 34. Maio/2009 (disponível em *www.direitogv.com.br*, acesso em 4.2.2015.

SCHNEIDER, Anne, e INGRAM, Helen. "Behavioral assumptions of policy tools". *The Journal of Politics* 52. Issue 2. 1990.

SEABRA FAGUNDES, Miguel. *O Controle dos Atos Administrativos pelo Poder Judiciário*. Rio de Janeiro, Forense, 1979.

SEN, Amartya. *Desenvolvimento como Liberdade*. São Paulo, Cia. das Letras, 2000.

SEYMOUR, Ben, e VLAEV, Ivo. "Can, and should, behavioural neuroscience influence public policy?". *Trends in Cognitive Science/TICS* 1.111 (disponível em *www.seymourlab.com*, acesso em 16.2.2015).

SHAFIR, Elldar (ed.). *The Behavioral Foundations of Public Policy*. Princeton University Press, 2013.

SIMÕES, Jônathas da Silva. *Infanticídio Indígena em Tribos Brasileiras*. Disponível em *http://oabpb.org.br/artigos* (acesso em 6.4.2015).

SIMON, William H., e SABEL, Charles. "Minimalism and experimentalism in the Administrative State". *Columbia Public Law & Legal Theory Working Papers*. Paper 9187. 2011.

SMELSER, Neil J., e SWEDBERG, Richard (eds.). *The Handbook of Economic Sociology*. Princeton University Press, 1994.

SOUSA, António Francisco de. *Conceitos Indeterminados no Direito Administrativo*. Coimbra, Livraria Almedina, 1994.

SOUTO, Marcos Juruena Villela. *Direito Administrativo em Debate*. Rio de Janeiro, Lumen Juris, 2004.

_____. *Direito Administrativo Regulatório*. 2ª ed. Rio de Janeiro, Lumen Juris, 2005.

SOUZA, Raymond de. *Infanticídio Indígena no Brasil: a Tragédia Silenciada*. Ed. Saint Gabriel Communications International, 2009.

SOUZA NETO, Cláudio Pereira, BINENBOJM, Gustavo, e SARMENTO, Daniel (coords.). *Vinte Anos da Constituição Federal de 1988*. Rio de Janeiro, Lumen Juris, 2008.

STIGLER, George. "Law or Economics?". *The Journal of Law and Economics* 35. N. 2. Outubro/1992.

SUNDFELD, Carlos Ari. *Chega de Axé no Direito Administrativo*. Disponível em *www.brasilpost.com.br* (acesso em 10.2.2015).

_____. *Direito Administrativo para Céticos*. 2ª ed. São Paulo, Malheiros Editores, 2014.

_____. "Direito público e regulação no Brasil". In: GUERRA, Sérgio (org.). *Regulação no Brasil: uma Visão Multidisciplinar*. Rio de Janeiro, FGV, 2014.

_____. "O direito administrativo entre os *clips* e os negócios". In: ARAGÃO, Alexandre Santos de, e MARQUES NETO, Floriano de Azevedo (coords.). *Direito Administrativo e seus Novos Paradigmas*. Belo Horizonte, Fórum, 2008.

_____ (coord.). *Direito Administrativo Econômico*. 1ª ed., 3ª tir. São Paulo, Malheiros Editores, 2006.

SUNDFELD, Carlos Ari, e CÂMARA, Jacintho Arruda. "Acordos substitutivos nas sanções regulatórias". *Revista de Direito Público da Economia/RDPE* 34. Ano 9. Belo Horizonte, abril-junho/2011.

SUNSTEIN, Cass R. *After the Rights Revolution: Reconceiving the Regulatory State*. United States, Harvard University Press, 1993.

_____. *One Case at a Time: Judicial Minimalism on the Supreme Court*. Massachusetts, Harvard University Press, 2001.

_____. "The regulatory lookback". *Boston University Law Review* 94/579-602. 2014.

SUNSTEIN, Cass R., e THALER, Richard H. *Nudge: Improving Decisions about Health, Wealth and Happiness*. Penguin Books, 2008.

SWEDBERG, Richard, e SMELSER, Neil J. (eds.). *The Handbook of Economic Sociology*. Princeton University Press, 1994.

TABAK, Miranda Benjamin. *A Análise Econômica do Direito: Proposições Legislativas e Políticas Públicas*. Núcleo de Estudos e Pesquisas da Consultoria Legislativa do Senado Federal. Texto para Discussão 157. Outubro/2014 (disponível em *www12.senado.gov.br/publicacoes*, acesso em 14.7.2015).

TAMANAHA, Brian. *Beyond the Formalist-Realist Divide: the Role of Politics in Judging*. Princeton, Princeton University Press, 2010.

_____. "How an instrumental view of Law corrodes the rule of Law". *St. John's University School of Law, Legal Studies Research Paper Series* 6. 2006.

_____. "Legal realism in context". *Washington University in St. Louis. Legal Studies Research Paper Series. Paper 01/12/14*. Dezembro/2014 (p. 2).

_____. "The perils of pervasive legal instrumentalism". *St. John's University School of Law, Legal Studies Research Paper Series* 5/1-24. 2011.

TEUBNER, Gunther. "After legal instrumentalism: strategic models of post-regulatory law". In: TEUBNER, Gunther. *Dilemas of Law in the Welfare State*. Berlim, Walter de Gruyter/European University Institute, *Series A-Law* 3, 1986.

_____. *Dilemas of Law in the Welfare State*. Berlim, Walter de Gruyter/European University Institute, *Series A-Law* 3, 1986.

THALER, Richard H. *The End of Behavioral Finance*. Association for Investment Management and Research. Novembro-dezembro/1999. Disponível em *http://faculty.chicagobooth.edu* (acesso em 12.5.2015).

THALER, Richard H., e SUNSTEIN, Cass R. *Nudge: Improving Decisions about Health, Wealth and Happiness*. Nova York, Yale University Press, 2008; Penguin Books, 2008.

TIMM, Luciano Benetti, BALBINOTTO NETO, Giácomo, e BATTESINI, Eduardo. "O movimento de Direito e Economia no Brasil". In: COOTER, Robert, e ULEN, Thomas. *Direito & Economia*. 5ª ed. Porto Alegre, Bookman, 2010.

TIMM, Luciano Benetti (org.). *Direito & Economia*. Porto Alegre, Livraria do Advogado, 2008.

TOCQUEVILLE, Alexis de. *O Antigo Regime e a Revolução*. São Paulo, Martins Fontes, 2009.

TOLLINSON, Robert D., e BUCHANAN, James M. *The Theory of Public Choice*. vol. II. Ann Arbor, The University of Michigan Press, 1984.

TREBILCOCK, Michael J., DEWEES, Donald N., HARTLE, Douglas G., e PRICHARD, J. Robert S. *The Choice of Governing Instrument*. 1982.

TREBILCOCK, Michael J. Path, e PRADO, Mariana Mota. "Dependence, development, and the dynamics of institutional reform". *Legal Studies Research Series* 09-04. *University of Toronto Law Journal*. 2009 (disponível em *http://papers.ssrn.com*, acesso em 4.2.2015).

TRUBEK, David M. "Developmental States and the legal order: towards a new political economy of development and Law". *University of Wisconsin Law School, Paper* 1075/11-12. Fevereiro/2009 (disponível em *http://papers.ssrn.com*, acesso em 8.2.2015).

TRUBEK, David M., e GALANTER, Marc. "Scholars in self-estrangement: some reflections on the crisis in Law and development studies in United States". *Wisconsin Law Review* 4/1.062-1.102 (trad. disponível em *www.direitogv.com.br*, acesso em 4.2.2015).

TVERSKY, Amos, e KAHNEMAN, Daniel. *Choices, Values and Frames*. Cambridge University Press, 2000.

ULEN, Thomas, e COOTER, Robert. *Direito & Economia*. 5ª ed. Porto Alegre, Bookman, 2010.

UNGER, Roberto Mangabeira. *O Direito e o Futuro da Democracia*. Trad. de Caio Farah Rodriguez e Marcio Soares Grandchamp. São Paulo, Boitempo Editorial, 2004.

VAN NISPEN, Frans K. M., e PETERS, Guy. *Public Policy Instruments: Evaluating the Tools of Public Administration*. Cheltenham, Edward Elgar, 1998.

VANBERG, Viktor J. "Mercados y regulación: el contraste entre el liberalismo del libre mercado y el liberalismo constitucional". *Revista Isonomía* 17. México, 2002.

VEBLEN, Thorstein. *The Theory of the Leisure Class: an Economic Study of Institutions*. 1889.

VEDEL, Georges. "Discontinuité du droit constitutionnel et continuité du droit administratif: le role du juge". In: *Mélanges Offerts à Marcel Waline: le Juge et le Droit Public*. t. 2. Paris, LGDJ, 1974.

VEDEL, Georges, e DEVOLVÉ, Pierre. *Droit Administratif*. 11ª ed., vol. 1. Paris, 1990.

VEDUNG, Evert Oskar. "Policy instruments: typologies and theories". In: BEMELMANS-VIDEC, Marie-Louise, RIST, Ray C., e VEDUNG, Evert Oskar. *Carrots, Sticks and Sermons*. 2003.

VEDUNG, Evert Oskar, BEMELMANS-VIDEC, Marie-Louise, e RIST, Ray C. *Carrots, Sticks and Sermons*. 2003.

VLAEV, Ivo, e SEYMOUR, Ben. "Can, and should, behavioural neuroscience influence public policy?". *Trends in Cognitive Science/TICS* 1.111 (disponível em *www.seymourlab.com*, acesso em 16.2.2015).

WEIL, Prosper. *Le Droit Administratif*. 4ª ed. Paris, 1971.

WEIMER, David L. "Claiming races, broiler contracts, heresthetics and habits: 10 concepts for policy design". *Policy Sciences* 25. 1992.

WORLD BANK GROUP. *Relatório sobre o Desenvolvimento Mundial de 2015: Mente, Sociedade e Comportamento*. Disponível em www.worldbank.org (acesso em 8.6.2015).

ZANATTA, Rafael Augusto Ferreira. *Direito, Desenvolvimento e Experimentalismo Democrático: um Estudo sobre os Papéis do Direito nas Políticas Públicas de Capital Semente no Brasil*. Dissertação de Mestrado apresentada na USP. São Paulo, 2014.

* * *